中山市孙中山研究会 编

先行者之歌

——孙中山的青少年时代

刘居上·著

河南人民出版社

图书在版编目(CIP)数据

先行者之歌:孙中山的青少年时代 / 刘居上著;中山市孙中山研究会编. —郑州:河南人民出版社,2017.4(2018.9 重印)

ISBN 978-7-215-10944-5

Ⅰ. ①先… Ⅱ. ①刘… ②中… Ⅲ. ①孙中山(1866—1925)-人物研究 Ⅳ. ①K827=6

中国版本图书馆 CIP 数据核字(2017)第 068978 号

河南人民出版社出版发行

(地址:郑州市经五路 66 号 邮政编码:450002 电话:65788070)

新华书店经销 三河市金轩印务有限公司印刷

开本 787 毫米×1092 毫米 1/16 印张 17

字数 280 千字

2017 年 4 月第 1 版 2018 年 9 月第 2 次印刷

定价:42.00 元

目 录

1883 年 17 岁时的孙中山

清同治五年十月初六日(1866年11月12日),拂晓时分,广东省香山县（今中山市）五桂山麓翠亨村的一户农家小院里，传来了男婴坠地的呱呱声。这个婴儿，就是后来成为一代伟人的中国民主革命先行者孙中山先生。这位睁开眼睛，打量着四周陌生世界的婴儿，将要面对一个什么样的世界啊：外忧内患，民不聊生！不过，那黑沉沉的天宇，已经隐约地泛出东方的一线鱼肚白了……

第一章　童年岁月

1929 年的翠亨村航拍照片。　拍摄者：刘植炎

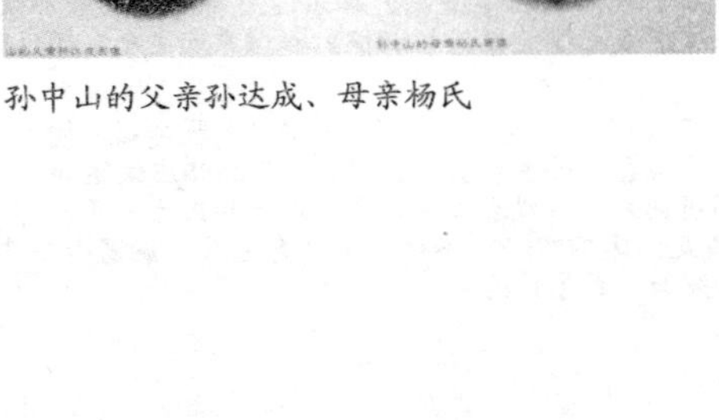

孙中山的父亲孙达成、母亲杨氏

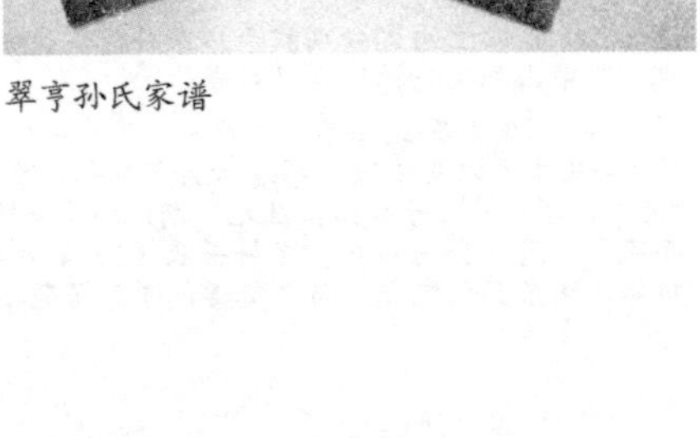

翠亨孙氏家谱

孙中山的父亲名达成，又名观林，号道川。生于清嘉庆癸酉年九月初三(1813年9月26日)，卒于光绪戊子年二月初十日(1888年3月23日)，享年75岁。

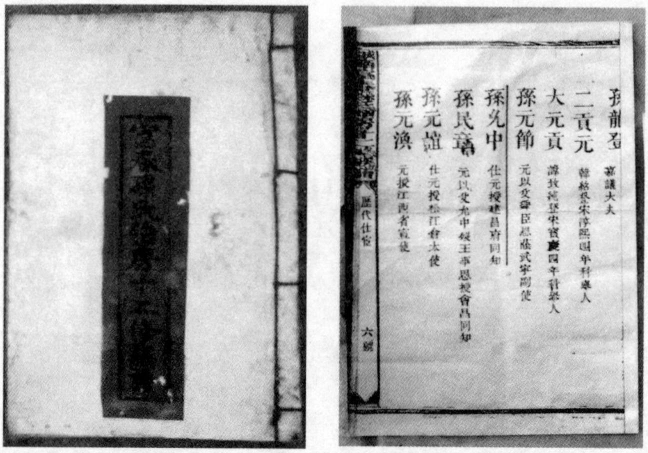

《富春孙氏伯房十二修族谱》关于孙允中、孙民章的记载

据《孙氏家谱》，翠亨孙氏一脉源出东莞，始祖名孙常德。从始祖到四世祖都住在东莞长沙村[1]。五世祖孙礼赞以长途贩运陶器为生，经常渡过伶仃洋，到香山县涌口门一带贩卖。其子孙玄从小随父来往东莞、香山两地间，最后爱上了左溪[2]的山环水抱、田土肥沃，决定留下定居，娶陈屋头的陈氏为妻，生下两个儿子，长子乐川住在左步，次子乐南分居涌口。涌口的这一支，就是翠亨孙氏的直系祖先，传到孙中山的祖父孙敬贤时，已经是第十六世了。

孙常德原名民章，原是元朝的小官。因元末流寇四起，携妻挈子到南雄珠玑巷避难，与财雄势大的东莞人何真结为好友。何真慕其品学，聘请他做家庭教师，其后，更携他同返东莞员头山定居。孙民章自此改名常德，后世尊他为常德公。[3] 若从孙常德往上溯，资料表明，孙民章的先祖世居江西省宁都县。1993年4月，左步孙氏派员赴江西宁都寻根，在宁都县田头乡孙屋保存的《富春孙氏伯房十二修族谱》里，找到了关于孙民章和他父亲孙允中的条文。[4]

---

[1] 今广东省东莞市长沙镇上沙管理区。

[2] 左步和涌口原为一村，古名左溪。

[3] 参看《1932年上沙乡代表孙绳武等请修正总理始迁祖事迹函》和《1933年东莞县长邓庆史呈文》，以上两文分别载于广东孙氏宗亲分会《东莞上沙来粤始祖初探》和《东莞文史》第26期《孙中山先生先祖故乡资料专辑》。

[4] 《富春孙氏伯房十二修族谱》“历代仕宦”篇第“六号”，有“孙允中仕元授建昌府同知”及“孙民章元以殳中殁王事恩授会昌同知”等条文，《香山县左步头孙氏源流考》的相应叙述如下：“允中，字符升，号如心，仕元，湖广知印升建昌府同知，后殁于王事，夫人赵氏周氏生一子八郎，字民章，恩荫会昌同知。岂料壬辰（1352年）兵变，烽烟四起，不得已则洁身避乱，流寓南雄珠玑巷，遇东莞伯何公，与之交善，遂隐居莞之员头山，因号常德。”

若从孙民章亦即孙常德这一代算起，孙氏一脉已在东莞和香山先后定居 500 年了。[1]

还得补充交代一句，孙乐南不是在涌口村住得好好的嘛，后裔怎么搬到翠亨村了？

原来，时至清初，局势剧变。为了切断郑成功与沿海反清势力的联系，清廷实施了严厉的“海禁”政策。康熙元年（1662 年），勒令广东沿海居民内迁 50 里，出界者死。县志是这样记载这一事件的：

“先画一界，以绳直之。其间，多有一宅而半弃者，有一室而中断者。浚为深沟，别为内外，稍逾跬步，死即随之。”[2]

为此，孙氏先祖被迫随众离开涌口老家。先由十一世祖孙瑞英率众搬迁到与翠亨村相邻的逕仔朗[3]，其后再迁翠亨村，在村的西南隅盖了房，算是找到安身立命之所。

孙中山是他母亲杨氏请村中的稳婆在家里接生的。出生时，孙家老宅就在现在孙中山故居的水井附近。据父老回忆，当年的孙宅只是一间低矮破旧的，用泥土、蚝壳、石灰筑墙的小屋，远远望去，就像一只寒风中瑟瑟发抖的小猫，蜷缩在翠亨村西南隅的一个稍稍向外突出的位置上。

翠亨村西面旧貌，中间的房子为孙中山故居侧面。

孙家老屋原是间只有 20 多平方米的

[1] 关于孙中山先祖居地，笔者另有专论。详见《孙氏世系之“宁都——东莞说”》，载《孙中山研究文集第六辑》，花城出版社 2014 年版，753-767 页。

[2] 《香山县志》（同治志）卷二十二《纪事》。

[3] 即今中山纪念中学所在位置。

一厅一房小屋，不论煮饭、睡觉、大小便都在屋里。因为地方挤迫，孙中山出生后，父母不得不把哥哥孙眉和姐姐妙茜寄居在村中的熟人家里。

孙氏一脉刚搬进翠亨村时，无钱无地，又是外姓，村中大姓允许他们落户，已经是大发善心了。幸而孙家世代都是安分守己的农民，日子虽苦，还能平平稳稳地过下去。但到孙达成成为一家之主时，由于官府腐败，社会动荡，盗贼横行，单靠租种几亩薄田，已经很难维持一家老小的生活了。

孙达成不得不考虑离乡别井，出外寻求生路。16 岁那年，他离家前往距离翠亨村 30 公里外的澳门，先是在一家鞋店当学徒，三年出师后，在澳门板樟堂街的一家鞋店里当工匠，每月工资 4 元。32 岁时，积了一点钱，回村与崖口乡杨家村[1]农民杨胜辉的女儿杨氏（1828—1910）成亲。杨氏虽是缠足女子，但为人精明，识大体，勤劳慈祥，是一位典型的贤妻良母。杨氏入门后，前后为他生下 3 男 3 女，一家子和和睦睦，也算其乐融融。只是随着人口的增添，生活日见拮据。

孙达成本来还有两个亲弟弟：二弟学成和三弟观成。由于村中土地近八成为 6 户地主所拥有，不少农民无地可耕，从 1850 年开始，被迫陆续出外谋生，学成、观成两人就是在那这段日子加入“淘金”潮，前往美国加利福尼亚谋生的。

海外谋生也很不易。当学成、观成两人在海外漂泊 10 年后回到家乡时，学成的全部积蓄，仅够在村子西边一处俗称“聚宝盆”的地方买下 4 亩山地。观成更是两手空空，什么也没能带回来。

1884 年，达成、学成、观成兄弟 3 人，曾经一度合伙承租孙氏十一世祖孙瑞英在逕仔朗留下的一块山地。但立约不久，学成即病逝。观成也因生活艰难，再次离乡别井前往上海，从此一去不回。很久很久以后，才从别人的口中，得知他已于 1867 年前后在上海的一艘船上病逝。就这样，原先三兄弟共同承租的山地，最终只剩下孙达成苦苦撑持，结果，因为山园地势高，必须挑水浇灌，妻子杨氏缠足，只能锄草种瓜，帮不上大忙。因而种下的山橘、梅子、荔枝、龙眼等，没能得到预期的收成，最后只得

[1] 又名隔田村、启运里。

放弃，回过头来重新考虑祖种老父孙敬贤曾经耕种过的“龙田”。

“龙田”是当地人对翠亨孙族拥有的那块面积约为二亩半的祖尝田的俗称。所谓“祖尝田”，指的是族人共同拥有的公田。那时候，翠亨村里共有 7—8 户孙姓后人。现已说不清，到底从哪一代起，族人下决心从微薄的收入中，每家抽出那么一点点，凑份买下那二亩半地，以应付迳仔朗祭祖和族中红白大事的支出。[1] 既是公田，当然孙姓族人都有权利要求租种。据《翠亨孙氏祖尝账册》（《道光廿六年十一月十五日记部（簿）》）记载，孙中山的祖父孙敬贤和父亲孙达成确曾先后管理或租种过它。

翠亨村是五桂山麓的小山谷，所有可耕地都是从山坡开垦出来的。地势越低、越靠近出村大路的土地，越是引水方便，田土的养分也较高，可以收获较多的稻谷。“龙田”面积虽然只二亩半，却是这种“门口田”，因而族中缺田少地的穷苦人家都希望租到它。孙达成每年都在努力争取，但并不是每年都能租上。

即使争到租种权，负担也不轻松。每年得缴纳租谷 15 石，折合“期价银”6 两 6 钱。对贫苦家庭说来，那已是一笔不小的支出！虽然孙达成那时还代弟弟学成的妻子程氏耕种学成遗下的 4 亩山地，但这只是当哥哥的在尽照顾弟弟遗孀的责任，除去经营成本，所得其实有限。本来他还有一小片山园可以种点红豆，但到 1871 年，这片山园也给迳仔朗的一户何姓人家霸占了。好在他还有一门手艺傍身，可以在闲暇时替别人补鞋，挣点零用钱，加上晚上为村民打更报时，酬劳为每月稻谷一石。几项收入凑在一起，苦日子才勉强过得下去。[2]

在别人眼中，这位憨直的老头，每天只是闷声不响地埋头干活，富家子弟多半瞧他不起。有一次，当他挑粪施肥，路过一家姓杨的地主家时，正在门口玩耍的地主儿子嫌粪桶臭，掩着鼻子指着他骂：“真臭，以后不准再挑粪经这里走！”他只默默回望地主仔一眼，就低着头赶快离开。还有一次，杨启焕家丢失一只鸡，杨启焕老婆到处诉说是孙达成夫妇偷的，

[1] 据李伯新：《孙中山史迹忆访录》（中山文史第 38 辑），第 111 页。孙锦言、孙社正口述：抗战前，迳仔朗有一间泥墙禾秆头屋顶的小屋，那就是翠亨孙家的祖祠，其后倒塌。笔者按：1912 年孙中山卸任临时大总统后回乡时，是到同为族亲的左步孙氏宗祠谒祖的。

[2] 孙必胜：《我的曾祖父孙眉》，广东人民出版社 2011 年 9 月版，第 39 页。

直到婢女发现鸡淹死在自家粪池后才住口。[1]

还有一宗事很让孙家烦恼。孙家先祖境况较好时，在翠亨村还是拥有过一些土地的，后来才逐渐卖掉。当时的田地买卖习惯，是由卖方给买家写下一份契约，双方认可即成交，成交后也不到官府申报盖印。这种"契"，通常写在一种又薄又韧的纱纸上，所以称为"纱纸契"，又称"白契"。立这种契的原因，是因为如果领取官契的话，买卖双方都得给官府缴纳许多费用。选用"白契"的形式交易，钱是省了，往后的麻烦却接踵而来。在官府的田亩册上，孙家还是业主。因而每到衙门收税的时候，税款还是向孙家追索。于是，原来的业主孙家，便要跑到当年的买家那里代官府收税，再转交税吏。时间一长，田地已经换了几代主人，孙家又不是最后一手的卖家，哪里能向现在的土地拥有者收到那些税款？官府年年催交，孙达成往往不得不自掏腰包去交那笔冤枉钱。

这种不合理的事情很让童年的孙中山想不通，他鼓起勇气跑去问村中的长老："像这样不公平的事情，可有办法补救？"

长老摇摇头："没办法的。皇帝订下的规矩谁敢改变。"

孙中山无言以对，心里却在发问："难道皇帝订下的规矩就不能改变？"

生活艰难，加上缺医少药，杨氏生下的 3 男 3 女，最终养育成人的，只剩下长子德彰（1854—1915），即孙眉；四女妙茜（1863—1955）；五子帝象，即孙中山，以及六女秋绮（1871—1912）。次子德佑和三女金星，分别在 5 岁和 3 岁时夭折了。

孙中山出生时，孙达成望着妻子怀里那个比长子整整小了 12 岁的男婴，心里说不清是喜悦还是忧虑。家里添丁，自然是喜事，但自己也已 50 多岁了，今后的日子，不知会有多么艰难！

正在闷想，耳边传来妻子的轻笑声："你看孩子这副福相，长大后必定是个有福气的人。"

转眼间，杨氏又变得忧心忡忡："前一阵子，我常梦见北帝菩萨披头

[1] 李伯新：《孙中山的亲属和后裔》（中山文史第 27 辑），第 1-2 页。

散发向我走来，这孩子到底是北帝菩萨送子，还是他长大后跟北帝菩萨是个对头？真叫我揪心！”

见孙达成没有回答，杨氏自顾自地说下去：“一满月，就送他到北帝菩萨那里‘上契’，好不好？托菩萨的福，此后，他或者少灾少劫些。至于名字”，杨氏稍作沉吟后再次开口，“就按给德彰取名的旧例，给他取名‘帝象’，你说好不好？”

孙达成瓮声瓮气地回答说：“我大字也不识一个，能出什么主意！”

父亲既不反对，孙中山的“乳名”就这么定下来了，这也是他有生以来的第一个名字：“孙帝象”。

杨氏说到做到，刚满月，就携小帝象到北帝庙里烧香拜神，请庙祝在北帝座旁贴上用红硃纸写上“花仔帝象”字样的小纸条。从此，在孙家人心中，北帝菩萨就是孙中山的“契爷”了。[1]

老祖母黄氏（1792—1867），是孙中山小时候最亲近的人。孙中山刚会下地行走，就喜欢倚在她的怀里听她讲故事。那些会说话的动物和善良的仙女，给了他极大的欢乐，也初步懂得了世上有善恶、美丑之分。[2]

这天，孙中山被母亲不容分说地拖到北帝庙，在浑浊的香烛烟霭中，强按他的头，要他向端坐在大殿神龛里的“北极玄天上帝”叩三个响头。

孙中山用力挣脱母亲的手，直起腰身，亮晶晶的眼睛注视着仪态威严的北帝塑像。

“这孩子，还是这股牛脾气！你忘记了，坐在上面的这尊菩萨[3]，就是你的契爷？你大哥取名帝眉，你取名帝象，就是依他名讳排行的。”杨氏疼爱而又有点嗔怪地数落着。

孙中山不由得问自己：这尊用稻草泥巴塑造的神像就是我的契爷？他

[1] 陆灿著、黄健敏译：《我所认识的孙逸仙——童年朋友陆灿和回忆》，文物出版社 2008 年 10 月版，第 3 页。按：在民间传说中，北帝升仙时，来不及梳发、穿靴，所以北帝的其中一个造像是散发、跣一足的。

[2] 罗香林：《国父之大学时代》，第 64 页。本文转自蒋永敬：《孙中山与辛亥革命》，台湾商务印书馆，第 44 页。

[3] 香山民间常把仙佛混淆，见了神像就说是菩萨。

真的能够保佑我家、保佑全村老少？——幼小的心灵第一次向苍天发出当年无人可答的“天问”。

农家孩子早当家。6岁时，孙中山已经是家里的小半个劳动力。——大哥孙眉这时已不在孙家，孙中山3岁那年，15岁的孙眉奉父亲之命，到远离翠亨村1公里半的南朗[1]墟程名桂家当长工去了。

世上哪有不疼爱儿子的父亲，孙达成实在是没法子啊！即使不算不久前逝世的老祖母黄氏，夫妻俩，加上长子德彰、四女妙茜、五子帝象，还有刚出世的六女秋绮，一家人合共6张嘴。年近六旬的他，就凭耕那几亩薄田，外加在村里打更挣来的每年12 石稻谷，怎么维持生活？没奈何，只得把未成年的大儿子早早送出去，一来帮补家用，二来也希望藉此磨炼他，好让他有朝一日能够走出翠亨村，像他的母舅杨文纳那样，远渡重洋，前往檀香山打工，凭劳力和本事，为自己、为全家闯出一条生路。

6岁的孙中山和9岁的姐姐妙茜，合力挑起本该由大哥孙眉承担的家务和劳动重担：上山割草、拾柴，挑煮饭烧水用的山泉水，下小溪捞捕小鱼小虾，到塘边捞藻作猪菜……为了农忙时借用邻家的牛犁田，还得每年给邻家放几个月的牛，以工价抵偿租款。与年纪不相称的繁重劳动，令他没有像村中的其他小孩那样，可以无忧无虑地嬉戏，却让他可以在翠亨的青山绿水间，享受劳累后的欢欣。

翠亨村南那二亩半水田，就是翠亨孙族世代相传的祖尝田，村民们都叫它“龙田”。就在这片土地上，孙中山与父亲一起赤脚走下水田，学会薅草、插秧、收割、打禾……长年户外作业，令他年纪虽小，皮肤却已晒得黑黝黝的，掌心时常磨出血泡。每当母亲握着他的小手，用针把血泡一个一个挑破，并用细线把泡中的血水引出，然后用布片蘸着盐水，擦去留在掌上的血污时，总忍不住眼中流泪。懂事的他强忍痛楚，反而安慰起母亲来：“我不疼，真的不疼！”

好容易盼到农闲，终于有机会坐上外祖父杨胜辉的小船，跟随外祖父出海取蚝去。辽阔的大海，让他第一次体会到小山村外的天地原来这么宽

[1] 2003年9月1日后，南蓢镇更名为南朗镇。

广！年轻的心就像放飞的风筝，远远地飞出翠亨村，飞向他并不了解但在想象中却是无比美好的天地。

这个好奇的孩子，常常提出一大堆大人们看来简直是匪夷所思的问题。

有一次，孙中山天真地问母亲说："为什么人们把皇帝叫作'万岁爷'？'万岁'到底能活到多少岁？"

母亲无法向一个只有 7 岁大的孩子讲清"一万"这个庞大数字是个什么概念，只好含糊地回答："'万岁'，就是差不多天长地久的意思。"

孙中山点点头说："哦，我明白了，原来他们只是在骗己骗人！"

隔了一会儿，孙中山又问："我们头上的青天到底是怎么样的？"

母亲答："就像一个大碗覆盖在大地上。"

"那么，碗的上面又是什么？"

母亲回答不出，只好抚模着儿子的头："等你长大后就知道了。"

孙中山还要追问："人怎么会死？死后究竟怎样？"

母亲笑了："人一死，就像轻烟被风吹散，什么痕迹也没留下了。"

"我不想死后像轻烟那样被风吹散"，孙中山脸上，现出一丝悲痛，继而转化为一种与他年纪很不相称的刚毅："我不相信我死后什么也没有留下来！"[1]

杨氏惊诧地望着自己的儿子：小小年纪怎么会说出这样的话？莫非他真是北帝菩萨送来的孩子？看来，这孩子长大后必有出息，孙家的未来就靠他了。

见到孙中山还愣在那儿，杨氏把嘴贴近儿子耳边，安慰他说："别再胡思乱想，问这问那了。找你四姐玩去吧。"

孙中山听话地找姐姐去了。路上，他还在想着妈妈的那句话。他一点也不明白，为什么那些事情必须等长大后才能明白？[2]

风里来，雨里去，稚嫩的肩膀磨出了层层硬茧。在驶往伶仃洋的小船上，当外祖父担心他熬不过风浪，关切地问他有没有晕船，能不能站稳时，不

---

[1] 林百克著，高敬、范红霞译：《孙中山与中华民国——美国顾问眼中的孙中山》。
[2] 林伯克：《孙逸仙传记》《我怎样认识国父孙先生》，第 438-439 页。

满10岁的他，居然倔强地抬起头，向着碧海蓝天放声大叫："我行，我能行！"

1876年，孙中山快满10岁了。

父亲孙达成与母亲杨氏商量："帝象已经10岁，该把他送到私塾读书了。"

杨氏也说："是呀，7岁那年，我们本已打算送他进村塾读书，却因交不起学费而作罢。村里的孩子大都从6—7岁开始读书，过去德彰9岁入学，虽说迟了，比帝象还要早一年。可惜德彰只读了两年，就不得不缀学到南朗当长工去。说起来，真有点对不住孩子。"

孙达成不耐烦地回答："有什么对得住对不住的，我们这样家庭的孩子，难道能指望考秀才、当大官？识几个字却是必要的，斗大的字不认识一箩，长大了难免受人欺负。就这样吧，明天我跟村塾里的王老夫子[1]说说去。"

冯氏宗祠外景

征得丈夫同意后，杨氏立刻行动，先把孙中山领到北帝庙，让他向"契爷"北帝叩过三个响头，祈求神灵保佑他聪明伶俐，学业有成。接着，又把他领到村塾的王老夫子跟前去，王老夫子自然来者不拒。就这样，昨天还只能在村塾门外羡慕地望着其他孩子进进出出的农家孩子孙帝象，转眼成了一位比其他同学高出小半个头的小小读书郎。

冯氏宗祠内景

母亲特地叮嘱老师："我这孩子是在山野打滚大的，烦劳老师管教严厉些，不听教时，狠狠打他的

[1] 据李伯新《孙中山史迹忆访录》（中山文史第38辑），第61页。陆天祥口述：孙中山初入学时，执教老师姓黄，名字已记不起。因年老无牙，讲话声似蟾蜍，人称"蟾蜍黄"。此人鸦片烟瘾很重，常一两天不能上课，因而得不到学生尊重。按：据其他记载，均指该塾师姓王，陆天祥恐怕记忆有误。

手心好了。”嘴上这样说，眼前却仿佛见到老师用戒尺狠打儿子掌心的情景，心疼得要命。

王老夫子喏喏连声。考虑片刻后，给孙中山郑重地起了一个响亮的“学名”：孙文。

孙中山入读的村塾，设在村中的冯氏宗祠里。这是间坐西北、面东南的三间两进、带右偏房的古老祠堂，硬山顶，青砖墙，上有抬梁与穿斗混合式梁架。抬眼望，可以见到檐板上的花鸟贴金木雕和墀头的花卉图案灰塑，以及檐墙上的人物、山水、花鸟和诗词壁画。刚落成时，大概也算是富丽堂皇的，但到改为私塾时，已经是灰尘扑面、十分陈旧的了。

孙中山渴望像其他孩子一样读书写字已经很久，现在终于有机会实现多年来的愿望，哪会不珍惜！自入读这天起，每天总是早早起床，把该由他做的家务一一完成，这才欢天喜地地上学去。为表庄重和礼貌，习惯赤脚的孙中山，特意穿上了父母为他买来的布鞋。

小山村一共才一百几十户人家，早上不见晚上见，王老夫子对这位超龄学童的倔强性格岂无所闻。只是一天天观察下来，这孩子倒是显得异乎寻常的早慧，一坐下就是手不释卷，背书、写字，从没出过半点差错。

这天，晨光曦微时，孙中山的小学友杨鹤龄已早早地来到孙家门前，把手指塞进嘴里打了个唿哨，见没有反应，又蹑足绕到屋后，踮足从“下间”[1]的小窗子往里面张望，只见正在给大灶添柴火的孙中山一直在摇头：“不，我还得煮猪食哩。”

当孙中山气喘吁吁地走进冯氏宗祠时，除了他自己的座位外，所有的课桌上都坐上了人。王老夫子还没到，学童中有斗蟋蟀的，有趴在课桌上匆忙抄写没完成的功课的，还有在别人背上贴“乌龟”的，陆皓东用毛笔在作业本背后勾画的王老夫子漫画刚刚完成，在学童中这么一展示，顿时引起了哄堂大笑。王老夫子踱着方步走到门口，听到课室内的笑闹声，不由得皱起眉头，干咳了一声。学童们听到熟悉的干咳声，立刻就像老鼠见猫似的，全都乖乖地坐回位子上。

---

[1] 香山方言，厨房。

王老夫子开口了:“新课开始前,我要先考你们的旧课。孙志祥,你背《大学》,从‘大学之道’背起。”

那个刚在别人背上贴乌龟的学童战战兢兢地站起:“大学之道,在、在明明德、在,在……”他背不下去了。

“陆元生,你来背。”

那个赶抄习字的学童听到先生点名,慌忙站起时把毛笔、墨盒全撞跌在地上,张大嘴巴呆站着,不知道先生在问什么。

王老夫子生气地用戒尺敲打教桌:“朽木不可雕,朽木不可雕也!”

孙中山徐徐站起:“先生,请你给我们解释一下,昨天教的‘大学之道,在明明德’到底是什么意思?”

王老夫子愕然,学童们也全都睁大了眼睛。

孙中山鼓起勇气说:“我们天天读呀读的,你又不解释,书里讲的什么道理一点也不明白。”

王老夫子气得浑身发抖:“什么?对圣贤经训,你照背就可以了,问什么问!?”

他举起戒尺正要朝孙中山打去,猛听得杨鹤龄[1]在小声嘟囔:“孙文说的一点也没错——不解释,我们怎么懂;不懂,怎么记得住?”

陆皓东[2]小声附和:“对了,就算记得住,不明其理,又有什么用!”

王老夫子威严的目光在学童的脸上扫过来扫过去,却没能断定刚才说话的是谁,他私下里不得不承认学生们说得有道理,但先生的架子却不能就此放下来。

“孙文,你背《大学》的这一段,背不出时,看我剥你的皮!”虽然仍是声色凌厉,手中的戒尺却已不由自主地搁下。他心中有数,这个学生十有八九是能把书背下来的。

“大学之道,在明明德,在亲民,在止于至善。知止而后定,定而后能静,

---

[1] 杨鹤龄(1868—1934),翠亨村人,孙中山幼年同学。1895年在香港加入兴中会,中华民国成立后,由孙中山聘为总统府顾问,后调任港澳特务调查员。

[2] 陆皓东(1868—1895),翠亨村人,孙中山幼年同学。1895年协助孙中山在香港成立兴中会总部,兴中会的起义旗帜——青天白日旗是由他设计的,广州起义失败时,陆皓东因赶回机关烧毁革命党人名单不幸被捕,英勇就义。孙中山称誉他是“中国有史以来为共和革命而牺牲之第一人”。

静而后能安，安而后能虑，虑而后能得。……”果然，孙中山背得滚瓜烂熟，只字不漏。

王老夫子皱皱眉头：“孙文，你听着：书上写的都是圣贤讲的大道理，你年纪还小，只管用心读，日后自然会懂的。”

归家途中，学童们兴高采烈地谈论王老夫子遭孙中山诘问时的窘态，活像自己打了一场大胜仗，孙中山却一直在默默地思索。

这天晚上，孙中山就着十五的月光翻开日间背诵的那本《大学》，心里却还在想着老师所说的话：“你现在年纪还小，只管用心读，日后自然会懂的。”

灰色的云朵飘过来，把月光遮掩了，孙中山只好把小方桌上的油灯点着。

父亲孙达成走过来，把油灯里的两根灯草挑去一根：“这样不爱惜灯油，难道还想考秀才、中举？”

“世上一定有许多连圣贤书也没写出来的道理。有一天我总要离开这狭小的天地，到外边看看。那时，就不再闷在黑暗当中了。”孙中山噗地吹灭了油灯，心里依然这么想着。

对世上发生的好些事情，那时的孙中山确实没法弄明白。比如，冯叔公“讲古”时经常提到的“长毛”，明明是反抗“清妖”的英雄，怎会招惹那么多人痛骂是“贼”呢？

冯叔公所说的“长毛”，就是以洪秀全为首的太平军。清兵入关后，为了抿灭汉人的民族意识，强行在全国推行满人习俗，规定所有汉族男子必须像满人那样，把前额的头发剃掉，并将后面的头发蓄长，结成一根长长的辫子。为了推行这一政策，清廷采取了极其残酷的手段，乃至“留头不留发，留发不留头”。太平军志在反清，推翻清廷，因此，从加入太平军的第一天起，军中将士就把脑后那条作为民族耻辱标志的长辫拆散，从此不剃额上新长的头发。清政府因此污蔑他们为“长毛”。

说起来，时至孙中山发问，“往事”并不遥远。

洪秀全是在道光三十年十二月初十（1851 年 1 月 11 日）发动金田村

起义的，距离孙中山的出生只有 15 年；至于太平天国覆灭，那更迟至孙中山出生前两年才发生。

洪秀全祖籍广东花县[1]，原是一位落第秀才。他仿效外国的基督教，与冯仁山等人一起在花县创立了“拜上帝教”。他以天父名义，鼓动教众在广西金田村发动起义，建立太平天国，自称天王。百姓们对清廷早已强烈不满，因而太平军所至，百姓闻风响应，清兵望风而逃。咸丰三年（1853），洪秀全率领太平军攻进南京，定为“天京”。建都天京后 ，太平天国向臣民颁布《天朝田亩制度》法，说要建立一个财产公有、有田同耕、有饭同食、有衣同穿、有钱同使的理想社会，劳苦大众拍手称快。可惜进入天京后 ，洪秀全等人忘记了原来的承诺，转而追求糜烂的生活。为了争权夺利，不断自己人杀自己人，杀来杀去，把天京杀成空荡荡的！在曾国藩、李鸿章和列强的“洋枪队”的围攻下，同治三年（1864），洪秀全病逝，天京陷落，轰轰烈烈的太平天国起义终于失败了。

在风雷激荡的岁月里，香山人并没有置身度外。

咸丰四年（1854），亦即太平军攻下南京的第二年，珠江三角洲的民间帮会“三合会”决定响应起义。当年 5 月，他们仿效粤剧舞台上的仪式，裹红巾、穿戏班衣冠、竖红旗起义，人们把他们叫作“红巾”，全省各地纷纷竖旗响应。7 月初，小榄人李洪英在九江起义，在小榄卢灵飞、黄圃黄福等人的配合下，顺利地攻下小榄、黄圃一带的许多乡镇，直到翌年四月，才被清兵镇压下去。[2]

10 多年前发生在身边的事情，翠亨村民记忆犹新。一方面，他们为“红巾”痛打清兵而拍手称快；另一方面，“红巾”所到之处，确实也造成了极大破坏。因而，每当提及太平军和“红巾”时，人们的心情总是十分复杂。一些人胆小怕事，怕惹祸上身；另一些人则基本上持否定态度。

在翠亨村，敬佩太平军的人还是有的。不过，敢于当众宣称太平军是英雄好汉的，就只有一位洪叔公。洪叔公不仅坚信太平军一心一意为劳苦百姓打天下，而且还以自己曾经追随洪秀全而感到自豪。

---

[1] 今广州市花都区。

[2] 《香山县志》（同治志）第二十二卷《纪事》。

翠亨孙中山故居纪念馆内的孙中山听冯叔公讲故事塑像

冯叔公名叫冯爽观，因为年纪老迈，人们都尊称他“冯叔公”。洪秀全领导“上帝会”发动金田村起义时，他正在广西打工，因而有机会成为最早一批加入太平军的战士，直到天京陷落，历尽千辛万苦才逃回村里。

每当蝉鸣雀噪的炎夏晚上，洪叔公总爱手执葵扇，坐在孙家门前那株大榕树下的石围栏上歇凉，只要村中的孩子们围拢过来，必会兴致勃勃地边摇葵扇，边讲太平军打天下的辉煌战绩。孩子们哪理会大人们怎么说，总之，由于痛恨清廷官吏欺压百姓的缘故，不管是谁，只要出手严惩清兵，在他们眼中，都是顶天立地的英雄！因此，每逢傍晚时分，眼睛总是不时朝外张望，三扒两拨把盛在碗里的米饭吃光。冯叔公的身影一在大榕树下出现，立刻一溜烟地跑到那儿听冯叔公“讲古”。

大约从七八岁起，孙中山就迷上了冯叔公的“讲古”。尽管重复再重复，冯叔公的太平军故事仿佛老是讲不完，而孙中山和其他孩子们也总是听不厌。

这天，孙中山又在门前那株长髯飘拂的大榕树下听冯叔公“讲古”。只见这位像老榕树一样饱经风霜的长髯老人眉飞色舞，双手比画着，越说越兴奋:“咸丰元年八月，天兵在官村把广西提督向荣的清兵打得丢盔弃甲。天兵分水陆两路，乘胜攻打永安。罗大纲打先锋，我在他手下当伍长。我们乘着夜色偷渡过江，杀到南门外……”说到这里，冯叔公故意卖个关子。

孙中山着急了：“冯叔公，你快讲呀，天兵是怎么打下永安城的？”

“别急，好戏还在后头。那时，天兵先在南门外点燃爆竹，又让马拖着秤砣、石块在石街上往来奔跑，弄得烟尘滚滚，杀声震天。妖兵急忙挥师增援南门，天兵却高呼‘杀妖’从西门攻破城池，杀得向荣抱头鼠窜……”

“要是洪秀全把满清灭亡了就好咯。”孙中山深有感触地说。

冯叔公动情地握着孙中山的小手，许久许久才开口：“会有这一天的！”

“这一天什么时候才会到来？”孙中山问。

“那就靠你”，冯公站了起来，用指尖逐一点着所有孩子的额头：“靠你、你、你，靠长大后的这里的每一个孩子。”

“我们长大后真能行吗？”

“行的。我且问你，现在统治中国的是什么人？”

“当然是满洲人。”

“那你呢？”

“我当然是汉人。”

“汉人那么多，为什么还让满人骑在头上呢？”

孩子们回答不出来了。

“能不能把满人赶跑，就看谁敢做洪秀全第二了。”

孙中山勇敢地回答：“长大后，我就是洪秀全第二！”

对这点，孙中山始终没有怀疑过。他坚定地认为：太平军反清绝对没有错。尽管最终失败，但至少证明了一点：“清妖”是可以打败的，骑在百姓头上作威作福的鞑子皇帝是可以推翻的。

就从那天起，他暗下决心：“我要做洪秀全第二！”

多年后，当他在日本与友人宫崎寅藏及平山周相聚时，宫崎用笔写在纸上问道：“革命思想胚胎于何时？”

孙中山用笔在纸上回答了这么一行汉字：

> “革命思想之成熟固予长大后事，然革命最初动机，则予在幼年时代，与乡关宿老谈话时已起。宿老是谁？太平天国残败之老英雄也。”[1]

---

[1] 《孙中山全集》第一卷，第583页。

第二章　入世之初

翠亨村的历史照片

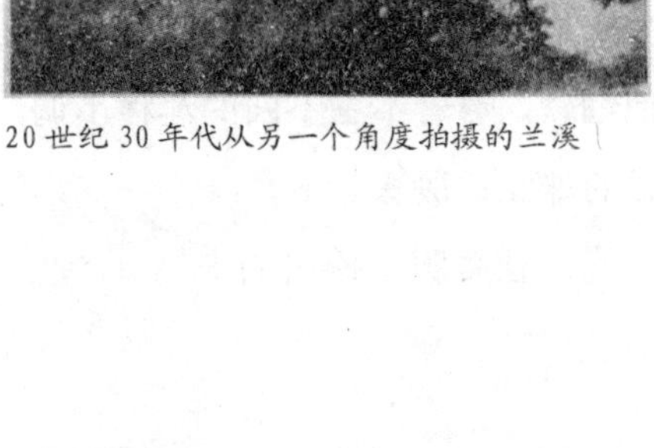

20 世纪 30 年代从另一个角度拍摄的兰溪

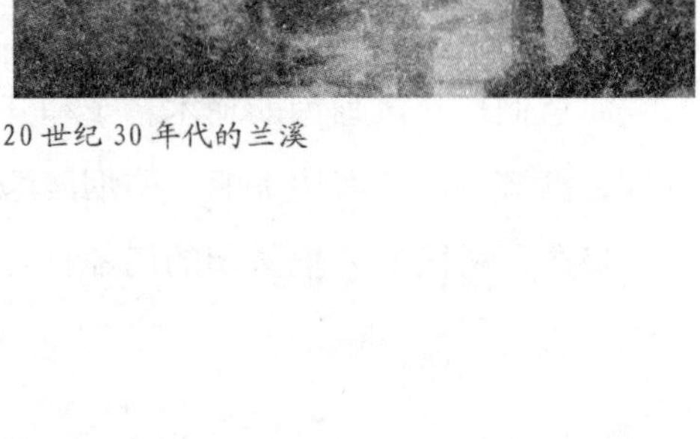

20 世纪 30 年代的兰溪

金星门“二龙争珠”奇景今貌

日子一天天地过去，不断重复着单调又乏味的农家节奏：摸黑起床、到厨房升火、煮猪菜喂猪，而后洗手上学，跟着王老夫子拉长声调诵读、背书……

这天，正当王老夫子领读时，突然，外边传来惊惶的呼叫声：“海盗来了！”接着是杂沓的脚步声和撞击墙壁的闷响。

学童们吓得哇哇大哭，有的钻到书桌下，有的嚷着要回家。

王老夫子颤巍巍地关上冯氏宗祠笨重的大门，顶上横闩。他强作镇定，但声音已发颤了：

“大家不要怕！海盗只抢财物，不捉小孩子的。快，快，大家集中到我这里来。”

他神色紧张地检点学童人数：“咦，孙文哪里去了？”

大家面面相觑。

原来，孙中山早已从冯氏宗祠溜了出来，他伏在离海盗撞墙处不远的墙犄角上，悄悄地注意着海盗的一举一动。

海盗头子指挥着不下 20 个海盗，一边用粗大的木杉猛烈地撞击侨商杨宅用花岗岩石基砌成的坚固围墙，一边高声恫吓：

“快开门，识趣的饶你全家性命！”

“待砸开门，一刀一个，寸草不留！”

围墙里妇孺凄厉的哭喊声渐渐沙哑，微弱，最后寂然无声。

墙撞倒了，大门撞开了，海盗冲进屋内，却不见人影。他们疯狂地搜，最后才发现后门已被悄然打开，屋主人举家逃进山里。

海盗们扛着沉甸甸的樟木箱子和其他细软，哼着不三不四的淫秽小调，翻过金槟榔山，在海边下船，向烟波浩渺的珠江口驶去。

良久，村民们才把紧闭的门扉打开一线，壮着胆子探出头来。

被劫掠一空的杨老先生脸色铁青，大发蓬乱，嘶声喊道："完了！我在外洋做了大半辈子苦工才积攒起的这么点血汗钱，全被抢光了！这是什么世道啊！"

随后，县城里的清兵闻讯赶到了。他们不忙着追捕海盗，却咋咋呼呼的，以抓嫌疑犯为名挨家搜索，喊绑喊锁，最后还是村长和族长们出面，给清兵塞了点茶饭钱，才把他们打发走。

孙中山拖着沉重的步伐回到家里。

"谢天谢地，你总算回来了。"欣慰之余，杨氏忍不住狠狠斥责自己的儿子，"海盗进村时，你不乖乖地待在村塾，跑到哪里去了？"

孙中山垂着头，不敢回应一句。

"下次再这样，看我不打烂你的屁股！进去吧，看看，是谁来了？"

孙中山一伸舌头，飞身跑进屋里。

"啊，是二叔母——二叔母！"

屋里果然坐着程氏，孙中山的二叔母。

程氏与杨氏的关系非比一般，多年以来，大伯孙达成一直在代她耕种学成遗下的那 4 亩山地，因此当孙家为无力承担孙眉的出洋路费而苦恼万分时，她义不容辞地毅然出手相助。

事情的经过是这样的：妻兄杨文纳从檀香山返乡时，孙达成曾专程到崖口村拜访他。孙达成此行的目的，是请他设法把孙眉带到檀香山。杨文纳对孙眉印象甚佳，觉得他刻苦耐劳，天资聪颖，是个可造之材，因而欣然答应，并在回檀香山后立刻着手办理，很快把手续办妥了。喜讯传来，翠亨村孙家这头，却大眼望小眼地对着杨文纳寄来的信发愁。漂洋过海，路费不菲，这叫家无隔夜粮的孙达成如何承负得了！正当孙家上下一筹莫展之际，程氏慨然答允相助，将学成遗下的山田的一半，亦即 2 亩典出，所得银两，全部交给侄子孙眉做路费，孙眉才得以和几位同村青年一起，顺利成行。[1] 程氏壮士断臂式的这一壮举，除了妯娌之情外，多半因为丈

[1] 李伯新：《孙中山的亲属和后裔》（中山文史第 27 辑），第 4 页。

夫客死他乡，没能留下个儿子。家里没有男丁，百年以后，谁给祖先牌位烧香？因而把希望寄托在同宗共祖的孙眉兄弟身上。尽管两家之间从没谈过让孙眉或孙中山中的哪一位“过继”她家，但她早已把他俩视作亲生儿子看待了。

这趟程氏刚从唐家湾回到翠亨村，立刻便携“手信”[1]前来孙家探望。没想到，刚进门就见到孙中山。

“哈，是帝象！半年不见，都长得这么高了，听说还进了学，将来我们孙家要出状元郎了。”程氏高兴地说。

杨氏：“可不，就是牛脾气不改。前两年，卖豆腐阿秀家的孩子用弹叉弹石子打他，他居然闯进阿秀家中，把人家的豆腐锅砸烂了。我对他说，人家射你，是人家理亏……”

孙中山不好意思地接上：“我砸烂人家的锅，就是我理亏了。”

说起“砸锅”，那是两年前的旧事了。

原来，距孙家不远处，有户以磨制豆腐、豆浆为生的人家，户主是位寡妇，名叫阿秀，村民们都叫她作“豆腐秀”。她丈夫早逝，上没公婆，孤身一人养育膝下两个调皮添乱的儿子，确实不易。“豆腐秀”家哥俩年龄比孙中山稍大，别的本事没有，就是喜欢想方设法捉弄人，常躲在街头暗角里，以弹叉射人为乐。孙中山常从他家门前走过，年纪又比他俩小，便被挑选为欺负对象，每逢孙中山路过，弹叉射出的石块，便会兜头盖脸地射过去。

孙中山岂是好欺负的！别看他年纪小，脾性却倔得很，见了大欺小、强凌弱的事，总要打抱不平，屡屡需要母亲杨氏出面收拾残局。例如，他为了替被欺负的孩子出头，与其他村童打架，把别人的衣服扯破了。那时，家家都很贫穷，谁都只有屈指可数的几件衣服，因而扯破衣服并非小事。被扯破衣服的孩子，当然要跑来孙家告状。不管谁是谁非，杨氏总得第一时间动手为村童补衣服。送走告状的孩子后，杨氏就会斥责孙中山说，不

[1] 香山方言，意即小礼物。

管你如何有理，扯破人家衣服总是你的错。

有一次，村里一位名叫杨帝卓的青年在祠堂里赌博，孙中山从背后扯扯他的辫子，悄声劝他：莫赌了。孙中山还小，哪里知道赌徒的忌讳，就是不能让别人扯辫。据说辫子被扯，十赌九输。果然其后几次下注，都接连失利，把赌本输光了。杨帝卓认定是孙中山累他交上霉运，抓住孙中山就是一轮狠打，把孙中山打得不省人事。事后，杨氏教训孙中山说，劝人戒赌是好事，可也要讲究方法。赌徒忌讳别人扯辫，你就不能随便扯。你这一扯，等于点中他的死穴，他岂有不发怒之理！

还有一次，村里有个名叫杨培初的孩子，仗着自己人高马大，老是欺负别人。孙中山忍不住仗义执言，劝他以后不要如此。杨培初年龄比孙中山大几年，岂把他放在眼内。孙中山好声好气劝说，换来的却是劈头盖脸的臭骂。杨培初此人，历来不修口德，骂到性起时，秽及他人父母的粗言烂语连串爆出。孙中山最不能忍受的，就是别人侮辱他的父母。听到对方出言不逊，火气登时腾升丈八。先是对骂，继而大打出手。孙中山毕竟年小力弱，被杨培初揪住辫子，按着头在冯氏宗祠门前的墙角猛撞，竟至昏厥。见孙中山身体软软地瘫了下来，杨培初这才发现闯祸，慌不择路逃之夭夭。杨氏闻讯赶到，村民已在为孙中山实施急救了。见孙中山手脚冰冷，脸无血色，母亲和四姐妙茜都被吓坏了，只得回家取来棉被，将他连头带脸裹严，直到脸色渐变红润，这才放下了心头的大石。[1]

鬼门关前走过一遭，孙中山的倔劲依旧没变。只是经一堑，长一智，从此谨记母亲教诲，凡事能让则让，不再逞强斗狠了。

孩子到底还是孩子。对豆腐家哥俩，孙中山虽已再三忍让，但哥俩还不肯收手，孙中山哪里咽得下这口气！这天，他又给弹叉打中脑袋。石子虽小，但从绷紧的橡皮射出，打在头上噗地一响，那也是怪疼的。孙中山实在忍不住了，拔腿就追。小哥俩哈哈大笑，返身便跑。

追到豆腐店时，小哥俩已经躲进房间，把房门关得死死，任由孙中山

[1] 李伯新：《孙中山史迹忆访录》（中山文史第 38 辑），第 82 页，杨连合口述；杨海《孙中山胞姐——孙妙茜》，载孙中山研究文集第六辑，花城出版社 2014 年 1 月版，第 1185 页。

怒骂，总是不应。孙中山气极，却又无可奈何，眼见一锅煮开了的豆浆在白花花地翻着泡泡。盛怒之下顾不得后果，返身从门外捡来大石，返身进屋就朝豆腐锅砸去。嘭的一声，铁锅被砸出一个大洞，白花花的豆浆流了一地。豆腐秀闻声从屋内赶出，简直不相信自己的眼睛，愣了许久，才发现孙中山怒气冲冲地站在锅前，小哥俩则惊慌失措地瑟缩在屋角，这才约略明白发生了什么事。

虽说豆腐秀家哥俩犯错在前，但无论如何，总不该砸人家的锅！往后，阿秀凭什么挣钱养家呢？当豆腐秀扯着孙中山到孙家说理时，孙家父母二话没说，立刻表示，甘愿赔偿儿子造成的损失，而后两家大人分头教训自家儿子。

经此一“役”，孙中山的“好斗”在村里出了名，记不清谁在见到这个倔小子时，忍不住点着他的脑袋骂了句：“你呀，你这个石头仔！”从此，“石头仔”的绰号就被叫开，想不应也不行。唯一值得称道的是，豆腐秀家的两个小顽皮，确是从此学了精乖，再也不敢欺负别家孩子了。

母亲在程氏面前重提旧事，不是在人前揭儿子的短，而是藉此再次提醒他，做人须知轻重，识分寸。孙中山在今天海盗进村时的表现确实令她不满，幸而菩萨保佑，平安无恙，若是遭逢不测，她做母亲的，如何对得住孙家的列祖列宗！

听话听声，听鼓听音，程氏当然明白大嫂这番话的深意。她不想侄子难堪，连忙把话题扯开：“知错能改就好。大嫂，那些烂鸡毛旧陈皮过去了的小事，也不要老挂在嘴边了。来，帝象，看看我从唐家湾给你带来了些什么好东西。”

程氏把虾酱、虾干等一一从竹篮取出，四姐孙妙茜连忙接过放在桌上。最后程氏抖开了一个小小的布包，那里面包着一把白色的、彩色的贝壳。

孙中山高兴极了，他捧着贝壳看了又看，忽然想起些什么，好奇地问：“二叔母，在唐家湾真的可以看见从番船上岸的‘红须绿眼’的番鬼[1]？”

[1] 香山方言，意即洋鬼子。

“是呀，那些番鬼，有的头发卷曲，胡子就好像刚剥开的椰子壳，眼珠子有蓝的、有黄的、有灰的，鼻子又长又尖，就像麻鹰的嘴巴。”

孙中山不禁打了个冷颤。

“别怕！番鬼也是人。当年，‘长毛’就不怕他们，还跟他们斗哩。”

“我不怕，我也不怕。”孙中山壮着胆子说。

程氏叹了一口气：“可惜‘长毛’造反没造成。而今，那些满清的官员，在穷人们面前凶神恶煞，见了番鬼点头哈腰，连屁也不敢放一个。让那些喝得烂醉的番鬼在唐家圩镇里横冲直撞，闹得鸡飞狗走，不得安宁！”

孙中山双眉紧锁，向二叔母一连串地发问，“为什么番鬼要漂洋过海来打我们？他们凭什么欺负人？为什么我们不能齐心合力地对付他们呢？”

“为什么？我也不晓得。你长大了，慢慢会懂的。”

一直蹲在小竹凳上的孙达成瓮声瓮气地添上一句：“小孩子莫谈国事。都过来吃饭吧。”

这天晚上，孙中山很久很久没能睡着。“长大了，慢慢会懂的”这句话，他已经不是第一次听到了。老师这么说过，父母这么说过，今天，连二叔母也这么说，难道世上的许多事情，真的必须等长大后才能懂？想了半夜，他终于发现，自己其实已经想通了：清廷不可怕，洋鬼子也不可怕，只要人们像“长毛”那样抱成一团，还有谁能阻挡我们的路！“长毛”当年没能办成的大事，我和小伙伴们长大后一定能够办成！

童年的日子过得飞快，不知不觉间，孙中山在村塾里已经读了两年。最初是在王老夫子执教下就读，翌年，王氏病卒，转入附近的另一家私塾，由郑帝根执教，一年后，仍转学回冯氏宗祠。这时，在村塾执教的，是一位名叫谭植生的老师。老师换了，教法仍然没变，每天依旧是背诵抄写，很少讲解。

13 岁那年，他听说邻镇的一位牧师家里悬挂着一幅世界地图，很想前去看看，却总是找不到借口。那时候，不管哪家私塾都不会开地理课，原因很简单：塾师自己也没学过地理。须知道，那时候，塾师小时大都孜孜以求，醉心科举考试，谁都不会把精力耗费在与科举无关的内容上，而这也正合统治者们的心意，他们才巴不得天下读书人都是“闭门不知天下事，一心只读圣贤书”，糊里糊涂地做一世奴才。所谓“普天之下，莫非王土；率土之滨，莫非王臣”，就是要告诉老百姓，天下就是中国，中国就是皇帝一家的天下，你们什么也不需要知道，做个听话的臣民就可以了。自从孙中山听说牧师家有“地图”这回事后，虽然无缘一见，却也激起了他对历史、地理的兴趣，渐渐知道中国不等于世界，中国并不是世界的中心。

从这天起，孙中山便与地图结下不解之缘。参观上海香山路7号孙中山故居书房，可以见到挂满四壁的地图。1912年孙中山出任“筹划全国铁路全权督办”后，就是在这里亲手绘制《中国铁路总公司干线图》，为中国未来的铁路建设，制订了一个完整的规划。不过，很少有人知道，孙中山对地图的兴趣，原来竟是从孩童年代邻镇牧师家里那幅始终无缘一见的世界地图开始的。

孙中山在村塾接受的启蒙教育，不觉已踏入第4个年头。书本的熏陶，风霜雨露的熬炼，令他从懵然无知的幼童，成长为勇于思索的少年。3年间，不仅长高了半头，臂膀也比以前粗壮得多了。

这些日子以来，和他最谈得来的，始终还是陆皓东。陆皓东生于上海，父亲名陆晓帆，向在上海经商。陆皓东从小聪慧过人，7岁已跟父亲学会绘画。9岁时父死，随母返翠亨，和孙中山共读于村塾。到底是来自大都会上海的孩子，耳濡目染，见识自是比村里的其他孩子广博得多，孙中山对翠亨以外的新鲜事物的认识，大半是从他那里听来的。

这年，村塾换了位新老师。新老师姓程，名君海（1850—1932），又名步瀛、字守坚，南朗新田地村人。他年纪很轻时便已考上“补博士弟子员”，虽然科举出身，但思想绝不守旧。由于不满清廷腐败统治，发誓永不为官，情愿当一名教授村童的蒙馆老师。他到翠亨村担任老师时还不满30岁，血气方刚，与进入老朽之年的王老夫子、谭老夫子之流，教法自然有很多不同。孙中山与这位年轻老师十分投缘，程君海也很喜爱这位思维敏捷的学生。

有一次，程君海在给学生们讲解对联时，给学生们出了副上联——“虎豹诚能格”，要求学生对下联。因为题目难，过半学生经过一番抓耳挠腮后，不得已交了白卷。孙中山忽然心中一亮，抬起头来，高声朗吟道：“龙蛇未可知！”

程君海听罢，不由得连声赞叹：

“‘虎豹诚能格，龙蛇未可知’！对仗工稳，气象恢宏，简直是天造地设的绝对！”

平时对学生严格得近乎苛求的老师，居然给孙中山所对的下联做出如此之高的评价，不能不令在场的学生为之惊愕。然而，包括孙中山在内，学生们还不知道，程君海心中，其实藏着一句没敢说出来的话：此联气概非凡，若无登临绝顶的襟怀，岂能脱口说出！此子长大，必有一番不寻常际遇，必能干出惊天动地的大事业来！

程君海对孙中山期望甚殷，然而，老父孙达成可没这么想。他让孙中山读书，无非希望儿子粗识几个字，懂得写家书，算算出入账目就够了。当他发现孙中山真把读书当作一回事时，转而对儿子的不切实际幻想很是不满。为此，他不止一次开口斥责儿子：“难道你还想中举么！”

翠亨村位于五桂山余脉与海旁平地的接壤地带，山清水秀，风景幽美。古老的民谣唱得好：[1]

“翠亨村，山水美。
人情厚，竹林翠。
山像龙，溪水纯。
龙香水，青山巍。
凤落榕，黄橘累。
雁飞过，啧啧音。
风水好，翠亨村。”

孙家老屋建在村子的西南角，往南走不远，就是一条名为兰溪的小山

[1] 引自刘家泉：《孙中山与香港》，中央文献出版社。

溪。溪水清浅，水中鱼虾清晰可见。小时候，孙中山最擅长的，就是在河里泅游。据他四姐妙茜日后的回忆：一下水，他手拨脚蹬的，就像只大青蛙！

兰溪美，水中鱼虾更是诱人。要是带上一张网罟，一炷香的时间就可以捞起许多鱼虾，当天晚饭就不愁没有鲜美的小菜了。

翠亨村南的金槟榔山，虽然只有大约 100 米高，但却绿树成荫，芳草茵茵，是孙中山小时候放牛、打柴、割芒草时必到之处。没上过山的人，不知道春夏之交时青青翠翠的山脊、山谷有多么可爱！翠亨这名字恐怕就是这么叫开的[1]。放眼四望，处处是红色的山牡丹、黄色的野菊，还有许多叫不出名字的白色、紫色的小花，酸酸甜甜的山稔、野葡萄子等随手可摘。

孙中山和他的放牛小伙伴，每当牛牯低头吃草的闲暇，常在平缓的山坡上打滚、嬉戏、放风筝、跳田鸡、劈甘蔗，争当“山大王”……入读村塾后，为了以工代贷，以便农忙时借邻家的耕牛使用，上山放牛仍然是孙中山课余时必须完成的“功课”。

这天，孙中山正在山上放牛，一群练武的农家子弟向山上走来了。

孙中山认得，领头的中年人，就是远道而来的香山隆都三合会首领侯艾泉。这群青年人一到，立刻拉开架势练武。

孩子们看得心动，也在一旁模仿。学了一会，不得要领，不禁感到乏味。孙中山提议说：“我们玩‘天兵捉清妖’去。”众孩子一致赞成。

孩子们用从邻近客家村处学来的客家腔，齐声唱起他们喜爱的山歌：

“男子要学洪秀全，
打下南京建天朝。
不怕清妖招番鬼，
打得番鬼跪求饶。

妇女要学洪宣娇，
会打火枪会耍刀。

[1] 也有人说，翠亨村最初是由姓蔡的人开村的，原名蔡坑，后来才雅称翠亨。

牛排岭前摆大阵，

杀得清妖跑断腰……”

孙妙茜在远处出现，高声叫唤道："帝象！快回家，父亲有话对你说。"

孙中山问："四姐，听见没有，我们在唱'妇女要学洪宣娇'哩，你有这胆量没有？"

孙妙茜手指竖在唇边："小声，造反是要杀头的，这种歌能乱唱么！"

"怎么不敢？等我长大后，看我杀个'清妖'给你看！"

孙中山蹦蹦跳跳地回到村中时，孙达成手里捧着杆水烟筒[1]，正蹲在门口不耐烦地等他。

"爸爸！"孙中山恭敬地垂手叫道。

孙达成站起身："你四姐今年14岁了。女孩儿家么，咳，从明天起，放牛和上山砍柴的活就全由你包下来。"

孙中山回答说："是。"

从这天起，如父亲所嘱，孙中山把家中里里外外的杂务全部包了下来。

也从这天起，孙中山和他的小伙伴下了学武的决心，只要村塾里的老师有事或别的什么原因不上课时，孙中山就和杨帝贺、孙梅生等同学，走到邻近客家山村姓甘的祠堂里，偷看武术师傅传授武术。孙中山记性好，留心观察，日积月累，居然让他偷学到几路拳脚、棍棒功夫，让孙梅生等老学不全的小伙伴们羡慕得要命。

这天，放学后，孙中山正牵着代邻家放牧的牛牯沿兰溪旁的小道走。

迎面走来杨鹤龄，开口就说："好个放牛倌！喂，牛喂饱没喂饱，你到底懂不懂？"

"当然。"孙中山拍拍牛左边的肚子："这是牛的水肚，牛喝够了水，

---

[1] 珠江三角洲一带农民喜用的吸烟用具，用长约大半米的茅竹制成，下端封闭，上端敞开，旁钻一小孔，用以插上装烟丝的小竹管，吸烟时可在竹筒里灌满水，吸烟人就从上端的的端口咕噜咕噜地吸烟，据说烟筒里的水可以过滤部分烟油。

它就鼓胀得软软的。”他又拍拍牛右边的肚子:“这是牛的草肚,牛吃饱了草,它就鼓胀得实实的。——你不懂吧,我这是父亲教的!”

孙中山拴好牛,走进屋里,忽然觉得有点不对:“妈,四姐呢?”

杨氏不禁好笑:“小姐弟一刻不见就这么着紧?你四姐好端端的,在房间里。”

想起父亲的吩咐,孙中山很奇怪:怎么四姐从今起不再干重活,还得躲在房间里?他一阵风走进去,却见四姐痛苦地蜷曲在床上。

“四姐,你怎么啦?”

他忽然看见四姐的脚被白布层层裹住,裹得又尖又小。他意识到是什么回事,就冲上前去要撕开白布。

孙妙茜把脚藏在身后:“帝象,不能拆的。”

“你真傻!这样子,今后怎么能干活呢?”不由分说地,孙中山执拗地动手把缠在孙妙茜脚上的白布解开。

孙妙茜脸上浮起一种难以言喻的轻松感,接着,又把眉尖蹙得紧紧。

妈妈杨氏悄然站在身后:“帝象,我知道你疼爱姐姐。可是,你想过没有,姐姐要是不缠足,将来会嫁不出去的,这岂不误了她的终身!”

“你看那些客家妇女,不也都是天足,上山一阵风,下水一条龙?”

“可是,那些客家妇女,又有哪一个嫁得出穷山村去!”

孙中山激动地搂着四姐:“你还记得我们唱的那首山歌么:‘妇女要学洪宣娇……’小时候,你也说过要和男子一起杀‘清妖’的。四姐,答应我,永远不要缠足!”

孙妙茜挣脱孙中山的怀抱:“谁叫我生下来是个女子!弟弟,我、我认命了。”

杨氏捧过一盘热腾腾的酸醋,打算给孙妙茜再缠足,忽又以手掩面:“茜女,我也实在不忍心啊,——待明儿,请隔壁的阿婆再给你缠吧。”

孙中山烦躁地从床上爬起,拿了一条棍棒,模仿教头的招式,光着胳膊在门前的空地上使劲地抡舞……

斗转星移,在抡园的棍影中,孙中山长大成一位身手敏捷的英俊少年。

清光绪九年（1883），孙中山 13 岁了。在父母眼中，他当然还是个不懂事的孩子。但他本人，却认为已经具备足够的智慧和勇气，可以迎接世间的任何挑战了。

不过，眼皮下发生的许多事情，却又是年幼的孙中山所无法理解的，心里充满了疑惑。

翠亨村里有户大户人家，姓杨，兄弟三人——启文、启操、启怀，在村子里合力修建了一座三幢相连的豪宅，号称“三家花园”。兄弟三人依靠贩卖走私起家，算得上富甲一方的大商家、大地主。不过，他们在村民面前还算和善，所以孩童时代的孙中山，可以和小伙伴一起进入他家屋后那座栽满奇花异木的后院玩耍。在孩子眼中，那儿简直是地上的“天堂”，所以不进则已，一进入，必定流连忘返。

这天，大队清兵忽然进村，把“三家花园”团团围住，如狼似虎地恣意查搜，见物就拿，逢人就绑，园中的花花草草，不一会儿就被践踏成泥。

杨氏三兄弟那天不在家，不过官兵衙役们似乎并不介意，只是把搜出的细软财物，争着往自己的怀里、兜里装，直到搜刮差不多时，千总这才下令收队，带走杨家奴仆，并在大门贴上封条，留下几名官兵看守。

大队官兵刚刚撤出“三家花园”，立刻又向另一家杨宅——杨文贞家走去……

杨文贞是杨帝贺的伯母，与孙家素有来往。见面时，孙中山尊称她为杨伯母。当官兵前往她家查封时，她正走在回村的路上，见势头不对，急忙避往村边的孙家。

孙中山趴在树上观望了官兵查封杨氏三兄弟家的全过程，心里怎么也弄不清，他们到底犯下什么弥天大罪。及至见到官兵转向杨伯母家走去，这才真的着急了。他急忙跳下树，跑回家中报信，没想到杨伯母正躲在自己家里。

“爸，妈，不好了！官兵已经查封了杨启文家，现在又向杨伯母家走去了！”

孙达成叹了一句:“三兄弟出洋多年，才攒下偌大身家。既是荣归故里，就该安守本分。人心苦不知足，明知犯法也要走私。今日东窗事发，可不是前功尽废了！”

母亲杨氏却为同姓姐妹忿忿不平：“文贞姐可是清白人家，官兵凭什么骚扰、作践她？”

听到孙中山说官兵已走向她家，杨文贞有如五雷轰顶，顾不得自己其实是“驱羊入虎口”，连忙走出孙家往家里跑。一见千总，立刻跪在地上如捣蒜般磕头：“我家虽也姓杨，与杨启文却不是本家。求大人明鉴，开恩放过我家吧！”

姓田的千总勃然大怒，一腿把她蹬开：“滚！”

杨文贞颤巍巍地脱下套在臂上的银镯，又摘下戴在耳上的金环，双手递给千总，哀求说：“我家虽与杨启文兄弟同姓，绝非沾亲带故。求田大爷体察，高抬贵手，放过我家。区区心意，务乞收下！”

千总脸色稍霁。回头看看，手下兵勇已经搜刮了不少细软，于是大手一挥，喊了声“撤！”众兵勇呼啸一声，簇拥着千总扬长而去！

孙中山望着官兵远去的背影怒骂：“一伙披着官衣的强盗。呸！”

他心中不服，鼓足勇气，昂首走进已贴上封条的杨家后花园。

只见花园面目全非。见有人擅进，留守官兵连忙跑过来干涉。

孙中山抗议说：“这里是翠亨村，我身为村民，怎么不能进来？”

官兵勃然大怒，拿出明晃晃的刀，恫吓着说：“再不离开，这把刀可就不认人了！”

孙中山只得悻悻离开。心中依然不忿，却也为刚才的自己的勇敢感到骄傲：毕竟，我已当面向他们提出抗议了！

事隔许久，村民们才知道，杨启文兄弟确实犯下了走私罪。事发后，杨启文潜逃香港；杨启操被捕，关入广州牢房；杨启怀随后也在汕头落网，给判了死罪！

杨氏三兄弟罪有应得，但是官兵敲诈、劫掠无辜的罪恶行径，还是令年轻的孙中山进一步看清了官府贪婪腐败的本质。这样的世道再不改变，老百姓是活不下去了！

第三章　求学之路

年轻时期的孙眉

老的已老，小的还小，家里缺田少地，1871 年的翠亨村孙家，虽还不至于山穷水尽，也是举步维艰了！

为了让侄子孙眉的檀香山之行顺利成行，二叔母程氏狠心典出了她家仅余土地的一半，亦即是 4 亩中的两亩。——孙眉的远赴檀香山之行，从一开始就涂上了一抹背水一战的悲壮色彩。

在父亲孙达成、母亲杨氏一方，忧虑是难免的。有道是“在家千日好，出门半步难”。你看弟弟学成、观成，出洋劳碌打滚 10 年，学成所得积蓄，只够回乡后买下 4 亩薄田；观成更惨，不仅两手空空，还因衣食无着，再次远赴上海，客死他乡，下落不明，妻子谭氏无奈改嫁，人间悲剧，还有比此更甚的么！

孙眉本人却是自信心十足的。他自恃年轻，体格壮健，吃过大苦，扛过重活，刀山火海挡不住他。何况还与孙梅生、孙赞生等 8 位同乡的孙姓青年结伴同行，互相照应，还有什么需要担忧的？

经过 40 多天、8000 公里风高浪急的海上航程，孙眉终于抵达期盼已久的彼岸——檀香山。

那时候，夏威夷这个在太平洋上的群岛还是独立王国，檀香山[1]就是它的首府。

孙眉在南朗当长工时的老东家程明桂（又名程植）还算念旧，这位常驻夏威夷的华人富商，得知孙眉等人即将抵埠的消息后，特意吩咐他家伙头到码头迎接，领着孙眉等人去找乡亲陆成，希望能在陆成那里找到工作。陆成表示爱莫能助后，伙头又把他们带到原籍香山三乡的菜园主郑愎那里，郑愎倒很热心，他先让他们住下，再把他们安置在自己的菜园里工作。

孙眉把郑愎的菜园打点得井井有条，蔬菜生长茂盛。消息传到附近一位土著的女菜园主耳中，女菜园主决定以比郑愎多 5 元的工钱，请孙眉到她家菜园里当管工。孙眉健硕、勤劳，栽种技术又高，当地工人都乐意跟他交朋友，还教会他许多夏威夷的土话。

女菜园主原有一块湿地，已经搁置多年，不知用来做什么好。当她带孙眉去看这块土地时，孙眉告诉她可以种水稻，如果她无异议，他愿意一力承担。夏威夷有充足的阳光和雨水，气候与珠江三角洲差不多。经孙眉开荒垦植，数月后，第一造水稻果然获得丰收。这次成功大大加强了孙眉对垦荒的信心，他把握住夏威夷政府鼓励垦荒的良机，找来梅生、赞生等同乡伙伴，合伙在奥利湖岛向政府租来一块较大的土地自主耕种。

那时，夏威夷国王刚与美国签订互惠条约，条款之一，就是夏威夷可以免税向美国出口食糖。为了加速糖业发展，夏威夷对华工的需要日益迫切。孙眉与华侨领袖陈芳、程明桂等开办的芳植记素有来往，在他俩协助下，1877 年，夏威夷政府终于批准孙眉在檀香山设立移民登记处招募华工。

正当孙眉计划回国招募华工时，一纸家书加快了他的行程。原来，双亲已为他选择了一位与母亲同村的谭姓女子，这封家书就是催促他早日回乡成亲的。

1877 年 6 月 9 日，孙眉在家人的热切期盼下回到家乡。那天，正在村外摘野菜的孙中山见到有人坐着轿子，前面还有挑夫挑着箱箱笼笼，径往村口走来。他好奇地站起身，只见那些箱笼上都写着一个大大的“孙”字。

[1] 今译作火奴鲁鲁。

细望轿上那人，不觉恍然大悟，一口气跑回家去，未到家门，就已上气不接下气地叫道："大哥回来了！"

母亲很奇怪："你凭什么断定来人就是大哥？"——母亲怎会不惊奇，孙眉离开翠亨村时，孙中山只有6岁大，一别六年，还能一眼认出？

"坐在轿上那人，长相和大哥寄回来的照片一模一样，行李上又写着'孙'字，不是他还能是谁？"

母亲还是不大相信。争论间，"阿妈，阿妈"的叫唤声已经传进屋里来了。

几天后，孙眉从箱笼取出一堆糖果、饼干，还有一大包衣物，分别装进金漆礼盒和竹篮里。他把孙中山叫到跟前："帝象，你认识到三乡的路吗？"

"认识，妈妈带我走过的。"

"那你代我走一遭，把这些礼物送到三乡平岚郑强家，行不行？"

"行啊。"孙中山很有信心地回答说。

郑强是比孙眉更早来到檀香山谋生的华工，孙眉抵达后，曾与他一起在郑愎的菜园里种菜。此番孙眉返乡，受郑强之托，答应趁便代他捎些衣物回老家。

说句实话，孙眉这番让弟弟前往三乡送礼，多少也有点考验弟弟能力的意思。

原来，孙中山的好记性在孙家是出了名的。

在他十一二岁时，曾经发生过这么一件事：

时近春节，家家户户都得购买年货过年，孙中山的二叔母程氏是个扎脚女人，走远路不便，家里又没有别的男子，因而很多事情只好请还是孩子的孙中山代办。那天，程氏准备了个竹篮子、一些银两，叫孙中山记下该买的年货的品种和数量。孙中山做好记录后，见时间还早，想起很久没有练过棍棒了，随手拿了根扁担就在门前的空地上拉开架式，一招一式地练了起来，惹得过路人也收住脚步停下来看。孙中山练得性起，练了棍棒还想练拳腿。

程氏在屋里等得不耐烦了，朝屋外大声呼喝道："还不快去！"

孙中山一听，哎，太阳升得老高了，慌忙进屋拿了竹篮和银两就往外跑。

孙中山走了许久，程氏才发现购物单还搁在桌子上，不由得既急且怨：到底是孩子，只顾着玩，玩得忘形时就忘了大事。时候已经不早，翠亨村距离南朗10多公里远，再走一个来回，那是无论如何也来不及的。正当她牢骚满肚时，孙中山已提着年货回来了。她揣着万分不安的心情盘点年货，发现品种、数量无一不对，这才笑逐颜开，大赞乖仔、精仔。

经二叔母一说，这事在孙家传为美谈，孙眉回翠亨村后也听说了，但他是不信的，总觉那么小的一个孩子，怎么可能有那样的好记性。这回让他到三乡给亲戚朋友捎衣物，就是要试试他是否真有这样的能力，也可提供自己考虑，是否应该带他到檀香山做个参考。

孙中山按照大哥吩咐，于次日清晨换上整洁衣服，一头礼盒，一头竹篮，用扁担挑着，走上前往三乡的路。临行前，母亲照例叮嘱他一路小心。

当孙中山走进一条从两山之间穿过的寂静山路时，迎面走来一个相貌猥琐的陌生人，那人怪熟络地走近他的身旁："小朋友，这么早到哪里去？"

"三乡。"孙中山警惕地打量了陌生人一眼。

陌生人喜形于色，说："那太好了，我正好与你同路。"转身便要与孙中山并肩走。

孙中山立刻发现不妥。心想：这家伙明明是从三乡方向走过来的，怎么一听说我要到三乡，立刻调头走回头路？

孙中山断定陌生人不怀好意，但也不敢拒绝：自己还是个小孩，若是让他看出自己心生疑窦，提前动手，我岂不是要吃大亏！想到这里，忽然心生主意，装着肩膀抵受不住重压，连声叫苦：

"担子好重啊，怎么能够挑到三乡！"

陌生人马上接口："那还不简单，反正同路，我就帮你挑一程吧！"

陌生人接过担子，以为孙中山已经上钩，心里暗自高兴。孙中山也装出高兴的样子："有大哥帮忙，这就浑身轻松了。"

半小时后，不觉已走到河埔头村村口，前面已是人烟稠密之所，孙中山绷紧的心稍稍放宽了些。暗想，现在已到实施计谋的时间了。他装着恳求的样子，对陌生人说：“大哥，担子上的礼物是家里让我送去亲戚家的，其中一位就住在这条村子里。我这就送去，你能不能在这里等我一等。”说毕，从担子里取出一袋金山橙，顺手取一个塞在那人手里。

那人满口答应：“反正也耽误不了多少时间，我就在这里等你一等。速去速回。”心想，担子在我这里，愁你这条小鱼逃得脱我的金钩？

孙中山把布袋搭在肩上，不慌不忙地朝村子走去。

不到半炷香时间，陌生人突然发现，孙中山已经领着一群手执锄头、扁担的村民快步赶来。

原来，这一带近日发生多起拐卖小孩事件，村民们恨得牙痒痒的，正在商量围捕。一听孙中山的描述，立刻明白人贩子再次现身了，哪肯轻易放过！

见村民手执锄头、扁担怒气冲冲赶来，那人知道自己已经露馅。眼见大势不妙，拔腿便逃。村民前堵后截，很快就把他逮住了。

一经审问，此人果然是个专门拐卖小孩的“拐带佬”[1]。他原是打算把孙中山诱骗到一处名叫麟麟头的海边下手，趁便用小船把孙中山劫走的。

村民们为孙中山的脱险庆幸：“孩子，好在你够机灵，够淡定。刚才你的处境，真个险过剃头[2]啊！”

孙中山回村后说起事件经过，众人都不觉脸上变色。杨氏急忙进厨房用柚子叶烧水给他洗晦气；孙眉却在惊叹之余，对弟弟的勇气、智慧与自我保护能力有了深一层的了解。

孙眉在翠亨村的招募工作进行得十分顺利。其实，还需要再说些什么呢？他本人就是活招牌，证明出洋大有可为！在孙眉的鼓动下，100 多名乡亲陆续报名表示愿意跟他前往檀香山。

7 月 16 日，孙眉与谭氏完婚。婚事风光体面，花轿、鼓乐一路吹打，从翠亨村喧闹到崖口村，迎回了比他小 8 岁的妻子。

[1] 香山俗语，意即拐卖小孩的人贩子。
[2] 香山俗语，意即万分危险，随时可能有性命之虞。

几天后，孙中山终于找到机会，当着父母的面对大哥说："让我跟你到檀香山吧！"

话没说完，立招父母同声反对："不行！孙家就只你们兄弟俩，哥哥已经远走高飞，当弟弟的，哪能不乖乖留在家中？今后在翠亨开枝散叶就指望你了！"

孙中山不依不饶，死活要跟哥哥走。

孙眉望望双亲，望望弟弟，十分为难。

对孙中山这个弟弟，孙眉怀着一种外人难以理解的"长兄为父"式的钟爱，不仅因为他比弟弟整整大了12周岁，还因为孙中山出生时，二弟德佑去世还不满一年。因此，他把对逝去的二弟的爱和对刚出生的五弟的爱，双重地叠加在孙中山身上。孙眉本是家乡观念很重的忠厚之人，到檀香山后挣回第一份工资，他立刻便忙着给家里汇钱。到檀香山不久，他已汇足可以让二叔母程氏赎回典让土地的钱。想到因为家境困难，自己只读过两年书，他最迫切的愿望，就是让弟弟接受最好的教育，长大后成为社会的栋梁。想到这里，他拍拍弟弟肩膀，安慰他说：

"你年纪还小，还是多读几年书，等长大些，我一定带你去！"

母亲见状，也顺水推舟地说："这样吧，我和你哥哥、大嫂一起先出去看看，然后再做决定，好不好？"

话说到这个分上，孙中山再也没法吵下去了。

1879年，孙眉与人合伙租下一艘名为"格兰诺琦号"（S. S. Grannkch）的英国汽轮，从澳门直达檀香山。这艘船载着他从香山招募的200多位华工，孙眉为他们提供船票、伙食，费用则从抵达檀香山后夏威夷政府给每位华工发放的100元津贴中扣还。作为承办人，他从此行获得应有的酬劳，华工也因此得到了在海外谋生、创业的发展机会。

孙眉终于兑现了他两年前给弟弟许下的承诺，让孙中山在母亲携带下，高高兴兴地登上"格兰诺琦号"，看着汽轮慢慢驶离澳门，向着天水相接的远处开去。

按孙眉本意，他是打算把父亲也一道接往檀香山的。可惜熟土难离，孙达成始终舍不得离开翠亨村。孙眉虽感遗憾，但也不能不尊重老父的意愿。[1]

终于从封闭落后的翠亨村走出来了。一身土布短衣、拖着一根长长辫子的孙中山，兴奋得在“格兰诺琦号”船舱内外钻来钻去。

翠亨村是这样的一条小山村，说它不重要吧，它就坐落在来往县城和唐家湾、澳门之间的必经通道上，可说是五桂山瞭望外边世界的一个窗口；说它重要吧，它其实也很闭塞，不管是通往石岐，或是通往唐家湾、澳门，都只有一条顺着山边修的窄窄的山路，蜿蜒曲折，崎岖不平，但却是贯通全县南北的唯一官道。因为唯一，要走时不能不走；因为难走，走这条路的人到底不多，因而翠亨村依然是处在半封闭的状态。

因为这个缘故，邻区教堂牧师家里的一幅世界地图，就成了童年时代孙中山渴望一见而终不可见的宝物；也因为这个缘故，刚走出山村、来到航行在海上的客轮上的孙中山，有如笼中小鸟放飞林间的那种难以形容的美妙与欢欣。

自登上客轮那一刻起，孙中山就目不转睛地打量着船上的一切：机器、锅炉、烟囱，最后目光停留在横贯汽轮的钢铁横梁上，不禁喃喃自语：“这钢铁的巨梁，到底是怎么造出来、装上去的？这里头，凝结着多少匠人的心血？外国人可以办到的事情，为什么中国人没法办到？……”

多年以后，这一强烈印象，依然历久弥新。他在一封写给外国友人的信中这样追述自己当时的感受：

> “始见轮舟之奇，沧海之阔。自是有慕西学之心，穷天地之想……。”[2]

在这次航程中，又让他发现了一件奇异的事情，那就是海葬。

一天，有一个船上的水手忽然病死了。死者的尸体刚刚冷却，人们已经

[1] 本段文字主要根据孙必胜撰写的《我的曾祖父孙眉》，广东人民出版社 2011 年 9 月版，第 52-62 页编写。那是他根据家族口述历史，并亲赴夏威夷实地调查及翻查政府存档后撰写的。

[2] 《致翟理斯函》，引自《孙中山全集》第一卷，中华书局 1981 年版，第 46-48 页。

把他缝在一只很粗的帆布袋里，放在甲板上，还把铁塞在里头，以增加分量，又用一面颜色鲜明的旗包着这个布袋。一声钟响过后，船长从一本小书中读了几句，砰然一声，水花四散，那水手的遗体已经抛到海中去了。

孙中山那时还不知道船主诵读的是《圣经》，又因为不懂英语，无法问个究竟，总觉得这样做，对死者实在太残忍了，很想质问船主到底有什么权力，可以把别人的尸体抛入大海？

依照中国人的礼教观念看来，对尸体的不敬是亵渎神明的。这幕看似庄严，又似乎很草率的葬礼，让他发现了外国人和中国人完全不同的道德观念。外国人原来竟是这样的残忍和野蛮，而他现在要去的，就是这么一个与中国礼教截然不同的地方。想到这里，早前的满怀希望，不免打了个大大的折扣。

观看海葬后，孙中山想了许多：能够有建造大船那样的文明。应该不是野蛮人，更不是坏人，然而，他们为什么要这样做呢？到檀香山后，他一定要把此事弄个明白。

1879 年 5 月，经过 20 多天海上颠簸，孙中山和他的母亲平安抵达檀香山。

抵埠后，孙眉把孙中山安排到德隆商店学做生意，包括学习记账和当地语言。但是，没多久，便发现他对生意毫无兴趣，但却有着强烈的求知欲，喜欢的是读书。孙眉随即改变主意，为弟弟寻找适合的学校。

此时，孙眉到檀香山已近 10 年了，在营商的过程中，深感自己接受的两年村塾教育学来的知识远远不敷应用。既然弟弟有志于读书，他很乐意成全、栽培他。

当时，檀香山的华人对教育还不怎么重视，华文学校只有一两家私塾，各有 20—30 个学生。其教材，不过是三字经、千字文、千家诗和四书五经之类。孙中山已在村中读了 4 年村塾，粗通文理，再读也没意思，不如干脆把他送到洋人开办的学校去。经再三考虑，孙眉决定把他送到意奥兰尼学校（Iolani College）就读。

此时，距离开学还有 3 个多月。为了让弟弟在入学前做好准备，孙眉决定送他到农场附近的一家私立商业学校学习英文和数学。孙中山理解力强，读书又用功，日常惯用的英语不久便说得很流利，加减乘除也算得很准确。孙中山进步之快，令孙眉大感意外，认为值得在他身上下大本钱，促使他早日成才，光大孙家门户。[1]

意奥兰尼学校

母亲杨氏在檀香山只住了一段很短的日子，尽管她很喜欢檀香山，但更惦记留在家乡的丈夫和女儿，孙眉留她不住，只好让她回国去了。临走前，她一再叮嘱孙眉，一定要照顾好自己的弟弟。

转眼 3 个多月便过，已到意奥兰尼学校开课的时间。意奥兰尼学校原名 St Alban's College，由英国教会属下的圣公会开办，是檀香山有名的男生寄宿学校，距离华人聚居的“中国城”只有两英里，大部分学生是从邻近岛屿前来寄读的。夏威夷王国的国王卡美卡美哈十分欣赏该校采用的英国式教育，曾捐赠 5000 美元给学校，并把学校改名为意奥兰尼学校。“意奥兰尼”是夏威夷方言，意即“高贵的雄鹰在天空上飞翔”，代表勇气、力量和毅力。孙眉觉得，让弟弟在这所英国人执教的学校读书，将来他的英文一定很好。

夏威夷檀香山的孙中山学童塑像

意奥兰尼学校治校甚严，学生上课时要穿统一的制服，开设的学科有自然、政治、经济、法律、社会学、圣经等，还有体育和兵操。孙

[1] 据杨连合 1935 年采访陆华造，见杨连合《孙中山先生的幼年生活》，广东省政协文史委员会藏稿。陆华造为翠亨归侨，早年曾在孙眉的牧场工作。

眉觉得这些科目都很实用，学费高昂点也是值得的。

孙眉当然也知道，这间学校是基督教会开办的，弟弟进校后，难免要接触基督教。但他认为，通过教会学校对孙中山进行严格的纪律训练，可以令他摆脱中国人的散漫习气，明辨是非，不为世俗所诱。两者相比，还是利大于弊。不过，他对洋人信奉的宗教还是有点戒心，因此决定事前给孙中山敲响警钟，提醒他，即使在洋人开办的学校里读书，也不要忘记遵守老祖宗留下的传统和礼仪。

孙眉携带孙中山前往该校注册时，已是当年的 9 月。该校学费奇高，一年就是 150 美元。那时候，檀香山人的生活水平很低，华工的每月收入一般不超过 30 元。孙眉那时的业务虽然大有起色，但还算不上十分宽裕，压力其实是不小的。因此，孙中山入读初期，课余仍需充当校中的杂役，负责管理校园中的蔬菜种植和其他杂务，以减轻家里的负担。

这所学校的课程，安排得非常紧凑。根据孙中山的曾侄孙孙必胜从夏威夷政府档案中找到的课程表（The Daytime Schedule Set Up for the Students），每周安排的课程如下：

上午	5:30	起床、游泳
	6:00	点名、齐集到教堂祈祷，半小时回校打扫卫生
	7:30	早餐
	8:15~9:00	逢一、三、五操练，二、四唱歌
	9:00~1:45	上课
中午	12:00	午饭
下午	1:00~2:00	读书
	3:00~4:00	整理花园、除草，学做木工、印刷资料等劳作
	4:15	游泳
	5:30	晚饭
	6:30	晚祈祷
	7:30~9:00	上课
	9:20	熄灯就寝
星期天上午	9:00	用土语崇拜
	11:00	用英语崇拜（按：学生一般参加英语崇拜）

意奥兰尼学校是所典型的英式贵族学校。目标虽是培养未来的贵族，但对那些未来的贵族绝不娇惯。在这所学校里，轻度的体力劳动和军事操

练被认为是必需的，至于学业，也绝不轻松。据孙中山的同学兼好友钟工宇[1]回忆：该校对英文的要求近乎严苛，不懂3个单词就会被罚打；错5个字，挨打更多。晚上熄灯钟敲响后，学生一律不准出声。老师会不定时前往查房，违者受罚；但老师同时也会为睡得不老实的学生盖好被子。

孙中山进校前，只经过3个月的速成补习，学了些简单的日常会话，要听懂老师讲课其实十分困难。因此，足足有10天，老师们只是让他坐在桌边观察。他也只能靠用打手势与老师交流。好在孙中山好学，而且善于用脑，很快就发现英文和中文的重要区别：中文是由偏旁组成的，每个字就像一幅图画；英文却是由字母组成的，把字词中的字母拆开，可以重组成许多不同的单词。他因好奇而产生兴趣，因兴趣而越发用功，渐渐能读、能写、能讲了。

3年后的1882年7月，孙中山完成了他在意奥兰尼学校的全部学业。在盛大的毕业典礼上，这位3年前连A、B、C都还不懂的中国农村孩子，成了名列全级英文成绩第二名的优秀学生。夏威夷国王卡美卡美哈偕同皇太后、公主一起出席典礼，亲自宣布要给孙中山颁奖，孙中山因而成为该校有史以来获得国王奖的第一位华人学生。

为示庄重，国王的奖品后来是由兼任校长的主教牧韦礼士亲自送到牧场，当面交给孙眉的。那是一本英文书，里面讲的全是关于中国的事。

孙中山的获奖令孙眉大感颜面有光，当晚就在家里举办盛大宴会，招待亲朋好友大加庆祝。

在意奥兰尼就读3年，孙中山的获益其实远不止此。

首先是，赢得友谊与尊重。

孙中山初来时，曾因脑后拖着的那条辫子苦恼。不仅遭人指指点点，甚至还有顽皮的同学以他的辫子为题挖苦嘲弄。

一次，一位身材高人的洋人学生抓住他的辫子，嘲笑他脑后长了一根猪尾巴。孙中山高叫放手，那人偏是不肯。孙中山被惹怒了，他翻身扑向

---

[1] 钟工宇，香山县谷都（今三乡镇）西山村人，比孙中山大一岁。民国时期的企业家、慈善家，兴中会早期成员。

那人，一高一矮立刻交起手来。孙中山从小在农田里劳动，又有武功底子，洋人同学虽然身材高大，哪里是他的对手，三几招过后就被撂倒在地上，没奈何只得求饶。经此一战，再没有谁敢向孙中山挑衅了。不打不相识，孙中山与那位同学，日后竟然成了好朋友。

然而辫子的苦恼依然困扰着他。有年夏天，孙中山和 10 多位同学在老师率领下到海滩游泳。孙中山游泳时，习惯把辫子盘在头顶。一个名叫楷奈楷的土著同学存心捉弄，故意游近他的身边，企图解下他的辫子，被他机灵地摆脱了。后来这位同学遇险受溺，孙中山不计前嫌，奋身扑救，这位同学才幸免于难。回到学校后，老师不问情由，竟然指责孙中山顽皮闯祸，罚他站在耶稣像前祈祷赎罪。孙中山据理力争说："难道救人也犯罪吗？"这才驳得老师哑口无言。

与他在宿舍同居一室的室友不忍见到他郁郁不乐的样子，劝告他说，干脆把辫子剪掉算了。

几经劝说，孙中山果然动心了。一天，他忿然回到家中，拿起剪刀就要把辫子剪掉。大嫂发现后，连忙告诉哥哥孙眉。

孙眉严辞痛斥弟弟："蓄发是祖宗传下来的。剪掉发辫，如何对得起列祖列宗！生为中国人，没有辫子成何体统！"

孙中山大声抗辩："外国人不蓄发，不是也很文明吗！"

剪刀让孙眉一手夺下，辫子到底没能剪成。回校后，他寻思了很久很久。当室友再次提起剪辫时，他坦然回答说："我也知道辫子是满洲人留在汉人身上的耻辱标志，可是，如果身处海外的中国人，只是一个人一个人地剪掉自己的辫子，有什么意义？失去辫子后，我们既耻于回国，又耻于向别人承认我们是中国人，岂不成了流浪在海外的孤儿？不管我们承认不承认，此刻，中国依然是满洲皇帝的天下！因此，要剪，就得等到中国人团结一致，大家都觉得必须剪去这条辫子，决心推翻满洲皇帝的那一天！"

室友笑了："到那天，你务必拍一张剪掉辫子的照片给我寄来。"

孙中山也笑了，信心满满地回答说："相信我吧，必有这么一天的。"

12 年后，孙中山果然亲手把辫子剪掉。1885 年广州重阳节起义失败后，孙中山与陈少白流亡日本，不久就把辫子剪掉，以示与清廷彻底决裂誓不两立。再过 16 年，孙中山就任中华民国临时大总统后，不久即颁布了“限 20 日，一律剪除净尽”的剪辫令。[1]

意奥兰尼令孙中山满意的地方，还因为在这里可以自由思索，畅所欲言。

多年后，孙中山在广州的一次讲话中，这样回忆起他在意奥兰尼就读时的情况：

> “忆吾幼年，从学村塾，仅识之无。不数年得至檀香山，就傅西校，见其教法之善，远胜吾乡，故每课暇，辄与中国同学诸人，相谈衷曲，而改良祖国，拯救同群之愿，于是乎生。当时所怀，一若必使我国人人皆免苦难，皆享幸福而后快者。”[2]

正是在这里，他第一次从道德和法律层面，质疑清政府的合法性。

他问来自香山的同学钟工宇：“我想知道的是：为什么英美政府能够和人民相处得这样好？而中国的满清皇帝却高高在上，自命天子，把人民视作脚下的蚂蚁？中外之间的巨大的差别，到底说明什么？”

见钟工宇无法作答，孙中山指着图书馆里成排的书架，补充了一句:“我想，我们是可以从这里找到答案的。”

三载寒窗苦读，孙中山终于以自己的优异成绩和良好行为，赢得了教师和同学的尊重和赞许。

与他同年入学的香山同学唐雄后来回忆说：

> “孙公在檀读英文时，而中文根底颇深，西文课余有暇，常不喜与同学游戏，自坐一隅，辄读古文，吟哦不绝，有时笔之于纸，文成毁之，不知所书为何。且为人沉默寡言，不苟言笑，好读史乘，

[1]《命内务部晓示人民一律剪辫令》，载《孙中山全集》第二卷。

[2]《在广州岭南学堂的讲演》，载 1912 年 5 月 14 日上海《民立报》。

对于华盛顿、林肯诸伟人勋业，尤深景仰，因为喜欢读西方传记，故英文进步甚速。”[1]

一个早前从没走出以翠亨村为中心、方圆不过数十公里的农家子弟，到了异国他乡，不能不从英语的A、B、C字母从头学起，其间的甘苦可想而知。谁会相信，短短3年内，他不但做到了通晓英文，连母语中文也大有长进！

到檀香山后不久，他已认识了一位名叫杜南山的顺德人士。这是一位美国驻华领事馆从中国请来，教导当地政府工作人员学习粤语的老师。杜南到檀香山后，日间为政府工作，晚上自办夜校，为华侨子弟补习中文。孙中山在他的粤语班报了名，其后更与杜南山过从甚密，不仅获益良多，也令家乡观念浓厚的孙眉大为满意。

孙中山再也不是刚到檀香山时那个土气十足的乡下仔了。别看他平日沉默寡言，但到议论教义和时政时，那就恍若换成另一个人，口若悬河，滔滔不绝，不由对手不服！

更重要的是，通过三载寒窗苦读，世界为他打开了一扇窗口。

记得刚到檀香山时，孙眉曾陪同他和母亲到檀香山各处游览。走过一个立在路边的绿色大铁筒时，孙眉突然停住脚步，从衣袋里取出一封信，投进铁筒的一条窄窄的缝口中去。

孙中山当时觉得很奇怪，问哥哥说：“你这是……”

孙眉告诉他，这是顺便给一位朋友寄信。他还告诉弟弟：“这个圆筒，就是邮局的信箱，只要贴足邮票，就可以由一邮递员派送到你在信封上指定的任何一处地方去，即使寄回中国，也只需要20多天。往日我寄回家中的信，就是这样寄到香港，再托人捎回去的。”

那时中国的邮政还未办起来，外国人的管理、设施和工作效率，令孙中山大为惊奇。

入读意奥兰尼学校以后，除了课本和老师的授课，图书馆就是孙中山

[1] 唐雄，香山县唐家村（今珠海市唐家镇）人，在香港与孙中山一起加入基督教。后为檀香山华美银行总经理，曾因倾力支持孙中山而欠下大笔债务，是“总理（孙中山）早期革命战友和同志”。本段言论，引自郑东梦编：《檀山华侨》，1929年版，第15页。

最常去的地方。这所学校的图书馆藏书很多，孙中山最喜欢读的，就是那些伟人们的传记，对华盛顿、林肯等人十分景仰。学校里的先进设施也给他留下很深印象，日复一日地，他从英国教师身上学到许多东西，并由此对他们的国家了解了许多。孙中山觉得，与中国相比，英国的教育制度无疑优胜许多。他在英国教官的教导下参加持枪操练，又让他对西方的军队训练和编制有了初步的认识。他常常想，英国只是一个小小的岛国，为什么可以拥有那么强大的海上力量？中国地大物博，可是我们依然在使用那些行驶起来比蜗牛还要慢的木船，那又是什么原因？

他突然想起慈禧太后颁布的一道上谕，那上面说：

"维我大清，统率华夏，郅治之隆，兆民攸赖。唯泰西重洋间阻，未瞻上国衣冠，不谙圣朝德教，允宜遣使宣扬仁政，俾知中土文物之盛，而兴异邦景仰之心。钦此！"

他越来越相信，是满清政府的腐败而又盲目自大，才使得中国变得越来越衰弱甚至退化了！毫无疑问，中国实在非变革不可。推翻满清政府，当然是彻底的做法；如果暂时还未能推翻，我们又可以做些什么？[1]

在意奥兰尼学校毕业后，孙中山希望继续求学。但在此时，所有的学校都在放假，假期长达两个月。孙中山不是能够闲得住的人，于是，他向大哥提出，到大哥的店铺里帮忙去。

孙眉以为弟弟回心转意，开始对经商有了兴趣，心里十分高兴。

孙中山又一次来到店铺。这时的他，已不是三年前的那个小伙计了。他以审视的角度打量店铺，发现店铺还是过去的老样子：货架一字排开，单调、呆板。货物就像砖头随意地堆放在架上，杂乱无章。架前的那些箩筐，密密麻麻地挤在一起，毫无秩序。

他找来管事，对铺面的安排重新规划，并与店员一起动手，给店铺来

[1] 林百克：《孙中山与中华民国——美国顾问眼中的孙中山》，高敏、范红霞译，东方出版社2013年12月版，117—119页。

次大变身。

首先是货架重新摆设：四个大货架摆在正面，两侧对称地摆上小货架。架上的货物，按不同种类和大小重新摆设，使之既醒目又美观。盛水果的箩筐，集中放在中央，四面留出通道，方便顾客挑选。再买些花瓶、鲜花和装饰品之类，美化柜台和墙壁……

孙中山一面指挥，一面亲自动手，弄得一身汗、一头灰。不一会，就把店铺布置得焕然一新。

店员对他说："其实你说一声就可以了，用不着亲自动手。"

孙中山惊奇地问："为什么？"

"你是小老板啊！"

"不，我也是你们当中的一员，彼此的身份是平等的。"

老顾客走进店铺，不由得眼前一亮："咦，怎么变了模样了？"纷纷点头称善，觉得挑拣货物比以前方便多了。

孙眉十分满意：弟弟终于肯把心思花到营商上去了。

这年秋天，孙眉特意为弟弟挑选了一所名副其实的商业贸易学校（Louis College），这所学校除为学生提供古典文学、科学及商业教育外，还有拉丁语、西班牙语等多种语言可供选择。在孙眉看来，这所学校教授的商业知识，大可让弟弟在不久的将来和他共同进退，大展鸿图。

然而，仅仅只读了两个月，孙中山已对这所学校毫无兴趣了。孙眉再三询问，孙中山总不开口。孙眉无奈，只得另作他想，考虑是否可以把弟弟改送到夏威夷的最高学府——奥鸦湖学院（Oahu College）深造。

奥鸦湖学院原是基督教的一位教士在1841年创办的。孙中山在意奥兰尼学校毕业那年，恰好该校在报上刊登声明，说是准备创办大学预科，此后学生毕业后可以直接选送美国的大学就读，这对孙中山自然很有吸引力。孙中山还了解到，与意奥兰尼学校大不相同的是，该校采取美国式教育，由一位女校长主持日常工作，男女同校，该校支持学生发挥自由思想，鼓励学生与老师辩论。所开设的学科，除数理化外，还包括逻辑、自然科学和西方社会政治学说等，所有这些，都令孙中山甚为向往。

孙眉在茂宜岛的住所

经过严格的考试，孙中山被录取了。学费倒是相当便宜，每周学费仅需 1 美元。

学院于 1883 年 1 月 15 日正式开课。此时，孙眉业已移居茂宜，在把弟弟托付给老友郑照照顾后，为了证明自己对弟弟的真诚的爱，孙眉在律师的公证下，将财产的一半划给了孙中山。

公证手续办完后，孙眉以为不必再为弟弟的学业操心，可以集中精力、全力以赴经营他在茂宜开办的牧场了。

茂宜是夏威夷的第二大岛，当时还处于初开发阶段，有大量荒地可供开垦。孙眉决心进军茂宜，先是向同乡孙启球连店带货买下他卡胡卢镇上的一间商铺，作为立足点，以自己名字“德彰”中的“德”字和儿子孙昌名字中的“昌”[1]字为新店起了个“德昌隆”的店名，专做华工生意，包括供应生活用品、代办食宿、收集当地的农产品转运檀香山出口美国，等等。站稳脚跟后，开始把精力转移到土地和房地产买卖。据孙中山曾侄孙孙必胜在夏威夷档案馆中查到的资料，在 1881—1897 年，孙眉经手的土地买卖多达十多宗。在此期间，他还尝试参与牲口买卖、海洋煤气、电力、鞋业、酒业等多项投资，部分投资甚至远达三藩市。经过几年的资金积累，孙眉决定将投资方向锁定为经营牧场。1888 年，也就是他进入茂宜的第 8 年，他兼以租入、购进两种不同方式，办起一个 6000 英亩（2428 公顷）的大牧场，

[1] 孙昌（1881—1917），孙眉之子。1910 年加入同盟会，曾随孙中山参与镇南关起义。1911 年奉命乘船押运军饷到广州，遭海军误击，溺水殉职。

风头一时无两，岛上华人戏称他为“茂宜王”。[1]——正因为打下了雄厚的经济基础，他才有能力在辛亥革命期间给孙中山那么多的，甚至是关键性的经费支持。不过，这些都已是后话了。[2]

让孙眉万万想不到的是，正当他大展拳脚之际，他与孙中山之间，竟然发生了正面冲突。

孙眉与孙中山之间发生的冲突，是由宗教信仰不同引起的。

当孙眉把孙中山送到意奥兰尼学校就读时，本已心怀警惕。他一再叮嘱弟弟不要忘记中国传统，怕的就是弟弟为洋人所迷惑，加入洋鬼子的基督教。那时候他自信心十足，总以为“长兄若父”，弟弟一定会遵照他的教诲行事的。然而，其后的发展，完全出乎他的意料。

孙中山刚踏入意奥兰尼的学校大门时，对基督教确曾相当抗拒。

意奥兰尼学校是教会学校，《圣经》理所当然属于必修科。为此，身兼校长的韦礼士牧师把当时校内的大约 10 名华人学生，全部交托给一位牧师，让他给华人学生讲授《圣经》。没想到，孙中山和其他华人学生根本就不愿意听传教士说教，甚至以罢课相威胁，弄得那位牧师毫无办法，只好抱着经卷愤愤离开。

这时，韦礼士校长来了。他对华人学生说:“不想听福音？可以！但是，这里也有一条规定，不听福音的，必须一律离校。”

孙中山等面面相觑，没奈何只好屈从。

但是，经历过先前发生的那一幕，无论韦礼士怎么劝说，先前那位牧师再也不肯面对华人学生了。

韦礼士决定亲自给华人学生授课。老校长毕竟经验丰富，上课时抓得

[1] 孙必胜：《我的曾祖父孙眉》，广东人民出版社 2011 年 9 月版，第 104-139 页。

[2] 2013 年 6 月，孙家在茂宜岛为孙眉树立纪念铜像，应孙必胜先生之邀，笔者代拟《孙公德彰像赞》如下：“眉公德彰，号寿屏，广府香山人氏，世居翠亨，以务农为业。家贫，难以为继，遂于一八七一年远赴檀岛，十载而迁茂宜。农垦畜牧，分道并张，亦农亦商，延福桑梓。乃接其弟德明至檀，悉心栽培之。弟德明，即创立民国之中山先生也。昔中山先生抵檀首创兴中会，公奔走联络，一呼百应，辛亥之端，实肇于此。而后中山先生十举义旗，挫而愈奋，公屡倾囊襄助，乃至一九零七年毅然返国，躬亲革命。顾中国之共和，谓公功不可没，谁曰不然！噫，始而毁家不顾，终则淡泊退隐，德彰之名，可谓名实相符。吾等皆公后人，今立眉公铜像于斯，冀缅前贤而垂范后世也。承蒙茂宜政府鼎力支持，耑此鸣谢。是为记。”

很紧，不仅要求学生熟读经文，还规定他们必须和校里所有的寄宿生一起，每天早晚两次祈祷，星期天还要到学校附近的圣安德勒教堂参加唱诗班，做礼拜。没有特殊情况，谁也不许缺席。

但在平日，韦礼士为人却是十分谦和的。在学生面前，他从不高声讲话，但话一出口，却令人感到很有说服力，无可辩驳。他还经常与他的夫人一起，来到中国寄宿生中间，与他们同桌吃饭，边吃边聊，谈生活，也讨论教义。学生们很快就接受了他，变得乐意和他接近。

年长月久，孙中山等人终于为基督教的教义所吸引，许多学生还到教堂接受洗礼。当孙中山把他想加入基督教的想法告诉孙眉时，一向信奉菩萨的孙眉立刻拍案而起。在孙眉连骂带劝下，孙中山暂时打消了受洗的念头，但是，基督教教义中的自由、平等、博爱等观念，已经深入他的心中。他惊奇地发现，原来，在“三纲五常”“三从四德”之类的封建伦理以外，世界上还有另一种更合理、更符合人性的道德标准，那就是基督教教义中所说的自由、平等、博爱……

孙眉反对孙中山进教，其实连他自己也说不清到底为什么，只是朦胧地觉得，是中国人，就不应该信奉洋人的教。既然连他自己也说不清，孙中山当然更不当作一回事了。

孙眉不明白的事情多着哩！例如，他怎么能够猜到，弟弟不喜欢那所由他精心挑选的商业贸易学校，并非不喜欢那里的科目，只因为该校由天主教开办，信奉的不是基督教，而是天主教而已！基督教和天主教在理念方面不尽相同，因而孙中山在那所学校里读得极不开心。此中原委，恐怕孙眉到死那天也不会明白。

思想的交锋，终有一日演化为行动。

自把家从檀香山搬到茂宜以来，孙眉对孙中山就不大满意。原因之一，

孙中山在檀香山求学时常去的圣安德勒教堂

是因为孙中山常向员工大谈特谈夏威夷土人如何反对美国对夏威夷的吞并，中国人也应像夏威夷土人那样起来反抗，把鞑子皇帝赶走。

孙中山肆无忌惮的高谈阔论，已令孙眉大为担心。更令孙眉不能容忍的是，孙中山不仅自己迷上基督教，还要把这种观点带到牧场上宣扬！放牧人长年在野外工作，风吹雨打日晒，患个伤风感冒原是常事。遇上这类小病，为图省事，患病工人通常不找医生，而是到佛堂烧香拜佛。孙中山最看不惯的，就是这种愚蠢的偶像崇拜行为。

孙中山出身农村，对牧场里工作的疾苦感同身受，常常仗义出头为他们向场方申诉，火头不免烧向一位为人苛刻、小器的管账师爷，那位师爷因而把孙中山视作眼中钉，老是在孙眉跟前煽风点火，说孙中山“无君无父，扰乱场规，煽惑工人，不听指挥”[1]，等等。激烈时，甚至以辞职相要挟，说是有孙中山在牧场一天，这个牧场里就没有他！这类话听多了，孙眉心中也会有气，觉得那是基督教惹的祸，早想找个机会与孙中山认真谈谈。[2]

这天，当孙眉又一次劝说弟弟放弃基督教信仰时，孙中山指着牧场里的关帝圣像，质问大哥说：“满牧场供奉着这种东西，不叫偶像崇拜叫什么？”

孙眉叹了一口气：“弟弟，要是你以为我真的相信，求了神，拜了佛，就可以束起双手等待发财，那你就错了。这牧场里的一切，不靠天、不靠地，全是我双手挣回来的。可是，你想过没有，这牧场里有多少大叔大伯，他们漂洋过海，从唐山来到这里，心里头没个寄托，怎么活得安乐啊！”

孙中山反问：“那不是自欺欺人吗？”

孙眉不耐烦地打断孙中山的话：“总之，在这里，我不准你乱说乱动。”

孙中山气不过，一把把关帝圣像扯下，撕成碎片。

孙眉气极，说：“我这里容不下你了，你马上给我滚回翠亨村去！”

孙中山的火气也冒了起来：“回去就回去，什么了不起的！”……

孙眉原以为两兄弟斗口角，转身便忘个一干二净，就像什么事情也没有发生过。哪想到，这位昔日的“石头仔”，长大后依然是那么倔！

---

[1]《孙中山家庭出身和早期事迹》，载《孙中山史料专辑》，第285页。

[2] 杨连合：《孙中山先生的幼年生活》。

孙中山说到做到，立刻写信给母舅杨文纳，宣称这里容不下他了，只好返回中国。信写了，气犹未息，干脆负气离开茂宜，跑回了檀香山。

孙眉听说孙中山嚷着回国，恼怒之余又觉得可笑：你以为小孩子在玩过家家，可以说走便走？身上没有分毫，你拿什么买船票？我且冷眼一旁看着，谅你孙猴子再蹦再跳也逃不出如来佛的掌心！

兄弟俩，一个脾气倔，一个倔脾气，谁也不肯认输服软，事情就这么闹僵了。

孙中山没有回头路可走，在母舅那里也得不到理解和支持，看来，真的是非走不可了。小小学生哥，到檀香山 4 年，倒有 3 年住在学校，能认识几个人？不找老师同学还能找谁？他跑回母校，把事情的经过一五一十地告诉一位名叫芙兰谛文的女教师，越说越气，干脆把话说绝了："大哥不准我读书了，我只能回中国了！"

芙兰谛文劝他，哥俩间有什么不可以商量的？不如先在学校住几天，等哥哥的气消了，回去道个歉，总有转弯的余地。

孙中山使劲摇头："事情已到这等地步，无论如何，我是决不回哥哥那里去的了。况且我已离家几年，家乡如今不知怎样，实在也很想回去看看。"

老师见劝说不住，只得好歹给他一些钱，说是不足部分自己想办法，其实还是希望他知难而退。

孙中山在钟工宇家住了几天，其间，几乎找遍所有可以找的老师和同学。念在学生或朋友的分上，众人多少总得给他捐助一些。看看已够买船票了，孙中山不管三七二十一，径直到船公司买票乘船回国。心中气还未消，临走前连哥哥也不告诉一声。

事后，孙眉心中也很后悔。其实，早前已有朋友劝告他，说宗教信仰这种事情哪能勉强，何必为此弄得兄弟不和！他也承认朋友的话有道理，只是面子搁不下，没来得及纠正而已。弟弟出走后，他焦急地向亲戚朋友逐一打听，获知弟弟行踪后，立刻赶去檀香山，希望尽最后的努力，把弟弟留下来。但是已经迟了，轮船冉冉离岸，一切已成定局。没奈何，只得写信将事件经过禀告父亲，又给父亲汇去一笔钱，并在信中叮嘱父亲说，这次汇去的钱，一半是家用，另一半是预留给弟弟的学费。弟弟原是可造之材，此次犯下那么大的错，狠狠将他骂醒是必须的，但也不要意气用事，把他的学业耽误了。

事到如今，若问孙眉还有什么奢望的话，那就是祈求弟弟在离开洋地的同时，也把加入洋教的念头一笔勾销了。

1879 年 5 月抵埠，1883 年 7 月离开。孙中山这趟远赴檀香山，前后只逗留了 4 年。四载求学生涯，说长不长，说短也不短。孙中山到底从中得到什么、失去什么，恐怕连他自己也说不准。不过，至少有一点是肯定的：回时的孙中山，已经不再是来时的孙中山了！

第四章 锋芒小试

17岁的孙中山

汽轮在辽阔的海上破浪前进，从檀香山直驶香港。

孙中山站在瞭望台上，望着海水不断拍打船舷，溅起比人还高的浪花。洁白的海鸥上下盘旋，绕着轮船打转。天连水，水连天，望不到边际。

劲峭的海风扑面而来，把积聚于孙中山心中的郁闷悉数吹散。

还像5年前远赴夏威夷时那样，孙中山只带了一个衣箱，外加一个不大的行囊。但是，其中最少已经多了一本夏威夷国王奖励给他的关于中国的英文书。

在长达20多天的航程里，孙中山想了很多很多。比对家乡和檀香山的差距，他觉得，回国以后可以做很多很多的事。

海鸥又一次飞近身旁，似在向他点头示意，令他对未来充满了憧憬。

然而，当汽轮靠岸，走下舷梯，改乘一艘来自香山的沙船，打算在珠江口的金星门登陆，再循陆路返回家乡时，未抵翠亨村，孙中山已经见到了令他终生难忘的卑劣的一幕！

事情的经过是这样的：那艘沙船是艘木趸船，整艘船只有一台简陋的发动机，行驶时出奇的慢，简直是在颠簸的波浪中缓缓滑行，这已令刚从檀香山返国的孙中山大为不满。

离奇的事情还在后头。沙船滑行了许久，总算驶近一个小岛，却又莫名其妙地抛锚了。

“怎么回事？怎么不往前开了？”乘客们七嘴八舌地问道。

船长从驾驶室走出舱面，向乘客们宣布说：

“这里是厘捐局。待会儿海关官吏会上船检查，请诸位务必记住一个‘忍’字，忍得不吃亏。”

话犹未了，一位清朝官吏便率领一群带刀侍卫走上船来，翻箱倒箧地检查旅客的行李，把值钱的小东西顺手牵羊地塞进口袋里……

乘客正要收拾行李，第二批官吏又凶神恶煞地上了船。

“不是刚检查过吗？”一位乘客壮着胆子问。

“先头来的是征收海关税的，我们是来收厘捐税的。”

第二批官吏刚走，第三批腰佩大刀的官吏又走上船来：“听着，我们是来缉鸦片的！”

依然是翻箱倒箧，依然是见了中意的就拿，见谁来不及打开行李，就用大刀挑开……

“我已经被检查过两遍了。”孙中山抗议说。

“废话少说，把行李打开。”

话犹未了，第四批穿着旗人制服、带着火铳的官吏又闯上船来：“我们是查禁私运‘火水’[1]的！”

孙中山拒绝接受检查。他一只脚踏在自己衣箱上：“这里头放的是衣服，谁会在衣服里藏‘火水’？”

“真的不让检查？”

“不！”

官吏被惹恼了，他恶狠狠地掷下了一句话：“哼，好大的胆子啊，走着瞧吧。给我把这条船扣下，撤！”说毕，悻悻地率队走了。

孙中山慷慨激昂地对乘客们说：“到了港口，我们可以上诉，控告这群贪官污吏。”

船长拍拍他的肩膀，呵呵大笑说：“在中国，哪有什么上诉，找谁上诉？

---

[1] 香山俗语，即煤油。

没听过‘未见官先打三百大板’？嘿嘿，算了吧。”

孙中山仰天长叹。想起孙眉在夏威夷的财产，如何地得到法律的保障，而在清廷统治下的中国，大官大贪、小官小贪，连小兵也要借机捞上一把。难道我们的5000年文明古国，最终败坏在这些无法无天的贪官污吏手上？

直到第二天清早，船才获准放行。众人心知肚明，要不是船长暗地给官府送去银两，只怕再待三五七天，也未必能够安然离开。

当孙中山风尘仆仆地赶回翠亨村时，天已昏黑。五年前熟悉的一切几乎原封不动：狭窄的石街、低矮的农舍。偶然从这家那家门缝里漏射出来的油灯光，把他的身影长长地投射在石街上。

孙中山“呀”地推开家门，满屋子的人立刻站起来，只有他父亲孙达成依旧蹲在那张小竹凳上抽闷烟，显然，他已从孙眉寄回的家书中对孙中山这次被逐回乡的原因略知一二。

母亲高兴地打量站在眼前的这位英俊少年，终于欣慰地笑了，但忍不住问了一句：“你没加入那洋鬼子的教吧？”

“没有。”孙中山坦然地笑了。

“我说呢，帝象从小就是个听话懂事的孩子，他怎么会轻易受洋鬼子的欺骗！”

“不，我没有受骗！”在儿时的伙伴中间，孙中山态度异常认真地表白道：“事实是，在檀香山读书的时候，韦礼士主教夫妇常给我讲授《圣经》，我也早晚参加祈祷，星期天还到教堂做礼拜……”

“那么，你是已经加入洋人的那个什么‘基督教’了？”刚从上海回翠亨村不久的陆皓东很感兴趣地问。8年前，陆皓东曾和孙中山一起在村塾里读书，后来随他父亲到上海去，直到父亲逝世，才从上海扶灵柩回到翠亨村。

“还没有。不过，说实话，那《圣经》上讲的都是博爱、平等这些博大精深的做人的道理，起码比我大哥他们信奉的关帝爷强多了。那关帝爷算什么，狂妄自大、愚孝愚忠，最后还不是落得个兵败麦城的下场！偶像崇拜！”

“所以，你把大哥牧场里的关帝像一把扯下撕了，而你大哥一怒之下，就把你赶回来了？”

“正是。”想起在檀香山的5年生活，孙中山无限感慨：“比起檀香山，我们这里太落后了。比如，在檀香山，只要从邮局里买个小小的邮票，贴在信封上，投进信箱，不出一个月时间，这封信就可以寄回万里以外的香山家里，比起托人顺路捎带，不是快捷方便得多吗？又如，檀香山那里，凡是公益的事业都有专门机构管，地方上有救火会，学校有兵式的体操课……”

陆皓东一拍大腿，又一次打断孙中山的话：“好极了！你说的这些，我想，我们也可以在村里一件一件办起来的。”

“从什么着手好呢？”小伙伴们七嘴八舌地问。

孙中山沉吟片刻，终于开口了：“从目前看，或者可以先办路灯……”

在座的人不约而同地朝街外望去；时值夜深，四周的一切黑漆漆的，只有石街上的石板，微泛着光，犹如一条长长的朦胧的白带子。

“还有，我们可以设法说服村里的富商和豪绅出钱购买枪械，组织夜警团，这样，就不怕盗贼为患了……”孙中山认真地说着，一副沉思的样子。

刚从檀香山归来，又正值暑期放假，刹那间打不定主意到哪里继续求学。孙中山只好留在家里，除了下田和协助父亲干点杂活外，免不了到处找乡亲聊天。

困居山村的乡亲，无从得知也不想关心什么“天下大事”，但当提起如今的日子难过时，话就多了。

“今年雨水小，山上作物的收成恐怕要减半了。”

“丰收又怎么样，没听过‘谷贱伤农’？即使丰收，收购商压价，再交租、交税，还有那么多杂七杂八的捐饷，七除八折，那就所剩无几了。”

孙中山激动地站了起来：“政府的职责是什么？就是应该替老百姓设想，让他们可以安居乐业。可中国的那些自命‘天子’的皇帝们，有替百姓想过吗？年年征收那么多捐税，见过他们给百姓兴建的学校、桥梁、马路吗？”接着，他从裤兜里掏出一枚铜钱，问大家说：“这枚钱是不是皇帝降旨铸造的。”

“当然是。”

“你们有没有留意过铜钱背后面铸的是什么字？是满洲字，不是中国字。统治中国的不是中国人，是满洲人！”

乡亲们七嘴八舌地议论：“那也是。”“我倒真没想过。”

是啊，除了天不怕地不怕的“石头仔”，谁敢在公开场议论这些呢！

于是，众人纷纷向他打听外边世界的种种新鲜事，在将外边世界与他们在村中所见的情况相比较后，开始朦朦胧胧地觉得，这个世界确实欠缺了一点公义，对他们确实很不公平……

乡亲们初听孙中山的大胆言论时，多少有点提心吊胆，只怕再说下去就会出事。那种心情，就跟当年路过大榕树边，听洪叔公大谈太平军打天下的故事时差不多。有人甚至认为这位不知天高地厚的世侄，已经深受洋鬼子的“毒害”，可又忍不住还想再听下去，而且越听越觉得他把自己不敢说的心里话都掏了出来，尤其是他对清政府的抨击，听起来确实很解恨，很“过瘾”[1]。

多年后，当年与乡亲谈过的话，孙中山依然没有忘记。他在一次对听众的讲话中说：“我曾经掏出一把铜钱买水果，摊贩却小心翼翼地把那些咸丰、同治年代铸造的劣币全挑拣出来，不肯接受。只肯收下那些康熙、乾隆年代铸造的钱。摊贩们认识铜钱正面铸上的‘康熙’‘乾隆’，却从不留意到铜钱背面还有许多满洲字。所谓康熙、乾隆，其实是满洲人的康熙、乾隆，他们霸占了我们的江山，却要我们承认他们是我们的‘天子’，你说可恨不可恨？那年在翠亨村，当我说透这一点时，乡亲们的火气就冒上来了。谁说村民愚钝，没法唤醒他们的民族意识呢！”[2]

在翠亨村，最能让孙中山掏出心里话的，其实只有陆皓东。而在村民

[1] 香山方言，意即很有趣，听得人心痒痒的。

[2] 孙中山：《自治制度为建设之础石》，载《国父全集》第三册，台北近代中国出版社，1989 年版，第 164 页；载《孙中山全集》第三卷，中华书局 1984 年版，第 327 页。

心中，最不安分的，除了孙中山外，就是那个“上海仔”陆皓东。陆皓东与孙中山一样，最厌恶的，就是统治中国的鞑子皇帝。

一个阴差阳错的机会，让陆皓东有可能近距离观察清廷属下的陆军到底是什么样子的，那是在钦差大臣方耀亲临香山濠头乡阅兵的时候。那时，香山知县因吃空额而急于找人顶替，把陆皓东也拉进去了。陆皓东亲眼看着他们是怎样把烟鬼、兵痞编进队列，应到画卯，要多乱有多乱的。然而，身负视察重任的钦差，在收下贿赂、吃过山珍海味之后，居然醉醺醺地看了一眼便走，假装胡涂，视而不见！

回到翠亨村后，陆皓东把孙中山叫到一旁，不屑地说："给我 50 个训练有素的士兵，就可以击溃一支这样的军队，直捣广州的虎门港！"

"那为什么没有这样的军队呢？"孙中山陷入了沉思："如果有的话，我们就可以夺取政权，中国就能够在世界强国中取得应有的地位了。为什么没有人开始做这件事呢？"

陆皓东笑道："也许你就是做这件事的人。"

孙中山愣了一愣，随后，却又释然地和陆皓东一起纵声大笑。

对陆皓东说来，当时，这些话只不过是当作笑话随口说说，但听在孙中山耳中，"也许你就是做这件事的人"这话就像一记响亮的宏钟，敲得他的心怦然直跳——是呀，为什么我就不能是"做这件事的人"呢？这一大胆得出格的念头，就像一粒种子，在孙中山心中悄然发芽，深深地扎下了根。

笑话说过，孙中山和陆皓东两人，不由得坐下来认真地讨论起洪秀全怎样发动太平天国起义，为什么在声势最为浩大的时候竟然骤然崩溃？借鉴太平天国失败的教训，今后我们可以怎样做？等等，等等……虽说只是纸上谈兵，但最低限度还是达成了一个共识：应该像洪秀全那样，从打破偶像崇拜开始。

回到翠亨村，就像鱼儿回到水中，孙中山仿佛返回了被称为"石头仔"的孩童年代。这天，下田归来后，他兴之所至，邀集陆皓东、陆天祥，还有一些年龄比他小得多的村里的孩子，跑到犁头尖山上重温儿时的游戏。

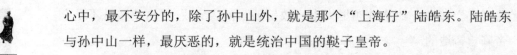

游戏的名字是孙中山当年起的，就叫作“天兵捉清妖”。

孙中山把小伙伴分成两方，一方是“天兵”，另一方是“贼寇”。双方各占山上的一片地盘，互相追逐擒拿。最后的胜负，就看谁抓的俘虏多。

孙中山从小就是村中的“孩子王”，这次重温旧梦，依然是“天兵”的元帅，他召集分在他一方的“部下”，大义凛然地宣布说：“我们是‘天兵’，当然是无敌的。大家只要拿出当年太平军打永安城的气势，一上来就齐声呐喊，以声威压倒他们，这场仗我们一定能够打赢！”

游戏刚开始，孙中山率领的“天兵”立刻齐声呐喊，唱起那首小时候常唱的山歌：

“男子要学洪秀全，
打下南京建天朝。
不怕清妖招番鬼，
打得番鬼跪求饶。……

活捉‘满洲仔’！
活捉‘满洲仔’！”

村中父老被从山上传来的呐喊声惊呆了。

“什么，‘长毛’又打来了？”

跑近山前才知道，原来是这群长不大的孩子在游戏。

“什么不好玩，偏要玩‘长毛’造反，那可是杀头的死罪啊！”

有人连忙喝住自己的儿子，再加一巴掌甩过去：“还不赶快跟我回家！”

孙中山与陆皓东等哪肯理会旁人的劝阻，看来，不把“满洲仔”捉完，他们是不肯罢休的了。

喊声再起，剩下的人还在互相追逐，仿佛时光依然停留在太平军打天下的那个年代……

这天晚上，孙中山和陆皓东邀齐好友，再次聚集到乡正[1]陆星甫家里。

已有一把年纪的陆星甫，罕见地脸带微笑，看着这些半大不大的孩子争先恐后地陈述办乡政的意见。

陆星甫显然为青年人的热情所打动："帝象，你说吧，檀香山那儿的村务是怎么办的，我们这里又该怎么办？"

油灯的火苗不停闪动，把孙中山的脸庞映得红彤彤的："比如，通往官道的村道应该及早修建，村内街道的转角处应该装上街灯……"

陆星甫有点为难："一时半刻，哪来修路的钱？"

孙中山立刻回答："我们这伙年青人可以自己动手。"

没等陆星甫反应，陆皓东已抢着接下去："还有，村里的夜警团也可以以我们为主组织起来。"

陆星甫沉吟良久:"前面两项容易办，至于组织夜警团，主意固然不错，但恐怕……恐怕还得从长计议。"

副乡正杨汉川插嘴道："就是。那么大的一笔枪械款，不知能不能筹集起来。还有，村里的壮丁，不知愿不愿轮流巡夜？"

一个冷峭的声音陡然响起：

"孙文说的我全反对！仿效洋鬼子做法，更改祖宗留下的规章，那不是藐视族规王法了吗？刚才所说的一切，我看再也休提！"

众人怔然地望着那拂袖而去的瘦长身影，认得他是年高德劭的老族长。

"可不是！你看，你看"，陆星甫摇着头，忙不迭地对着孙中山、陆皓东等血气方刚的小伙子们说："心急吃不得热汤圆，改良乡政的事，就从小处着手，一件件地办起来吧。"

孙中山和村里的青年们在街道转角处竖立起一桩桩木柱，在柱顶装上了盏盏风雨灯。

夜幕降临，孙中山把街灯柱上的煤油灯点燃了，翠亨村的街道，有史以来第一次灯火通明。

---

[1] 晚清时香山的乡级行政职务，即乡长。

没过几天，孙中山又和村里的小青年一起修整村道。

孙中山问和他一起夯土的陆皓东："昨晚杨家闹海盗的事你怎么看？"

陆皓东还未开口，在旁用竹箩往地上倾倒沙泥的陆焕章已接上话题："幸好装了街灯，把街照得通明，杨家一喊'有贼'，村里的人立刻拿起锄头扁担赶去，盗贼见势不妙，慌忙溜走，才不致造成更大损失。"

孙中山正色地说："可是，杨家到底还是给抢去一些财物啊！再说，这次来的只是两个过路小贼，而且手中只有刀子，要是从金星门开进来的大批海盗，甚至还有火枪，那又怎么办？"

陆焕章回答不出来了。

孙中山继续说："我们中国本来地大物博，现在弄得这么衰弱，都是因为政府腐败的缘故。你看外边世界，连夏威夷那么小的岛国也富强起来了，既然有那么多的现成榜样，我们为什么不虚心向人家学习，从翠亨村开始，推而广之，遍及全国呢？"

还是在陆星甫的家里。

归侨杨老先生正在呼天抢地地哭诉："这是什么世道啊，7 年前我家被海盗洗劫一空，7 年后的今天又遭强盗抢劫；地方不管，官衙不管，今后的日子怎么过啊？乡正乡里们，你们要为我做主！"

乡正陆星甫和副乡正杨汉川交换了一个眼色，而后缓缓地转向那位原先激烈反对组织夜警团的族长。

老族长的脸色十分难看，一言不发。

终于，陆星甫开口了："这样吧，今晚把全村的富商豪绅全都请来，商议筹资购买枪械、成立壮丁夜警团的事。孙文到过外洋，见多识广，就请他当顾问！"

乌光铿亮的步枪。银光闪闪的大刀。结实趁手的木棍。

孙中山、陆皓东，还有村里练过把式、膀粗腰圆的小青年全都来了。胆怯、好奇，最后是兴奋莫名地摆弄起那些新式枪械。

孙中山宣布："从今天起，我们这个壮丁夜警团正式成立了。现在就由我宣布章程，编班轮值，守夜打更，持抢巡哨。若是发现海贼，那就以鸣锣为号，全村出动，组织火力，协力缉拿。”

陆焕章的脸从祠堂门外探进来，晃了一晃，又连忙缩回去。

陆皓东眼尖，一下子就发现了 :“焕章！”

他跑过去把陆焕章揪了回来 :“人怎么能说话不算数！原说好一起来的，到头来却当了缩头乌龟，累得我们一番好找！”

“我爸我妈都不准我来，他们还说……”

“说什么？”

“好铁不打钉，好男不当兵！”

孙中山拍拍陆焕章的肩膀 :“别着急，慢慢说服你爸你妈就是。那些贱农轻商、重文轻武，‘万般皆下品，唯有读书高’的陈腐之见，还真的累人不浅啊！你看，在檀香山就不是这个样子的。那儿的小孩子在学校里就开始上兵式体操课，大家以参军为荣，不像我们这里，一见风险就畏缩不前。这种劣性非改不可，难道把列强对我们的欺侮全忘了吗？”

孙中山和陆皓东陪着陆焕章回家。陆妈妈见了一怔，但还是殷勤地让座、敬茶。

“妈，我想参加夜警团。”陆焕章怯生生地小声说。

陆妈妈只装作没听见，依然在招呼孙中山说 :“帝象，你是出过洋、见过大世面的人了，凡事得多照应我们焕章啊！”

“妈，我想参加夜警团。乡正说，全村的壮丁全都要参加，轮班值夜。”陆焕章稍稍提高语调重提一次。

陆妈妈的脸立刻拉长。

自孙中山进门后没吱过一声的陆焕章父亲沉不住气了，他恶狠狠地斥责陆焕章说 :“多嘴！”

“可是，乡正……”

“待会儿我找他说去，别家的孩子参加不参加我管不着，可你，我说不准去就是不准去！”

“这就难了”，孙中山轻叹了一口气，“你家孩子娇贵，别家的孩子也是从娘胎里生出来的，都像你这么想，谁能担保哪一家不会像杨老先生家那样横遭劫难？”

满屋子的人全都沉默了。7 年前杨家遭海盗洗劫的惨状和最近杨家的又一次遭到抢劫，杨老先生呼天抢地的景况如在眼前。

陆妈妈：“依你说，我家焕章非得参加村里的夜警团不可？”

“一双筷子易折断，十双筷子断也难。只要大家齐心协力，就不怕海盗的侵扰了。”

“可是，焕章是根独苗苗，要是有什么三长两短的话……”

“过去海盗所以胆敢进犯，是因为村里人各顾各，好像一盘散沙。如果办起村防，有了新式武装，你想，海盗还敢不敢来呢？就算敢来，只怕也没命回去！——众人事情众人理，人是不能太自私只顾自己的。”

陆妈妈点了点头：“好，帝象，我这孩子就交给你了，你可得好好照顾他啊！”

陆焕章惊喜地说：“妈，你同意了！”

“还多嘴，小心挨打！”陆焕章的父亲故作严厉地说，不过脸上却泛起了笑意。

随后，孙中山还就翠亨村的耕作农牧的现状，认真地考察了一番。

首先，他发现这里农民的施肥方法很不科学。那时的翠亨村，一直在沿用以“农家肥”栽种水稻。所谓“农家肥”无非两种，一是“水肥”，就是将尿液贮藏在大瓦缸里，让它存放一段时间然后施放；二是“旱灰肥”，就是把排泄到粪坑里的粪便盖上草木灰后，待开耕时挑到田里施放。“农家肥”确实肥效很高，问题是什么时候该施肥、施什么肥，那里头就大有学问。例如，要是在禾苗抽穗扬花期间猛施大粪，就会因氮肥过多而招至倒伏，结果反而减产。为此，孙中山专门跑到农民家里，把氮、磷、钾肥该怎么组合使用，才能取得丰收的科学原理教会他们，让农民取得较好的收成。

孙中山还认为，在翠亨这样的山村，如何解决旱地的引水灌溉也是个大问题。为此，他在查清村中地形地势的基础上，发动村中青年建坝蓄水。还告诉农民，要先用合适的稻种栽种，低洼田可以种耐浸的糯米；高旱田就以种耐旱的赤米为宜。

事后，孙中山本人是这样总结自己在这段时间所做的努力的：

“每与乡间老农谈论耕作，尝教之选种之理，粪溉之法，多有成效。”[1]

翠亨村在经过一番改革后，面貌一新，村里的治安和卫生状况大为改善，乡亲父老们甚感欣慰。

消息传到香山知县李征庸那里去时，李征庸大加赞赏，并托人捎来了话，作为香山县的现任知县，他可以提供协助，请孙中山他们把经验好好总结整理，看能不能向全县推广。孙中山听到知县支持他，十分高兴，他也想借知县之力，把自己的理念推向全县，实现他改良中国政治的初衷，可惜等他赶到县城时，李征庸已经离任，知县的位置让绰号“剥皮杨”的杨文骏以贿赂上司的手法，花 5 万元买走了。“剥皮杨”考虑的只是如何为自己的荷包“剥”得多，哪里会理会一个不满 17 岁的农村孩子提出的什么“村政改革”呢？孙中山一无所得，失望而回。

白跑一遭，虽无所得，却让孙中山再一次认定：“中国无良好政府，办事必不能成。”这种腐败、无良的政府，难道还要让它继续管治下去吗？

太平天国和洪秀全的影子，又在孙中山的眼前晃动了。

尽管没有得到原先期望的县衙门的支持，翠亨村的村政改革还在继续。

巡夜值班，打枪练靶。精悍的壮丁夜警团一如往常地活跃在翠亨村内。

入夜时分，几个乔装成农民的陌生人，趁“瑞接长庚”闸门未上柱合锁前，偷偷摸摸地混进了村子。

凭着微弱的灯光，正在值更的陆焕章发现这几个陌生人的行动十分可疑，他机警地踩着矮墙爬上屋顶，卧伏在屋脊上，把枪瞄准那几个陌生人。

“谁？不许动！”他猛然大喝一声。

原来，那正是混进村里、企图里应外合的海盗！海盗见事已败露，转

[1] 《孙中山全集》第一卷，第 17 页。

身便逃。

叭！陆换章一扣枪机，一个海盗被击中了。顿时，村里四下鸣锣，夜警团的壮丁，有枪的全部爬上屋顶，拿大刀木棍的也做好了厮杀的准备。

“捉海盗啊！捉海盗啊！……”

喊声此起彼落，应和着追击逃匪的枪声。

海盗丢下尸首，扶着伤者，向海岸狼狈逃窜，留下一路斑斑的血迹。

北帝庙里张灯结彩，香烟弥漫，烛火腾腾。

为了庆祝击退海盗，村里正在酬神。

第一个发现海盗踪迹并且一枪击毙一名海盗的陆焕章容光焕发，跑进孙家对孙中山说：

“走，到北帝庙看热闹去。”

“不去！”

陆焕章惊奇了：“是为了击退海盗的酬神啊，我们夜警团可出尽风头了，怎么不去？”

“就是因为把功劳都算到木雕泥塑的菩萨身上，我才不去！人啊，什么时候才学会不自己骗自己？”

陆焕章没奈何地两手一摊，独自跑到北帝庙看热闹去了。

几天过去了，北帝庙里依然是那么兴旺，香烟弥漫，烛火腾腾。

孙中山和陆皓东正在村里漫步。

陆皓东：“真想不到，我们夜警团万众一心，击退了海盗，倒成了庙祝公宣扬神灵庇佑、大发烛火香油财的机会！”

一阵凄厉的呼喊声从北帝庙那边传来：

“儿啊，我为你在神前许愿，又请来神茶给你服下，怎么你一声不响地就撇下娘去了！”

孙中山和陆皓东对视一眼，快步朝北帝庙走去。

神龛里，北帝圣君五绺长须，左手横剑胸前，右手屈肘，食指和中指

翠亨村的北极殿（北帝庙，今已不存。）

并拢指天，道貌岸然，似在作法。

神庙外，刚失去爱子的年轻母亲在痛哭。

神案下，善男信女依旧在顶礼膜拜，求签、许愿，把香炉灰烬当作“神茶”……

又一位老妇人颤巍巍地向庙祝公奉送香油钱，然后恭恭敬敬地接过一包“神茶”，准备带回家给她的儿子治病。

恍惚中，孙中山似又回到儿时，母亲强按着他给北帝叩头:“这尊菩萨，是你的契爷！你大哥取名帝眉，你取名帝象，就是依照他的名讳排行的！”

当时，年仅 10 岁的孙中山曾经怯生生地问道：“他真能保佑我家、保佑全村老少？”……

从遐想中惊醒过来的孙中山高声叫道：“不！不！”

“儿啊，我为你在神前许了愿，又请来神茶给你服下，怎么你一声不响地就撇下娘去了！”凄厉的呼喊声又从庙外传来。

孙中山愤然登上神龛，大声叫道：“听我说，这不是什么‘北极玄天上帝’，只是泥塑木雕的偶像，它不会保佑你们，也不可能保佑你们！”

善男信女们全给吓呆了。

庙祝公翘胡子瞪眼："作孽呀，作孽呀，看雷公劈你、天火烧你！"

"这些偶像都是泥塑的，它能保佑谁？它连自己也保护不了，不信你们看……"孙中山伸手啪的一声把神像竖起的两个手指拗断，又一手扯脱了他的两绺长须，再把他手中的宝剑夺过，掷在地上："召雷公劈我，天火烧我呀！"

陆皓东连声叫好，也伸手把金花夫人神像的耳朵拧碎，指着它的鼻子说："扯掉你的耳朵，你不叫痛还笑呢，看你脸皮多厚！"边说边取出墨笔，把"金花夫人"的脸搽得一塌糊涂。

善男信女们吓得趴在地上，不住地叩头：

"南无阿弥陀佛！南无阿弥陀佛！……"

庙祝公扑过来拼命，却因年老力衰，兼且急痛攻心，站立不稳，一跤跌坐在蒲团上，眼睁睁望着孙中山和陆皓东兴高采烈地扬长而去。

孙中山的"亵渎神明"震惊了全村。这回，连对他素有好感的乡正陆星甫，也不敢出头为他说好话了。乡绅、族长一行人神色凝重地前往孙家、陆家，质问二位家长现在怎么办。

孙达成夫妇也很伤心，尤其是母亲杨氏。当年，还是她亲自带孙中山到北帝庙里"上契"的哩，胡涂、任性的孩子啊，居然把"契爷"的手指也拗断了！

最后，各姓族长一致达成决议，责成孙、陆两家出钱，在限期内修复神像；勒令孙、陆二人立即离开翠亨村。

家乡再无容身之地。尽管此刻翅膀还稍嫌稚嫩，他俩也只能奋力鼓翅，义无反顾地一飞冲天了。

直到此刻，孙中山还不满 17 岁。

17 岁——那充满理想色彩和叛逆精神的青葱岁月啊！……

翌日清晨。

红日从南海的碧波间跃起，光辉普照大地。

孙中山提着简单的行囊，缓缓走在村道上——由于毁坏北帝神像而被逐出村，他只好再一次离开家乡前往香港。送行的只有母亲杨氏、四姐妙茜和六妹秋绮。父亲孙达成没有露面，他给儿子对菩萨的“大不敬”气病了，此刻依然待在家里生闷气，死也不肯原谅儿子。

孙中山一行默默地、默默地走着，谁也没有开口。

终于，送行的人都站住了。母亲杨氏伸手为孙中山理顺衣襟，轻声叮嘱道：“到香港就托人给家里捎信。记着，往后做事再不要莽撞了。这回你闯下大祸，把乡亲都得罪了，父亲也气病了。不过，你不要怪父亲不来送你，他人倔心软，为了你，不知给乡亲、族长说了多少赔罪话，又答应给菩萨重塑金身，这才把你保了下来。驱赶出村，这处罚已经算是最轻的了。”母亲到底是母亲，一番临别赠言，依然是慈爱多于责备。

孙中山点点头，眼里含着泪：“母亲教训的是，今后要做的事情很多很多，我不会再冒失的了。”

四姐妙茜用手帕拭干眼角的泪，催促说：“弟弟快走吧，还得赶船呢。”

孙中山紧走两步，忽地又站住回头。

六妹秋绮凑近他的耳旁，悄声说：“哥哥不必为皓东哥担心，他也平安无事，已先你一步动身到上海了。”

孙中山抬起头，深情地凝望着犁头尖山，低声喃喃自语：

“再见吧，家乡！我还要回来的！”

看着哥哥远去的背影，秋绮突然追上前去，高声喊道：“哥哥，过几天就是你的生日，我们会在家乡遥祝你平安的！”

白云舒卷，海天一色。孙中山站在沙船的舱面上，一脸刚毅的神色。

第五章 结盟誓约

自1842年成为英国殖民地以来，经过40年经营，19世纪80年代的香港，已经从珠江口南端的小渔村，发展为英国在远东最重要的转口口岸，欧洲对华贸易的枢纽，大不列颠帝国皇冠上的明珠了。维多利亚港湾一带，三四层欧式楼房林立，灯红酒绿，纸醉金迷，豪门阔少在赛马场上一掷千金。温暖而潮湿的海风扑面吹来，软软的，咸咸的，把人吹得醺醺欲醉。若不是这里那里还可见到成片华裔居民用木板、杉皮搭建的杂乱无章的小屋，真让人不敢相信，40年前，这里原是大清帝国的领土。

英国摄影家镜头下的1860年的香港

英国摄影家镜头下的1862年的香港

当孙中山被逐出村，于1883年11月抵达香港时，他所见到的，就是上述景象。

这是孙中山第二次踏足香港。半年前，当他与大哥孙眉激烈争吵、离开檀香山返回家乡翠亨村时，曾经取道香港，并在香港做过短暂停留，因而没能认真地打量香港。不过，尽管是初入此地，由于有了檀香山就读4

年的经历，他已经知道西方世界大概是怎么个模样，眼前的一切，纵然稍觉有异，也是见怪不怪了。

凭着他在檀香山读书的学历和娴熟、流利的英语，他很快便找到心仪的学校，那是位于般咸道的拔萃书室。还有更令他开心的，那就是到香港后不久，陆皓东也从上海过来了。

拔萃书室是一所由香港基督教圣公会开办的中等学校，与孙中山在檀香山时所读的意奥兰尼学校同出一脉。孙中山来到这里，很有一种鱼儿回到大海的亲切的感觉，一点也不感到陌生。

香港拔萃书院

在拔萃书室，孙中山不但继续修读英文，广泛涉猎中外政治、历史、文学书籍，课余还到伦敦传道会长老区凤墀那里研习国学。

区凤墀[1]是华人血统的香港牧师，国学根底甚厚，曾在德国柏林大学担任汉语教师。他与孙中山之间，由于有了基督教的共同语言，关系甚好。在区凤墀介绍下，孙中山认识了正在香港传教的美国纪慎会牧师喜嘉理。

一个多月后，孙中山与陆皓东一起，在香港纪慎会堂接受嘉理牧师的洗礼，加入了基督教。同一批进教的，还有他在意奥兰尼学校读书时的同学唐雄。

洗礼前，喜嘉理牧师拿出院教会的登记册，让孙中山填写自己的名字。孙中山拿起笔，忽然又放下了。

喜嘉理吃了一惊："你后悔了，不想进教了？"

"不"，孙中山回答说："我在想，我该用什么名字。别人都把我叫作'帝象'，那是我在村里所用的名字。但我觉得，现在再用这个名字很不恰当。'帝象'这个名字是母亲给我取的。当中的'帝'字，源自庙里的'北帝菩萨'。

[1] 区凤墀（1847—1914），原籍广东省顺德县，香港著名华裔牧师，后为香港兴中会员，曾参加广州起义。

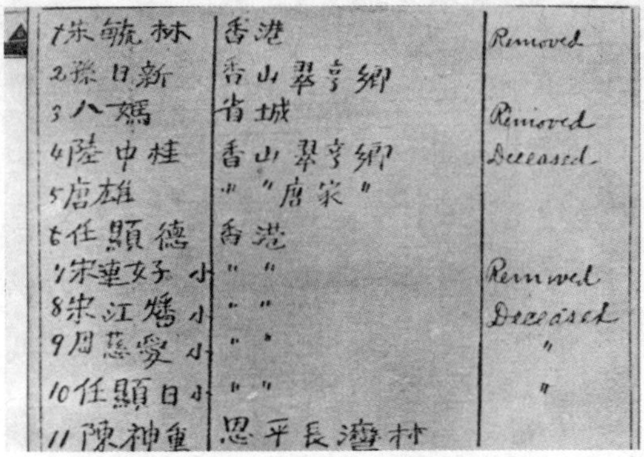

1朱毓林	香港	Removed
2孫日新	香山翠亨鄉	
3八嫣	省城	Removed
4陸中桂	香山翠亨鄉	Deceased
5唐雄	〃"唐家"	
6任顯德	香港	
7宋蓮好 小	〃 〃	Removed
8宋江嬌 小	〃 〃	Deceased
9周慈愛 小	〃 〃	〃
10任顯日 小	〃 〃	〃
11陳神重	恩平長灣村	

孙中山与陆皓东接受基督教洗礼时的受洗名单

今天我进教了，怎么还能让自己的名字里带着‘偶像’的痕迹呢！因此，我得为自己重新取一个名字。”

孙中山突然想起在村塾读书时读过的国学经典“苟日新、日日新、又日新”[1]，觉得它的意思很好。“日新”，就是“日新月异，自强不息”的意思。于是，他就在教会的登记册上签上“孙日新”三字。

见到孙中山为进教给自己起了个新名，陆皓东兴之所至，也在登记册上给自己起了个新的名字：“陆中桂”。

事后，当孙中山把“日新”这个新名字告诉区凤墀时，区凤墀沉吟许久，最后还是摇了摇头：“‘日新’两字意思虽好，但略欠文采。这样吧，我给你用两个广州话同音字代替它吧。”说着，他拿起笔来，在纸上写下“孙逸仙”三字。若用广州音译作英文，那就是Sun Yat-sen。

Sun Yat-sen！——这就是外国友人都很熟悉的孙中山的另一个名字。

陆皓东在香港没停留多久，很快便接到通知，上海的电信学堂录取他了，于是，依依惜别后，孙中山又成了孤家寡人，冷清清地留在香港。

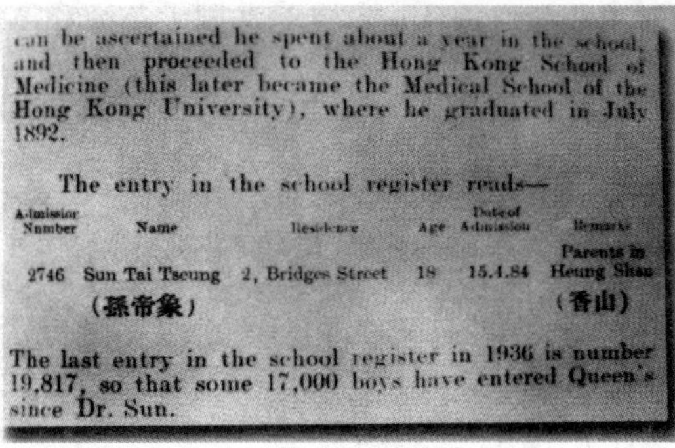

can be ascertained he spent about a year in the school, and then proceeded to the Hong Kong School of Medicine (this later became the Medical School of the Hong Kong University), where he graduated in July 1892.

The entry in the school register reads—

Admission Number	Name	Residence	Age	Date of Admission	Remarks
2746	Sun Tai Tseung （孫帝象）	2, Bridges Street	18	15.4.84	Parents in Heung Shan （香山）

The last entry in the school register in 1936 is number 19,817, so that some 17,000 boys have entered Queen's since Dr. Sun.

孙中山在香港中央书院读书的注册记录

人是“孤家寡人”，嫉恶如仇的脾性却丝毫没变。

一天，当他到九龙城拜访朋友，路上见到走江湖卖药的鼓舌如簧，自诩灵丹神效，游说围观者买药时，他唯恐众人受骗，

[1] 出自《大学·汤之盘铭》。

挺身而出，忠告众人说：“假药足以害人，不可轻信！”

卖药的一听，顿时火冒三丈：“小小学生哥，也敢‘踢档’[1]！”他随手捡起一块石头，“信不信我把你的脚当场打断，再给你治好？”

身穿蓝布宽袖长衫的孙中山原是边走边啖甘蔗走来的，此时正好双手反背身后，右手还拿着半截甘蔗。见卖药的发狠，急中生智，忙把甘蔗藏进袖内，平举着对准他：“这有什么稀奇，我还能一枪把你的头打爆，再给你治好！”

卖药的不知他袖里究竟藏着什么，哪敢造次，顿时像经霜草木那样蔫了下来。旁观者连忙上前劝解，总算把二人各自拉过一边，这才避免了冲突的发生。[2]

刚才好险！——事后，孙中山才发现自己出了一身冷汗。要是真的动手，孤身一人，怎么对付得了卖药人和他的江湖朋友？他不禁责备起自己来：一个月前，母亲在临别时再三叮嘱自己，出门在外，切不可莽撞行事，怎么一下子又忘了！是非黑白要分，众人的事要管，但也得掂量轻重，相机行事才对。

孙中山在拔萃书室只读了不到两个月，就在1884年4月转学到中环歌赋街的中央书院[3]。转学的原因，是因为中央书院是香港最著名的公立学校，不仅费用较轻，而且辈出名人，决非私立的拔萃书室所能比拟。

中央书院始办于1862年，采用的是英国教育制度。早期中、英文并重，但到孙中山入学时，高年级课程已全部用英文授课。在这里，孙中山加深了对“共和”的认识，也对法国大革命和英国人民与王权斗争的历史有了初步的了解。

孙中山在生活方面的要求并不高，竹床瓦枕，已经很满足了。当时的他，才智过人，记忆力极好。平日不爱说话，但一发议论，便是引经据典，滔滔不绝，上至天文，下至地理，三教九流，无所不知。[4]他最喜欢说的话是：“学问，学问，不学不问，怎样能知？”“学而后知，知而后引，否则怎能

[1] 广东方言，意即挑衅。

[2]《复翟斯理函》，载《孙中山全集》第一卷，中华书局1981年8月版，第47页。

[3] 后改名皇仁书院。

[4]《总理开始学医与革命运动50周年纪念史略》，广州岭南大学1935年版，第8页。

够为国家之用？”为此，同学们送了他一个绰号：“通天晓”。

在同学中间，孙中山还有个绰号叫“孙悟空”。起名的原因，是因为那时的他，虽年近二十，是个快要做爸爸的人了，但还是那样孩子气，回到宿舍，就像美猴王回到花果山，好朋友一到，往往高兴得忘了方寸，互掷杂物的场面经常发生，哪像俗本小说里的“慢踱方步，目不斜视”的“书生”！

就是这个似乎长不大的孩子，居然喜欢高谈阔论反清救国的大道理，一说就是一大套，简直就像视“玉皇大帝”如无物的“孙悟空”！那些同学大概还不知道，在家里，哥哥孙眉也是骂他“孙悟空”的。一骂、一笑，虽则取向不同，含义却没有多大的差别。骂也好，笑也好，孙中山不为所动，依然我行我素，笑骂由他。

孙中山最讨厌的，是假道学、伪君子。那时，到他们班上课的，有位名叫何瞭然的化学教师。此人喜欢在学生面前显示清高，侈谈“佛偈”。说什么“不有而有，有而不有”。孙中山每次听罢，总是捧腹大笑，并以此作口头禅取乐。

孙中山在香港安安逸逸地过他的学生生活，却不知道，他在家乡捣毁神像的消息，早已传到远在檀香山的大哥耳中。身为大哥的孙眉，不能不为弟弟的任性担忧。考虑再三后，孙眉突然醒悟，要是给弟弟撮合一门婚事，有了家庭的责任和牵挂，这只脱索马骝或者可以从此拴住。当他把这个想

1897 年的皇仁书院校舍（前身为香港中央书院）

法向老友卢耀显吐露时，言者无意，听者却上了心。

卢耀显祖籍香山县上恭都外壆乡[1]，已在檀香山经商多年。外壆与翠亨相距只有三四公里，不算远亲也算近邻。言者无心，听者有意。听孙眉一说，卢耀显马上想起自己的长女慕贞，她比孙中山小一岁，此时就在香山老家，并未接到檀香山来。孙中山在檀香山读书那几年，卢耀显见过他不止一次。对孙中山毕业时荣获国王奖励的场面记忆犹新，既然老友为他物色对象，何不就把自己的女儿许配给他？

孙眉早知道老友有个女儿，自小在家中由母亲亲自教导，已经粗通文墨，熟读唐诗、千字文、千家诗、三字经，针线缝纫也很出众，和自己的弟弟十分登对[2]。两人一说即合，孙眉当即把为弟弟择偶的事，写信报告翠亨村的父母，双亲在回信中也很赞成。于是，亲事就这么定下来了。

孙眉起初还有点担心，卢家女自小裹足，孙中山在外头见过世面，不知还愿不愿意娶个缠足女？没想到，孙中山这回倒没反对，爽快地答应了。

1884 年 5 月，一个临近学期末的日子，孙中山请假回乡，与卢慕贞成亲。孙眉特意托人捎来金项链一条、镶蓝宝石耳环一双送给弟妇。在当年，这可是价值不菲的贵重礼物！

为了给弟弟办婚事，孙眉特意从檀香山汇钱回村，雇人把老屋拆建成三条两进的砖瓦平房。——它还不是今天我们在翠亨孙中山纪念馆里见到的那幢带拱形门楼的孙中山故居，而只是它的底层。今天见到的二楼，是在 7 年后加盖上去的。

孙眉本人没有在喜宴上露面。他在家书中说，若在夏威夷和翠亨村之间来回一趟，加上在村里停留十天半月，加起来起码在两个月以上。茂宜要处理的事情太多，他实在无法抽空回来。理由十分充分，但在孙眉心中，还藏着另一个不愿细说的理由：以自己的火爆脾气，他无法保证不在大喜之日与弟弟发生冲突。

婚后没几天，孙中山便匆匆赶回香港。期末已近，他得全力以赴准备

[1] 今珠海市金鼎乡外沙村。

[2] 客家话意即般配。

考试。

孙猴子给套上了绳索，孙眉心头总算放下一块大石。然而，对弟弟，他依然有点不放心。一个头脑清醒的人，怎么可能“毁坏神像”？他觉得必须重新考虑：当年把财产的一半划给弟弟，是不是考虑欠周了？以弟弟的任性胡为，财产在他名下，说不定哪一天会被败光！

孙眉越想越不安，于是动笔给弟弟写信，说是“德昌隆”有要事，催促弟弟尽快赶回夏威夷商议。

孙中山以为哥哥原谅他了。当年 11 月，高高兴兴从香港出发，回到茂宜岛上孙眉的家。不料，刚踏入家门，迎接他的，竟然是哥哥的一顿痛骂。骂他不该毁坏神像，不该加入洋鬼子的基督教……

孙中山不服，坚持自己所做的全是对的。

孙眉苦口婆心劝告说：“帝象，你要记得，我已经把夏威夷财产的一半给了你。当我给你财产时，我是相信你能按照老祖宗的方式看待它的。现在你执拗地接受外国人思想，仿效外国人做法，不愿遵从老祖宗传下来的规矩，那你凭什么还配拥有这些财产呢？拥有不该拥有的财产，最终只能毁了你。你要知道，中国政府不管有多少缺点，总还是我们的政府。你坚持反对它，能有什么好结果？最终只能为家人带来伤害，让全家蒙羞！”

孙眉从心里掏出的话很令孙中山吃惊。他从没想到哥哥会这样看他，但他仍然认为自己是对的，他不打算改变自己对清王朝专制统治的看法。

见孙中山毫无悔意，孙眉终于亮出了他的“杀手锏”：“立刻把我给你的财产全部交还我，我不能看着你把家业败光！”[1]

孙眉担心的，其实远不止财产。他更害怕的，是孙中山一意孤行，不仅世代相传的乡规俗例要在他手上败坏净尽，说不定在哪一天，还会连累全家惹上杀头之罪！

孙中山知道此刻很难说服哥哥，面对哥哥喋喋不休的责备，只是垂手一旁，恭恭敬敬地听着，直到哥哥骂够、骂完了，这才沉痛地开口：“我知道我令你失望，因为我没有按照你的愿望，规规矩矩地沿着老祖宗走过

[1] 《孙中山与中华民国——美国顾问眼中的孙中山》，第 125 页。[美] 林百克著　高敬、范红霞译，东方出版社 2013 版。

的老路走下去。说句老实话，如果不是良心过不去的话，我也愿意遵守祖祖辈辈曾经遵守的规矩。但我实在不能，因为那些规矩只会令国家越来越落后，老百姓日子越来越困苦。因此，我们不仅必须推倒这些规矩，还要重新建立更合理的新秩序。”

孙眉张嘴刚要说话，孙中山已经伸手止住，继续把话说下去：“大哥慷慨地把财产分给我，我很感谢；大哥说要归还，我也乐意归还，而且不会提什么要求。金钱对人，的确有很大的诱惑力，但我可以告诉你：财产并不能使我动心！——现在请你告诉我，我该怎样做，才可以把财产交还给你？”

孙眉愣住了。先前还有点顾虑，怕财产证书持在弟弟手上，要是不肯交还，那可怎么办？真要打官司，这官司还真不知该怎么打。为此，他事前连律师也请好了。没想到弟弟想也不想，立刻就答应了，这倒让他不好再说些什么。

一路无言，兄弟俩默默到律师楼办了财产退还的手续。

从律师楼出来，孙中山反而浑身轻松了。往后，他不再是谁的“包袱”了。路该怎么走，就怎么走下去吧！

经孙眉极力挽留，孙中山终于同意留在夏威夷，暂时在孙眉的“德昌隆”店铺里帮忙。

兄弟俩同上律师楼办退还财产手续的消息，早已在茂宜岛上传得纷纷扬扬。孙中山回到店铺，立刻招来店员们异样的目光。心地忠厚的，不知道可以用什么话安慰他，只能保持沉默；那些势利眼的，见他不再是当年的“小老板”了，登时反过来给他脸色看，不仅把他当作杂工用，支派他干最重最脏的活，甚至如厕时要厕纸也让他递，百般挑剔，说的话要多难听有多难听。

孙中山哪里受得这样的气，一气之下，他又一次不辞而别。临走前，他对姐夫杨紫辉[1]说：“我不堪这伙无知小人的苛待，但又不想以这样的区区小事惊动哥哥。因此，只好走了。我走后，请你好好协助孙眉大哥。”

[1] 杨紫辉，孙妙茜的丈夫。

见姐夫似有异议，正要开口。孙中山又补上一句："我的哥哥，不也是你的哥吗？"

杨紫辉只好把要说的话咽回肚里。

别过姐夫，孙中山马上跑回檀香山找老同学钟工宇。见面才知道，钟工宇也因信基督教而被父亲责令退学，改学裁缝了，此时正在裁缝店里当学徒，哪里帮得上他什么忙。没奈何，只得再次跑去找老师。芙兰谛文牧师此时已经离开意奥兰尼学校，另在檀香山开办了一间名为"寻真书院"的学校。她对孙中山历来器重，见孙中山执意要走，自告奋勇出面为他筹足了300美元的旅费，其中包括钟工宇捐助的5元。5元虽少，却已是钟工宇一个月的工资了。

孙眉从妹夫杨紫辉那里得知孙中山要走的消息，急忙赶到檀香山，找了几天，终于在轮船码头上见到提着行李正要下船的孙中山。

孙眉再三劝弟弟留下，然而，孙中山去意已决。他恳切地对大哥说："不是我对你有成见，实在是，你那小小的店铺，很难容纳我远大的理想。就算我是笨鸟吧，为什么不允许我自由自在地飞一次？"

孙眉劝说不住，只好怏怏地目送汽轮冉冉地载着弟弟离开。

孙中山回到香港时，已是1885年4月了。

抵埠不久，他已把从檀香山带来的郁闷统统抛开。因为，打得火热的中法战争吸引了他的注意力。

中法战争是在1884年8月正式打响的。起因是法国以武力侵占中国的属国安南[1]，企图借此入侵中国云南。而在清廷内部，以左宗棠、曾纪泽、张之洞为代表的主战派，力促朝廷采取抗法方针；但掌握清政府外交、军事实权的李鸿章却一意主和。最高决策机构的举棋不定，给了法国侵略者从容部署兵力的时间。8月23日，法国以优势兵力偷袭中国福建的海军基地马尾港，中国水师仓卒应战，顷刻间，11艘战舰、19艘运输船或沉或伤，福州船政局属下的马尾船厂也于同日被轰毁。其后，战事一直处于胶着状

[1] 今越南。

态，法国在海上虽然取得全胜，但也无法攻占中国的更多领土。

中法战争开始时，孙中山还在香港中央书院读书，中法战争成了同学间热议的话题。孙中山从报上得知，马尾船厂被毁前，曾有人建议清廷派兵增援，或者堵塞闽江，阻止法国兵舰进入。然而，所有的应急措施都被清廷拒绝，以致法军长驱直入，马尾港宣告失守。……

到孙中山乘船从檀香山返回香港时，中法双方的陆军在中国边境和安南境内的决战已告一段落。老将冯子材受命，在镇南关的隘口抢筑一条横跨东西、高 7 尺、长 3 里、底宽 1 丈的墙，墙外深掘堑壕，墙内重兵布防。当盘踞谅山的法军倾巢进犯时，冯子材身先士卒杀出墙外，终将法军击退。接着乘胜追击，连破文渊、谅山，把法军驱赶得远远的，法军统帅尼格里也于此役重伤。

最令孙中山痛心的，不是马尾港的失陷，而是在中国军队取得谅山大捷、法国总理内阁被迫引咎辞职的情况下，清廷最高当局竟然“乘胜即收”，于 1885 年 4 月 4 日与法国签订丧权辱国的《中法条约》！

1885 年 4 月孙中山到达香港时，《中法条约》的签订已经尘埃落定。条约规定，清政府承认法国对安南的保护权；同意在中国边界开辟通商口岸；同意法国人在云南修筑铁路……一句话，中国对法国的吞并安南无保留地予以承认，中国的西南门户从此大开，法国的侵略势力以印度支那为基地，随时可以长驱直入云南、广西和广州湾[1]！

不过，其间发生的一件事，却令孙中山受到很大鼓舞。

中法战争期间，一艘法国兵舰因损伤严重，从台湾开到香港修理；香港的中国工人认为它是敌舰，修好之后是用来打自己国家的，因此坚决拒绝维修。这种同仇敌忾的爱国行动，让孙中山看到“中国人民已经有相当觉悟”“中国人还有种族的团结力”“中国不是没有办法的”。

孙中山想起《尚书》里的一句话：“兼弱攻昧，取乱侮亡。”从这句话想开去，他终于做出结论：懦弱而昏愦的人，是容易打倒的；积弱而腐朽的清廷，也是可以推翻的！

[1] 今湛江市。

多年以后，孙中山在力著《建国方略》中回顾革命经历时写道：

“予于乙酉（1885 年）中法战败之年，始决倾覆清廷、创建民国之志。”

在同一篇文章中，孙中山还解释了他留在香港读书的原因：不是为读书而读书，他是要“以学堂为鼓吹之地，借医术为入世之媒”。[1]

孙中山选择“借医术为入世之媒”，并非一时冲动，而是经过深思熟虑才做出决定的。

最初，孙中山曾经考虑过投考海军。中法战争后，他原想投考的福州马尾船政学堂已给法军炮火轰毁，投考海军的愿望无法实现；而在另一方面，中法战争期间报上刊载的伤员惨状和应用西洋医学进行抢救的连篇报道，却给他留下非常深刻的印象。

孙中山的学医之志，缘起于他在檀香山意奥兰尼学校读书时，到夜校老师杜南山家的一次拜访。

杜南山家里有个大书柜，密密麻麻地装满了书。孙中山是个爱书的人，见了书总忍不住翻看。他从书架里随手抽出一本，一看，原来竟是医学书籍。再往书架细看，发现此类书籍还有许多。不禁大为奇怪，问道：“您教的是中文，为什么收藏这么多的医学书籍？”

杜南山微笑回答：“范仲淹不是说过嘛：‘不为良相，当为良医’！”

孙中山点了点头，但他还是不大明白。几天后，他忍不住再到杜南山家拜访，张口便说：“老师引用范仲淹的话，我以为并不能解决中国的实际问题。我们都来自中国，当然知道在现在的中国，即使读好了书，也不一定有从政的机会；即使让你从政，也很难有机会当官掌权，实现自己的理想。如果耗尽心力争取做官，直到成不了事时再去学医，那已经为时太晚了。所以，我以为，当代青年人，大可一边致力政治，一边致力医术，朝两个方向同时努力，或者能有小小的收获。”

杜南山没有回答。他十分明白，无论从政或者从医，他自己早已丧失

[1]《建国方略》第八章《有志竟成》，载《孙中山全集》。

香港中央书院旧址（今驿公会基恩小学）

一切机会了。那天他引用范仲淹的话，也无非是自我解嘲而已。话虽如此，对坐在他面前的这位心雄胆壮、激情澎湃的学生，他倒是应该另眼看待了。且看他日后造化如何，能够走多远吧！

孙中山是在 1886 年从香港中央书院肄业的。此时，孙中山觉得自己书已读了不少，下一步，是应该考虑如何为自己的理想奋斗了。既然那时香港没有医学的专科学校，不妨到广州碰碰运气去。

抵达广州时，孙中山几乎两手空空。身上的钱不多，在广州也没有朋友。好久没与大哥联系了，大哥孙眉似乎还没有原谅他的意思。因此，在广州，孙中山不但要考虑到哪里继续学业，还得尽快解决糊口问题。

茫无头绪地白忙了几天，孙中山不禁有点焦虑了。一天，当他沿着珠江河岸在长堤马路[1]无目标地乱走时，在博济医院门口，他遇到一位长着一把大胡子的外国人。起初，他不知道他是什么人，只是抱着投石问路的冲动，上前向他打听广州哪里有医科学校可读，没想到竟然歪打正着。原来，那人正是博济医院的院长嘉约翰。

那时在广州，英语远未普及，能说一口流利的英语的中国人并不多。孙中山娴熟而又得体的英语令嘉约翰大感惊奇，不由得停步问他的英语是从哪里学的。孙中山所说的檀香山求学经历和此刻的学医意向，令嘉约翰不由得暗暗点头，觉得眼前的这位小青年志气可嘉。于是，他告诉孙中山说，不必无头苍蝇地乱找了，他就是博济医院的院长，博济医院今年要办医校[2]，培训对象就是有志学医的中国青年。

在广州，像孙中山那样双语娴熟而又对医学感兴趣的人实在不多，嘉约翰不想随意放过。稍一踌躇，主意已定，立刻邀请孙中山到医院里当护

[1] 今沿江西路。

[2] 1901 年正式命名为华南医学堂。

理员，兼做翻译工作，以半工半读方式，在博济医院医校就读。孙中山不假思索立刻答应了。

博济医院的学费非常低廉，每年仅须缴纳 20 元。孙中山入学后，就寄寓在医院里的哥利支堂 10 号宿舍。[1]

博济医院的前身，是 1835 年美国传教士在十三行设立的眼科医局，既为穷苦的中国人提供免费医疗，也向前来就诊的患者传播基督教义。其后求医的人越来越多，为了缓解人手不足，特意从中国人中挑选 3 人在医院里边干边学。于是，这所医院就成了中国的第一所西医医院。1866 年，嘉约翰接任院长后，筹来款项，在长堤马路选址扩建医院，取名博济医院。不久，又在院内办起了中国的第一间西医医校。

在博济医院工作、学习期间，孙中山第一次接触了西医所用的种种医疗器具，并在教师指导下学习《化学初阶》《西药概略》《割症全书》，还目睹了当年中国人觉得十分神秘的“开膛剖肚”手术。

博济医院首届共招收男生 12 名，女生 4 名，实行男女合班上课，这在当时的中国还是新鲜事。不过，该校的一项规定，却让孙中山感到别扭。按该校规定，男女学生不仅座位必须分开，而且还得以帷幔分隔开来。对此，孙中山虽有异议，但觉得对学习影响不大，因而没有做声。但到妇科课临床实习时，美国教师只允许外国学生和中国女学生参加实习，不许中国男学生接近，那就让孙中山大为不满了。他当场就与主讲教师争吵起来，一直吵到院长嘉约翰的办公室。

孙中山质问说：“同是学生，学的是同一科的课程，为什么不许我们参加实习？”

嘉约翰的表情很古怪：“中国人不是一向讲究‘男女授受不亲’的吗？我们这是在照顾你们的风俗习惯啊！”

孙中山不服，说：“不管哪个国家的人学医，都是为了治病救人。中国妇女有病，中国的男医生难道可以眼睁睁地看着，不去施救？究竟救命要紧，还是落后的‘礼教’要紧？想来校长是十分清楚的。”

---

[1] 今 48 号病房。

嘉约翰怔住，觉得再也没有话可以驳倒这位学生了。是啊，孙中山所说的，也正是他自己想说的话啊！

经过孙中山力争，校方终于同意让男学生参与妇科实习，最后，干脆把男女学生座位之间的帷幔也撤走了。

在博济医校就读的日子里，孙中山学医的同时，课余还请陈仲尧为他讲授儒学。老师认真，学生更认真，为了弄清一个问题，两人常在一起讨论到深夜。有一次，陈仲尧在讲解王阳明的“知之非艰，行之惟艰”时，孙中山表示强烈反对，认为应该是“行之非艰，知之惟艰”，两师徒争得不可开交。——多年后，孙中山在撰写《建国方略》[1]时，还不忘以此为主题，写了整整的一章。在孙中山看来，“知易行难”这种旧说，非但不能激励人们的进取精神，反而助长了畏难苟安的心理。为了破除旧的传统观念，鼓励“无所畏而乐于行”的勇气，他在书中再次郑重提出：“行之非艰，而知之惟艰”。

那时，广州还在清政府的铁腕统治下，官吏、密探横行。由于孙中山平日里常说过激的话，不少同学抱着明哲保身的心理，不敢与他接触。只有一位同学不仅不怕，还因此更愿意与孙中山接近，他就是来自粤东的郑士良。

郑士良[2]和孙中山一样，也是基督教徒。两人一经相遇，彼此间就有了份莫名的亲切感。郑士良自幼勤练拳技，喜交绿林豪杰和江湖朋友，为人豪侠仗义，和孙中山一起时，反清的话常不离口。他还私下告诉孙中山说，他已加入了“三合会”。

郑士良不客气地对孙中山说：“你是一个纯粹的书生，你有没有想过，单凭一张嘴，是掀不翻清朝皇帝的宝座的。要造反，就必须依靠武力，有一大批志同道合的人！”

“但我所想象的起义，不是古代英雄那样依靠一己之力崛起的草莽，

[1]《孙中山全集》第六卷，中华书局1981年8月版第158页。

[2] 郑士良(1863—1901)，广东省归善县（今惠阳）淡水镇人，孙中山的博济医校同学，1888年辍学回乡，在淡水墟开设同生药房，被推为“三合会”首领。后与孙中山、杨衢云、陈少白、陆皓东等在香港筹建“兴中会”，曾与孙中山等策划广州重阳节起义，失败后与孙中山一起逃亡日本，并于1900年10月在惠州发动三洲田起义。

而是通过宣传唤醒民众，汇集成千上万的觉醒了的民众共同起事。”孙中山回答说。

“那么，我们的三合会会员，就是你所说的‘觉醒’了的民众了，因为，我们的宗旨本就是‘反清复明’。虽然因为历史久远，许多会员已经忘掉组织成立时的初衷了。不过，那不要紧，只要有人站出来振臂一呼，他们还是愿意为反清出生入死的。这个任务就由我承担起来吧。”

孙中山高兴得跳起来。多年来，他一直在渴望革命，但是并未考虑过真要革命时，到底应该怎么做。他觉得，结交朋友那么多，今天才遇上一位真正可以称之为“同志”的朋友！郑士良也很满意，因为他觉得孙中山确实是一位值得深交的朋友。

孙中山对民间帮会并不陌生。小时候，指导他练武的，多是三合会的会员。在与郑士良进行过那次以心换心的谈话后，他对民间帮会的了解又加深了一层，深感日后真要举行反清起义，民间帮会应是一支不容忽视的力量。两年后，当他从来信中得知郑士良已缀学回村，还当了当地的三合会首领时，他并没有为好朋友的放弃医学而感到惋惜，反而觉得，既然终有举旗造反的一天，就总得有人在民间的最底层从事发动工作。

在广州，另一件让孙中山喜出望外的事情，就是认识了尢列。

孙中山与尢列的结交，颇具传奇色彩。

这天傍晚，孙中山和郑士良到街上买荔枝，直到掏钱时，才发现没带钱包，口袋空空。郑士良对小贩说：“今日忘了带钱，明天来学校找我们取款，行不行？”

横说竖说，小贩就是不愿意。

郑士良有些火了，说：“我等岂是赖账之人？决不会少给你一个钱的。”

小贩仍是不肯，双方争执起来，声音越来越大，引得行人都围过来看，尢列[1]便是围观者之一。那天，他正好与族叔尢裕堂探访朋友路过那里。

[1] 尢列（1866—1936），广东省顺德县杏坛北水乡人，出身书香门第。到广州入读算学馆时结识孙中山，毕业后在香港与孙中山、杨鹤龄、陈少白并称“四大寇”。1895年在香港参与组织兴中会，先后参加广州起义和惠州起义的筹划工作。辛亥后，反对袁世凯称帝并组织救世军讨袁。1921年任孙中山护法军政府顾问。

九裕堂也是华南医学堂的学生，见两位同学正为那么点小钱与小贩争执，当即慷慨解囊，给校友解了围。

当晚，孙中山、郑士良、尢裕堂、尢列 4 人，就在宿舍里边剥吃荔枝，边高谈阔论。孙中山谈兴大发，不觉谈起他的檀香山见闻和中西差别，在经过一番对比后，做出结论说："中国现状之危，我人当起而自救。"[1] 孙中山所说的，令尢列感到十分新鲜，闻所未闻。

尢列是广东顺德县人。1886 年与堂叔尢裕堂一起到广州求学，堂叔考上了华南医学堂，他考上了广州算学馆。尢列和孙中山认识后，很快便成为知己。孙中山对尢列感慨地说："昔日我在檀香山大哥的牧场，也曾向员工们谈起造反的事，可惜民智未开，应者寥寥。今日你我相聚，一开口便发现彼此志同道合，你说难得不难得！"[2]

尢列把手伸过来，两双手紧握在一起。

两天后，尢列忽然来到孙中山宿舍，拉着他就往外走。

孙中山很奇怪，问道："拉我去哪？"

"带你认识个好朋友。"

"谁？"

"到时你就知道了。"

当走进一家小院的大门时，屋里的年青人与孙中山打个照面，不由得双双怔住了。

尢列还要给他俩介绍："这是杨鹤龄，这是……"

孙中山和杨鹤龄不禁莞尔而笑。

"鹤龄，什么时候到的广州？"孙中山问。

"刚来不久"，说着，他瞥了尢列一眼："跟他是同学。你呢？"

"我也刚到，现正在博济医院学医。"

童年好友相见，兴奋心情难以形容，两人叽叽喳喳地说个不停，倒把新朋友尢列冷落在一旁了。

[1] 胡去非：《总理事略》，商务印书馆 1937 年版，第 11 页。
[2] 冯自由：《尢列事略补述一》，载《革命逸史》第一集，第 56–57 页。

1887 年 10 月，当孙中山在报上读到香港创办西医书院的消息，在将香港、广州两地的医科学校做出比较后，他觉得，香港西医书院“学课较优，而地较自由，可以鼓吹革命”[1]，因而跑去跟嘉约翰院长说：“我想转到那所学校。”

嘉约翰院长对孙中山的勤奋好学印象甚佳，因而对他只读一年就要离开深为惋惜，觉得那是学校的损失。但他也从教师和其他同学口中，知道这位学生过分热衷政治，广州的环境确实对他不太适合，因而最终还是写了介绍信。有了嘉约翰院长的亲笔介绍信，孙中山的转学手续办得十分顺利。注册时，孙中山想起区凤墀老师为他取的学名，新学年新开始，何不就改用这个新名字！于是，他刷刷刷地在注册表上签下三个遒劲、粗壮的钢笔字——“孙逸仙”。

西医书院的学制为 5 年，自筹办之日起，该校就以“与设备水平与教学水平最高的英国医科学校并驾齐驱”为目标。该校的创办人是香港议政局议员何启博士[2]，何启祖籍广东省南海西樵镇南沙村。当他在英国连获

1887 年 9 月，孙中山转学香港西医书院。前排左起：江英华、关景良、孙中山、刘四福；后排左起：王九皋、王以诺、黄怡益、王泽民、陈夔石。

[1]《建国方略》第八章《有志竟成》，载《孙中山文集》。

[2] 何启（1859—1914），广东南海县西樵镇南沙村人。出生于香港教会家庭，留学英国 10 年，获内科学士、外科硕士学位和律师资格。回港后创办香港雅丽氏利济医院和香港西医书院。孙中山走上革命道路的领路人之一。中华民国成立后，任职广东省都督胡汉民的总顾问。

内科学士、外科硕士学位和律师三项资格返回香港时，他的苏格兰籍夫人雅丽氏随他回到香港。雅丽氏不幸逝世后，何启决心以弘扬医学告慰亡妻。在教会的帮助下，他以夫人遗下的基金，在1887年办起了雅丽氏纪念医院，同年10月，再开办西医书院。他的想法是，让书院为医院培养人才，以医院为书院的教学和实习基地。为此，何启亲力亲为，不仅亲任西医书院的荣誉秘书，还在西医书院主讲法医学和生理学。

在香港西医书院读书的这5 年，是孙中山一生中最快乐的日子。

首先是，他与大哥孙眉之间，已经冰释前嫌。

其实，自从孙中山再次离开檀香山，孙眉心中也有几分后悔：自己对弟弟是不是做得太过分了。及至知道弟弟考进广州博济医院学医，才稍稍感到安慰，觉得弟弟这次选择对了。他的性格不适合经商，何必逼他鸭子上架？医生职业正当体面，有什么理由不支持他！

兄弟俩很快便恢复通信，接着，孙中山收到孙眉从檀香山汇来的生活费。

经过多番起伏跌宕后，孙中山的性格变得越加豪爽。据与他来往甚密的校友关心民[1]回忆："在同学中间，他是最豪气的一个，决非吝惜者流。好买书及杂物，常因款绌而暂挂账。其兄一有汇票寄到，即清还欠款，复又大请其客了。他的学生时代，是豪侠的、刚直的、活泼的和幽默的。"

孙中山所花的，其实不全是哥哥汇来的钱。这时，他已开始在报刊上发表政论文章了，每当收到稿费，他总喜欢邀集比较亲密的同学，到酒店高谈豪饮，直到尽兴为止。钱用光了，就很勤奋地读书，不出校门一步。在他卧榻旁边，挂着一幅大大的地图，他常常对着地图凝视。有人进去时，他就指着地图感慨地说："如此江山，付之异族，安能忍与终古！"

与此同时，孙中山也没有放松对国学的研习。他最喜欢的，就是先秦和汉代那些古朴、率性的文章[2]。他还特地从书店买来一套《二十四史》，同学们见他床头突然多了个大木箱，满满的全是线装书，都感到奇怪："你

[1] 关心民，香港西医书院学生，关心焉的弟弟。

[2]《复翟斯理函》，载《孙中山全集》第一卷，中华书局1981年8月版，第47页。

读的是西医，买那么多的经史百家做什么？”

孙中山只是笑笑，摇头晃脑地背诵孔夫子的《论语》：“学而时习之，不亦说乎？有朋自远方来，不亦乐乎？人不知而不愠，不亦君子乎？”这倒把质疑他的同学闹糊涂了。

然而，还是有人不相信孙中山真在读那些书，以为只是装点门面而已。

同学何允文决定亲自验证，他从《二十四史》中随手抽出一本，翻开书就考，不想孙中山果真如数家珍、对答如流，这才不得不对孙中山表示由衷的佩服。

有趣的是，孙中山学习中国传统经典时，鉴于自己的古文根底虽未足够，但却精通英文的优势，竟然另辟蹊径，转而借鉴这些古籍的英文译本。

据民国元老邵元冲回忆，孙中山曾对他说过：“我也曾像那些普通的乡村孩子那样，用诵的办法学过《四书五经》，但在离开村塾后，没几年就把那些背过的书忘得一干二净了。但欲想改革中国政治，必先认识中国历史，这就需要通读那些记载中国历史的文献，因此，我特意从学校图书馆里借来那些书籍的英译本，一一细读之，居然让我把那些艰涩的经文读懂了。”[1]

香港孙中山纪念馆的青年时代孙中山塑像

孙中山在香港读书时期，世界唯一的一套中英合璧《四书五经》，是由英国传教士理雅各（Rev. James Legge，1815—1897）翻译的。作为著名的汉学家，理雅各在香港传教期间，参与中央书院的创办，因而中央书院和西医书院的图书馆里都有这套藏书，

[1] 邵元冲，《总理学记》，载尚明轩、王学庄、陈崧编：《孙中山生平事业追忆录》，第320—324页。原文为：“我亦尝效村学生，随口唱过四书五经者，数年间已忘其大半。但念欲改革政治，必先知历史，必通文字，乃取西译之四书五史读之，居然通矣。”

那是很自然的。看来，孙中山在香港就读期间，校内图书馆的整套英译《四书五经》，已经被他读得滚瓜烂熟了。

为什么不读原文，而要读那些经文的英译本呢？孙中山是这样对邵元冲解释的：我在香港读书时，在学校里学的都是中文，后来有意对国学多加研习，但却找不到合适的本子。直至见学校图书馆里所藏的华英文合璧四书，不禁越读越喜欢，于是反复精读，并对照中文原本，从中理解中国儒教经典中所蕴含的哲理。英译本的一大好处，就是对文章涵义的解析清楚明白，不像原文中历代注家所写的注疏那么烦琐晦涩，众说纷纭，因而更加容易理解其真谛。说起来，我对中国历史文化的认识和理解，很大程度是由此获得的。

不过，孙中山最爱读的，还是达尔文的《物种起源》。孙中山入读西医书院时，正值达尔文逝世5周年，达尔文的"进化论"正风靡欧美。孙中山就是因此而引起阅读兴趣的。那时，《物种起源》还没有中译本，孙中山找来这本书的英文原著，一页一页读下去，不由得深受震撼，脑海中涌现出一个严峻的问题：

"进化论中最重要的结论，就是'适者生存，不适者灭亡；优者胜，劣者败'。达尔文的理论如果是正确的话，那么，在当今世界上，我们中华民族到底是优者，还是劣者？是'适者'，还是'不适者'？"

苦思多时，孙中山终于承认自己还不能就此做出结论。不过，他朦胧地觉得，他所喜爱的另一本书，似乎已经部分地解答了他的疑问。那本书，就是法国历史学家米涅撰写的《法国革命史》。

米涅于1824年出版的这本书，在回顾法国大革命的全程后，尖锐地批判了法国的封建制度。他指出，在这种条件下，革命不可避免。它的必然结果是：旧社会被摧毁，而新社会建立起来。

对法国大革命，孙中山并非一无所知。早在香港中央书院读书时，他已从课本中接触过这方面的内容，然而，直到阅读《法国革命史》的英译本，他才意识到，这本书所阐述的原理，同样适用于中国。

从此，孙中山的"反清"意识，不再停留在洪秀全那样的揭竿起义阶段了。至少，他记住了两个关键词：一是"进化"，二是"革命"。

随着科学知识的增长，孙中山的宗教意识逐渐淡薄。他仍然信奉基督教的价值观，认为它是改善国民素质的良好途径，但上帝之作为宇宙主宰的角色，已经逐渐从他的脑海中淡化。据其后和他一起从事革命的同志说，到日本以后，他几乎一次也没有在星期天到过教堂向上帝祈祷。

关于这一点，孙中山是这样向日本友人宫崎滔天解释的：

> “予于耶稣教之信心，随研究科学而薄弱。予在香港医学校时，颇感耶稣教之不合伦理，因不安于心，遂至翻阅哲学书籍。当时予之所信，大倾于进化论，亦未完全将耶稣教弃置也。”[1]

这天，孙中山捧着达尔文的《物种起源》正读得津津有味，房门“呀”地推开，走进来一位不速之客。

孙中山抬头一望，登时从椅子上跳起来：“哈，尢列，怎会是你！”

原来，尢列从广州算学馆毕业后，先是担任广东沙田局的丈算总目，后来从广州来到香港，考进香港华民政务司，当了一名书记。抵达香港报到后，急不可待地便拜访孙中山来了。

“你还不知道吧，杨鹤龄也到香港来了。”尢列得意扬扬地说道：“奉严父之命，他到香港当‘少东家’来了。”

孙中山当然知道杨家在香港有家“杨耀记”，位于中环歌赋街5号，与他的母校中央书院在同一条街上。没想到的是，杨鹤龄算学馆刚毕业，这么快就到他父亲店铺帮忙来了。

1889年年底，王煜牧师带着陈少白[2]，拿着区凤墀的介绍信到西医书院找孙中山。孙中山高兴地带他俩到公园散步，边走边谈，很快便找到共同语言。

分手时，孙中山问陈少白：“这次来香港，准备留下多少天？”

---

[1]（日）宫崎滔天：《孙逸仙传》，载《建国月刊》第五卷，第四期。

[2] 陈少白（1869—1934），广东省新会县外海镇（今属江门）人，出生于基督教牧师家庭。在香港与孙中山、尢列和杨鹤龄并称“四大寇”。1895年加入兴中会，1897年赴台湾设立兴中会台北分会。1900年奉孙中山命回香港办《中国日报》，1921年任中华民国总统府顾问、大本营参议。

陈少白回答："一天，马上就走。"

孙中山觉得，他与这位新朋友之间，仿佛有说不完的话，不由得叮嘱他："有空还请多来。"

几天后，陈少白再到西医书院找孙中山，意在继续那天没说完的话题。最后，他告诉孙中山说，很想在香港找个半工半读的学校。

"你也到西医书院里来，如何？"

陈少白摇了摇头："性情不近，我不想学医。"

孙中山实在太想陈少白和他一起了。因此，一个月后，当陈少白再到西医书院时，孙中山突然对他说："请你坐坐，我有课要听，散课后，再找你谈天。"

不一会儿，孙中山便匆匆赶回，对陈少白说："康德黎博士请你见面。"

陈少白奇怪了："我不认识他啊。"

孙中山故作神秘地说："当然有要事才请你过去。"

没等陈少白回答，孙中山已牵着他的手直往康德黎的办公室走去。

康德黎一见陈少白，立刻说："你是孙逸仙介绍来的吧？你的要求，他已经转告我了。我代表同事们欢迎你的到来。"

陈少白愣住了：我什么时候说过要到这里读书了？

原来，那天陈少白走后，孙中山便立刻跑去找康德黎教务长，如此这般地提出要求，希望康德黎批准陈少白到西医书院读书。在首届学生中，康德黎教授最信任的就是孙中山，因而爽快地答应了。

陈少白怎么也想不到孙中山会来这么一手，面对康德黎教务长诚挚的邀请，他实在无法拒绝，只得喏喏连声，连应"Yes. Thank you"。

离开教务长办公室后，陈少白责备孙中山说："怎么能擅自代我做决定？"

孙中山赔笑说："给你解决了大问题，还说不好？……别说这些了。总之，此后我俩同在一所学校读书，见面、说话的机会就比以前多得多了。"

陈少白就这样给孙中山连哄带骗地弄进了西医书院，因为是刚入学的新生，比孙中山低两个年级。

陈少白原是广州格致书院的高材生，擅长文学，能歌赋，会书画，素有"才子"之称。孙中山得他襄助，自然如虎添翼。——其后，同盟会在日本成立时，为了向国内民众宣传同盟会的革命主张，决定在香港创办机关报时，陈少白受孙中山委派从日本返回香港，果然不负众望，一手把《中国日报》办了起来。

经孙中山穿针引线，陈少白不久就与九列和杨鹤龄等也成了知心朋友。杨鹤龄所住的“杨耀记”二楼，就是他们常到的聚会之所。

四人志趣相同，越谈越觉难舍难分。孙中山于是提议：仿照当年刘关张桃园结义的模样，我们也“立约盟誓”，怎样？

“四大寇”合照，从左到右依次为杨鹤龄、孙中山、陈少白、九列。后排站立者为关心焉。

孙中山的提议得到其余三人的一致赞同。九列自告奋勇，立即提笔起草，草稿写成，众人读过一遍，均表满意，于是由陈少白誊正如下：

“宣誓人 ××× 等精诚宣誓，天地鉴容，驱除满人，实行大同。四人一心，复国是从，至死不渝，务求成功。此誓。

戊子年九月初五日

九　列，广东省顺德县人，乙丑正月十七日出生，二十四岁。

孙逸仙，广东省香山县人，丙寅十月初六日出生，二十三岁。

杨鹤龄，广东省香山县人，戊辰六月初十日出生，二十一岁。

陈少白，广东省新会县人，庚午七月十五日出生，十九岁。”

签过名后，四人整肃衣冠，点燃香烛，对天盟誓。誓盟完毕，又到西医书院拍照留念。

这次誓盟的目的，是为了结为兄弟，同心协力，以驱除鞑虏、恢复中华为己任。至于下一步该怎样做，暂时还未细想。

杨鹤龄的哥哥沿着楼梯，正从店铺走上二楼，无意中见到这一幕。起初以为只是孩子们的玩意，不以为意，直到听到他们的誓词，这才吓了一跳。我的天，这不是公然聚众谋反吗？他三步并作两步走上楼来，笑骂弟弟说："鹤龄，你们四人搞什么名堂？简直是四名大寇！万一被朝廷知道，那可是杀头的死罪啊！"

孙中山坦然回答说："洪秀全揭竿起义，成功了就是'天王'，失败了才被清廷污蔑为'寇'。说不定有朝一日，我们也要像洪秀全那样造反，到那时，我们就是清廷眼中的'四大寇'，有什么可笑的！"

在成人眼中，他们的誓盟只不过是孩子气的幼稚之举，况且身在香港，离清廷远着呢，因而骂过笑过后，谁也不再把它当作一回事。不过，"四大寇"的名头，从此就在亲戚、朋友、同学中传扬开来了。

不用管别人相信不相信，孙中山等人自己心中有数：他们的结盟立誓，绝对是百分之百认真的！

多年后，孙中山是这样回忆他与"四大寇"相处的那段日子的：

> "数年之间，每于学课余暇，皆致力于革命之鼓吹，常往来于香港、澳门之间，大放厥辞，无所忌讳。时闻而附和者，在香港只陈少白、尢少纨、杨鹤龄三人，而上海归客则陆皓东而已。若其他之交游，闻吾言者，不以为大逆不道而避之，则以为中风病狂相视也。予与陈、尢、杨三人常住香港，昕夕往处，所谈者莫不为革命之言论，所怀者莫不为革命之思想，所研究者莫不为革命之问题。四人相依甚密，非谈革命则无以为欢，数年如一日。故港澳间之戚友交游，皆呼予等为'四大寇'。此为予革命言论之时代也。"[1]

[1]《有志竟成》，载《孙中山全集》。

第六章　指点江山

洋紫荆的繁花开了又落，落了又开。在老师同学心中，昔日顽皮好动的“孙悟空”，已经成长为才智过人的“通天晓”，在处事为人方面比以前干练、成熟多了。

这天，在杏花楼的西菜馆里，孙中山又与同学江英华、关心焉等谈起老家翠亨村，他愤慨地说：“清政府越来越腐败，比如香山的现任县太爷杨文骏，他的官印就是靠5万两银子买来的……”

九列正要找孙中山，一见孙中山，立刻跑过来，冒冒失失地接上口，“你在说杨剥皮啊……”他指着孙中山的额头，对众人说，“你们信不信，他的脑袋，与洪秀全十分相似。”

孙中山吃了一惊：这些话可以在大庭广众乱说的么！他急中生智，兜胸给了尢列一拳：“那你，就是游智开！”

“你怎么可以将我和游智开相比？”九列很不服气。

孙中山故意气他:“游智开姓游，你也姓尢，五百年前不就是一家么？”

谁都知道，游智开是当时的广东巡抚，是个肥猪般的大胖子。一听孙中山的打趣，众人都被逗乐，一时也顾不得想为什么孙中山的脑袋像洪秀全了。

一波未平，一波又起。孙中山刚把九列的嘴巴封住，一伙穿戴华丽的官家子弟又大大咧咧地走过来。这些人也都是在香港读书的青年学子，领头的是省城某大官的公子。

“你就是那个姓孙的乡下仔？你们自称‘四大寇’，你还是‘四大寇’之首？”纺绸马褂趾高气扬地指着孙中山说。

“不错，我就是孙逸仙。”孙中山把腰一挺。

“听说你能说会道，专讲朝廷的坏话，敢不敢约个时间公开辩论？”纺绸马褂说。

孙中山思索片刻，决定给予痛击：“一准奉陪。明天下午，还是在这里，怎样？”

“好，一言为定。”官家子弟扬长而去。

孙中山手搭九列肩膊，两人默默回到雅座上坐定，孙中山诚挚地对他说：“不错，记得小时候在村中听冯叔公讲‘长毛’故事后，我做梦都想做‘洪秀全第二’。但直到读了《法国革命史》后才明白，洪秀全脑袋中欠缺的，就是比皇帝的玉玺、宝座的分量还要重得多的自由、民主、平等、博爱。要救苦难深重的中国，我们确实要比洪秀全做更多的事情。”

九列点点头，却又有点不明白：“今天我是失言了。可是，你为什么还要接受官家子弟的挑战？”

“别人上门寻衅，难道可以回避？毕竟，这里是香港，不是广州！”

华灯初上时分，孙中山走到歌赋街5号杨耀记门前时，发现陈少白几乎和他同时到达。

走进“杨耀记”店堂，才看到杨鹤龄和九列已等在那里。杨鹤龄边领他们上二楼，边说：“可惜陆皓东还在上海，不然我们就是‘五大寇’而不是‘四大寇’了。”

杨鹤龄是孙中山少年时代的翠亨村挚友，此刻虽然身为杨耀记少东主，却没有商人身上常见的市侩味，谈起国事来倒有股“国家兴亡，匹夫有责”的豪气。

陈少白望了书桌一眼：“鹤龄，你还在读《法国革命史》？”杨鹤龄答道：“已经是第二遍了，不过，还有的地方不大懂，还得向逸仙兄请教。”

孙中山打断杨鹤龄的客气话，扼要地把今天在书院中官家子弟向他们挑衅的经过说了一遍。四人都在寻思，公然反对清政府的激烈言论，的确不该在公开场合说，可是……

杨鹤龄的母亲给他们送来茶水，临走前，她回过头，半认真半取笑地说：

“你们这伙不知天高地厚的‘四大寇’啊，可不要惹出什么真麻烦来！”

孙中山笑笑，没有回答。

同样的话，孙中山其实已在关心焉家听他母亲说过。

在西医书院的同班同学中，关心焉[1]与孙中山关系最好。关心焉的母亲黎氏在雅丽氏医院担任英文翻译，平时善待孙中山，常邀孙中山到家中与她的孩子们谈天，对孙中山的坦诚和正直颇为欣赏，对他的激进言论则有所保留。

那天，当孙中山和陈少白等人相约来到关心焉家，闲谈中，不觉又猛烈抨击起清政府来，孙中山越说越激动，衣袖捋起，简直是摩拳擦掌。

关心焉母亲听了，忙给他们“降温”说:“哟，看不出，你们小小书生，到了我的客厅，倒成了能言善辩的政论家了！——孙逸仙，我且问你：都说你志向远大，那你想不想当官？想当什么官？是广东制台[2]吗？”

“不！”

“钦差大臣？”

“也不！”

“那是要当皇帝了？”

孙中山脸色庄重地回答：“都不想，我只想推翻清廷，那才是最伟大、最崇高的事业。”

关心焉母亲大吃一惊：“你这胆大包天的‘孙猴子’，真想‘大闹天宫’啊！”[3]

在座众人不约而同大笑。

翌日，孙中山、陈少白、尢列依约来到那群官家子弟面前，孙中山在列举清廷的腐败无能，对列强屈膝求和，对百姓狠如狼虎的桩桩铁证后，

[1] 关心焉（1869—1945），又名关景良，香港人，就读香港西医书院时，与孙中山等“四大寇”来往密切，后因家庭激烈反对，才没有参与孙中山等人领导的兴中会。其后终生从事医务工作，是中华医学会及香港养和疗养院的创办人之一。

[2] 明清时官场对“总督”一衔的称呼。

[3] 罗香林：《国父之大学时代》，第61页。

大义凛然地说："中国处境这样危险，我们青年应该挺身站出来！"

纺绸马褂气急败坏地吼道："你说这话不怕砍脑袋？"

孙中山理直气壮地回答："大清气数已尽，要救国，就得唤起民众，宁可被杀头，也不做大清的奴仆！"

官家子弟一个个都如泥塑木雕，想撒野动粗，却又不敢。一则，孙中山说的都是事实；二则，这里是香港，不是清政府统治下的广州！

这场辩论，"四大寇"以压倒优势取胜。然而，光靠打嘴巴仗，顶多像一枚石子投入深潭，刹那间荡起串串涟漪，其后依然是一潭死水。

仅抱一腔热情显然是不够的。此刻，他们可以做什么应该怎么做？这才是必须思考和面对的问题。

无论就空间或时间说来，达尔文和米涅都离他们太远。幸而在他们身边，就有一位比他们先走一步的导师——何启爵士。

何启是孙中山的中央书院前辈校友，又是孙中山在西医书院读书时的法医学导师。他只比孙中山大 7 岁，正值少年意气、豪怀激烈之时，不仅学识渊博，对时政尤有独到见解，是位爱国忧时、以天下兴亡为己任的学者。

早在孙中山入读西医书院前，何启已常发表"革新救国"文章。最著名的，就是他与曾纪泽之间的那场论战。

曾纪泽是清廷重臣曾国藩的长子，曾先后出任过清朝驻英、法、俄国的公使，中法战争时是位主战派，在民众心目中的印象并不差。1887 年 1 月，这位资深外交家在英国伦敦《亚洲季刊》上发表《中国先睡后醒论》一文，说中国已从天朝上国的大梦中觉醒，"洋务运动"便是很好的证明。他认定，"欲救中国于既倒，首务是建设近代化军事"。沿此国策走下去，中国将成为"全备稳固"的国家。

该文发表后，在国内外引起了强烈反响，报纸争相转载，何启却不赞同曾纪泽的观点，认为他是在误导国家和民众。同年 4 月，他以"华士"为笔名，用英文写成《中国之睡与醒——与曾侯商榷》一文，发表在香港的《德臣西报》上。全文长达 17000 多字，对清政府抨击之猛烈前所未见。

何启认为曾纪泽的主张是本末倒置，治标不治本。仅仅发展军事工业，并不能为中国带来富强和文明。

何启尖锐地指出：

> “数十年来，中国之所以见欺于强敌，受侮于邻邦，而低首下心，甘作孱王，而屈为软国者，实坐内政之不修也。”“今者中国政则有私而无公也，令则有偏而无平也。庶民如子，而君上薄之，不啻如奴贱也。官吏如虎，而君上纵之，不啻如鹰犬也。基则削矣，地已危矣，而欲建层堂，起岑楼，吾不知其可也。”[1]

如此尖锐的抨击弊政的文字，在青年学子孙中山心中，不能不引起强烈共鸣。读孙中山在西医书院读书时以孙翠溪笔名撰写的《农功》[2]，从“朝廷之设官，以为民也。今之悍然民上者，其视民之去来生死，如秦人视越人之肥瘠然，何怪天下流亡满目，盗贼载途也”等激烈措辞的字里行间，不难找到受何启影响的影子。《农功》所主张的，虽然仍以“改革”为主，但仔细阅读，便可发现其中隐藏着有如《法国大革命》中所说的“倘无改革，革命迟早总要发生”那样的潜台词。

孙中山曾在何启指导下学习法医学一年，朝夕相处，何启对孙中山其人自然了解。学生景仰老师的为人，老师欣赏学生的勇气，两人的关系自然不错。后来孙中山在香港策划广州重阳节起义，何启就是重要的支持者之一，虽然名义上不是兴中会会员，其实参与了计划制订的全过程，香港兴中会的英文版对外宣言，就是经他修改后才正式向外发布的。

1891年7月，孙中山在西医书院第4个学年的考试中，取得优异成绩，名列全级第一名。喜事接踵而来，3个月后，夫人卢慕贞在家乡翠亨村诞下一个男婴，也就是他的长子孙科。

1892年早春，最后一个学年的下学期刚刚开始，孙中山收到一封母亲

[1] 吴相湘：《孙逸仙先生》，第70页。何启的主要论述其后编成《新政真诠》一书发行，对清末维新和革命均甚有影响。

[2]《孙中山全集》第一卷，第3页。

卢慕贞（1867—1952）

从翠亨村寄来的家书，上面写着："汝兄汇款筹建房舍，见字速归，共商家计，切切。"

孙中山背着行囊，风尘仆仆地走在通往翠亨村的道路上。临近村口时，这位26岁的香港西医书院的五年级学生，脚步愈加轻快了。

接到母亲来信，孙中山立刻从香港赶回村里来。父亲已在4年前逝世，大哥孙眉又远在檀香山，他就是这个家庭的主心骨。

家园遥遥在望，雪白的后墙在夕阳映照下光彩夺目。这幢位于翠亨最西端偏南处的瓦顶平房，还是7年前他大哥从檀香山汇款回来修建的。这次大哥再次汇款回家，就是打算把瓦顶拆了，往上加盖成两层楼房。

孙中山加快了脚步。啊，屋前那株已有将近10年树龄的酸子树正沙沙作响地向他招手！那株树是他17岁从檀香山回来时，用带回的一颗树子种下的，如今已长得比房子还高了。

临近家门，孙中山突然转了个念头。他蹑手蹑脚地走进去，对着那熟悉的背影，大喊了一声："妈！"

一家子——妈妈、大嫂、妻子、妹妹——全都站了起来。虽说早接到回信，知道孙中山会在今天回家，却仍然给吓了一跳。

"帝象哇，你已经是个做爸爸的人了。还是这么淘气！"母亲杨氏故意板着脸孔数落着，却又忍不住笑开了。虽然儿子在外读书已取了个"逸仙"的大号，她依然按老习惯叫他的小名。

孙中山嘿嘿地傻笑几声，把儿子孙科从妻子卢慕贞手中接过来亲了亲。这胖小子出生后他总共见过一面，那还是在两个月前孩子出生后摆满月酒时，他特地向学院请假回来见到的，他确实还没有习惯为人父亲的身份。

一家人围在热气腾腾的饭菜旁边吃边聊，话题自然离不开大哥孙眉在檀香山茂宜岛上经营牧场的事业如何兴旺，以及这次汇款回家修盖新居的事。

"帝象，你想好了没有，这房子该怎么修建？"母亲终于把憋在心里大半个月的话说了出来，信赖地望着儿子。

"当然要盖成标准的洋楼！"妹妹秋绮抢着说。当年孙中山从檀香山返家后绘声绘色地描述的国外风光给她留下的印象太深了。

"别忘了我们是农家人，一个堆放芒草的大'下间'（中山方言：厨房），一膛又省柴又好烧的大灶是少不了的。"大嫂谭氏不想给小姑子泼冷水，却相当实在地补充了一句。

"要不要先请风水先生看一看？"母亲打量了儿子一眼，试探地问。

"不必了！"孙中山斩钉截铁地回答说。直到此刻，虽然已事隔多年，一想到北帝庙里那给他拗断手指、涂污了脸的北帝圣君和金花娘娘，最后竟是由他父亲打恭作揖赔不是出钱重塑金身的，他心里就有气。

煤油灯的火苗噗噗地跳着，显见是灯盏里的油已经不多了。

卢慕贞拧起灯头，给灯盏添加了煤油，又用剪子剪掉变炭的棉芯，煤油灯顿时明亮多了，照得满室生辉。

伏在桌上绘制新居建筑设计图的孙中山抬起头来，望了站在他眼前的妻子和背在妻子背上的刚满三个月的儿子一眼，心中漾起一片温情。

小两口是在7年前成亲的。当时，已在檀香山读书多年的孙中山，对这门亲事起初是不太满意的，可也找不到什么反对的理由。孙中山小时候就强烈地反对母亲给四姐妙茜缠足，认为这是摧残妇女身心的陋习；到檀香山后，又亲眼见到天足的外国女孩子是何等轻盈活泼、自由自在，怎么也没想到，到头来自己娶的妻子竟也是缠足的！他默然接受这一事实，是因为理解双亲年纪已老、急于抱孙的心理，身为人子，他不能推诿人生的这一大责任。

但婚后不久，孙中山就不能不衷心承认，他确实娶了个贤慧的好妻子，温柔体贴，孝敬公婆，手脚勤快，尤为难得的，是做得一手好针黹。此刻把儿子背在背上的背带，就是她亲手一针一线地缝制的，还精致地绣上了龙凤图案和富贵的字样，显示出慈母的一片爱心。

有一件事令孙中山对妻子留下很深印象：1884年的一天，曾为孙中山入教施洗的美国牧师喜嘉理和另外一个英国人，与孙中山一道从香港来到香山县，还访问了孙中山的家，受到了热情的款待。其实，一向反对孙中山信教的父母对客人的来访是十分不悦的，见面之际，自然没有什么好脸色。然而，对基督教谈不上了解，更无好感可言的卢慕贞，却考虑到牧师是丈夫请来的客人，理应以礼相待，因而百般设法把翁姑劝住，成全了孙中山邀请客人到家做客的盛情。[1]

更令孙中山感动的是，1888 年春，即从孙父孙达成病重直至逝世的那段日子里，他和大哥返乡探望父亲，亲眼看到卢慕贞在父亲病榻前寸步不离，亲奉汤药。这所有的一切，不能不令孙中山深铭于心，为妻子的孝顺、勤劳和贤惠而感动。

卢慕贞把儿子从背带解下放在床上，回头嫣然一笑："德明[2]，你也早点休息吧，这新房子的图样，一时画不完也不要紧，不争在这一两天。"

"不，你先睡吧。今天的工作今天做完，这是我的习惯。"

孙中山毫无睡意，他实在不想睡。

新居的设计图已经完成，平铺在桌面上的纸，一丝不苟地画满了用红蓝铅笔画上的线条和符号。自从入读檀香山意奥兰尼学校那时开始，他就对所有能使国家富强的学问发生浓厚兴趣，举凡时事、政治、自然科学、工程、农业的书籍无不涉猎，积累了较为系统的科学知识。对这次母亲、大哥嘱咐他设计和主持新建新居，他是极为认真的。因为，这不仅倾注了长辈们世代的心愿，也是对他所学知识的一次难得的实践机会。

就在这即将拆下重建的瓦顶下，孙中山眯缝着眼睛，再一遍审视自己刚完成的新居设计草图。刹那间，图上的红蓝线条活动起来，化成了一幢矗立着的楼房——一如我们今天在瞻仰翠亨村孙中山先生故居时所见的模样——正面依照西方的建筑特色，楼房正面，上下两层都是对称的 7 个拱形门楼。屋顶正中的园拱上设置一个光环，象征阳光普照；光环下塑着一个口衔钱环的蝙蝠，象征福气盈门；楼房内部采取我国的传统建筑格局，中间是正厅，左右两个耳房，窗户开在正梁底下，整幢房子窗户对着窗户。形成自然的通风道，楼上楼下都有走廊，千回百转，总能回到原来的出发点。

[1] 唐仕进：《孙中山元配卢慕贞的故事》。

[2] 孙中山在成亲时使用的名字，在翠亨村的孙氏家谱中，孙中山名德明，孙眉名德彰。

东南西北四向都有门户通户外……

鸡啼三遍，窗外还是漆黑朦胧一片，孙中山耳边响起一阵衣裙的窸窣响，妻子已悄然站在他的背后。

“怎么，你还没睡？”孙中山惊讶地问了一句，随即便省悟，这其实是一向勤劳的妻子的习惯性的早起。

卢慕贞怜惜地望着丈夫那一夜未睡熬得有点微红的双眼，轻轻地递过一盅香茶放在书桌上他的面前。

“慕贞，你过来，我给你说说未来的新居应该是什么样子的。”孙中山兴致勃勃地说。

卢慕贞抿嘴笑了：“你画的这些红线线蓝道道，我怎么瞧得懂呢。”

正如孙中山意料那样，家人当中，反应最强烈的是两个人，一个是妹妹秋绮，满脸欣喜；另一个是母亲，一脸困惑。

“怎么把现有的大门堵了，在屋的后墙另开大门？村子里头，所有的屋子都是坐西朝东的，怎么你偏要把我们的屋子改为坐东朝西？”母亲一开口，问的果然是孙中山犹豫最久才终于毅然做出决定之处。

孙中山的眼睛亮了：“你看。我们家在村子的最西端，原来坐西朝东，前面挡着几排房子。只有把大门倒过来朝西开，才能得到充足的阳光，朝村外开，进进出出也方便，用不着在窄巷里来来回回兜圈子。”

“村子里所有的大门全向东开，自然有它的道理。你这么一改，不知风水先生会怎么说。”母亲依然有点不放心。

孙中山在哈哈笑过后傲然说道：“我就不相信风水先生那些骗人的鬼话。不过，依我看，要是真有什么‘风水’的话，这幢房子坐东朝西，风水最好了！为什么？阳光充足，空气流通，精神爽利，身体健康，有什么不好？将来，站在我家二楼的阳台上，前面就是浩浩瀚瀚、烟波无际的金星门，那‘二龙争珠’的瑰奇景色不但赏心悦目，简直是壮人胸襟，好山好水好风景，您还有什么可犹豫的呢！”

母亲终于点了点头。做母亲的总是疼爱儿子、信赖儿子的，何况这还是她引以为骄傲的好儿子！

就在母亲选定的吉日，孙中山与下栅乡的长福号签订了修建新居的合同。开工料银总额共计九百三十四两八钱二分银子，收银人冼光。

孙家盖新房，在村中可是件大事。村民们都跑来瞧热闹。有的甚至趁着主人家和建筑师傅不在意时，偷偷溜进屋内，踩着还未加上装饰的木楼梯，爬到楼面上看。既看了，便不免议论纷纷。

“设计新颖，不落窠臼，这才是如假包换的新款洋楼！”思想开通的评论说。

“哎呀，怎么在正梁下开窗，四通八达，走漏风水，太不吉利了。”自以为有风水常识的人悄声地交头接耳。

“坐东朝西，违背老祖宗订下的规矩，这怎么行！”说这种话的，自然在村子里属于“年高德劭”之辈。时至于今，虽说嘴边不再提起，心里依然不曾原谅那个当年捣毁北帝神像的叛逆者。

“数一数吧，一共开着 13 个门户哩。”懂得忌讳 13 这个数目，说这种话的，想必肚子里灌过点“洋水”，学来点洋迷信的了。

孙中山实在憋不住，他索性把心里话亮了出来：“空气流通，有益健康；四面门户，眼界开阔，这就叫作大吉大利！”

一句话，便把众人的口都堵住了。

新房落成的那天，孙家内外喜气洋洋。稍感遗憾的是，孙中山的父亲孙达成已在 4 年前去世，没能亲眼见到这幢他小儿子亲自设计、督建的中西合璧的新楼房了。

孙中山在翠亨读书时的最后一位业师程君海特意从南朗赶来祝贺，他沿着楼梯登上二楼，在四通八达的走廊间走了一遍，又在每一个窗口前站了一会儿，禁不住竖起大拇指称赞说：“好！好！孙文这孩子我早就说过他很不一般，长大后必成大器。”

程君海乐呵呵地说着，忍不住又给得意门生出个小难题：

“孙文，读了这么些年洋书后，现在还能对对子吗？何不动笔为这幢新落成的楼房题写一联！”

孙中山遵命走到书桌前，铺开笺纸，沉思片刻，终于以笔蘸墨在纸上大书一联共 8 个大字：

“一椽得所　五桂安居”

“一——椽——得——所；五——桂——安——居哪！”孙中山一边写，程君海一边吟诵，末了，又赞叹地说：“有气魄，有深意，切景切题，书法，楹联，堪称双绝！”

20世纪20年代的孙中山故居

孙中山故居今貌

清风徐来，门前的酸子树发出虎啸龙吟般的应和声。这株由孙中山从檀香山带回的一粒种子长成的大树，如今已拔地而起，亭亭如盖，颇有番不凡的气概了。

同年7月，孙中山以优异成绩从香港西医书院毕业。

总结5年来的学习成绩——1888年8月第一次学年考试共考7科，即植物学、化学、解剖学、生理学、药物学、物理学和临床诊察。考试结果，孙中山总分在13人中居第二，化学、生理学居全班之冠，物理学第二。

第二学年解剖学、生理学继续讲授，新增的有医学、产科及妇科、病理学、外科等；其中，医学分为原理与实习及临床两类；1889年7月举行的第二学年考试，因淘汰结果，只有9人参加，考试结果，孙中山成绩跃居全班之冠。

第三学年学科渐减，而实习增加。

第四学年新设课程有何启博士的法医学，康德黎博士的实用外科及公共卫生。应考者只有5人，孙中山成绩仍居第一。

第五学年是学生在院就读的最后一年，注重医学与外科、产科的深造。1892年7月举行这三科考试，应考者只有4人。4人中，只有孙中山和江

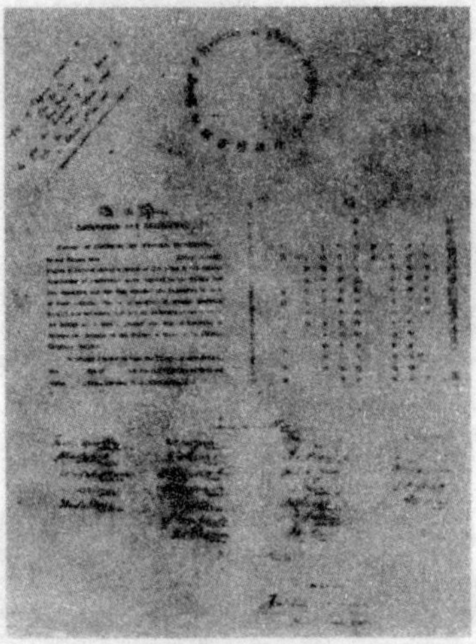

香港西医书院颁发给孙中山的毕业证书

英华[1]二人及格，中山仍居第一。两人旋即参加毕业总考，过去5年所学的科目共12门课程均须考试。评分结果，孙中山10门课程获得荣誉成绩，江英华6门课程获得荣誉成绩。孙中山这一优异成绩，在香港西医书院的全部历史中（1887—1915）尚无第二人可以比拟。

据江英华回忆，当他与孙中山一起在西医书院就读时，该书院有一项由一位热心医学的堪富利士先生慷慨捐助的基金，用以每年颁发一次给两名品学兼优的学生作奖学金，金额为每月5元，江英华和孙中山二人就是历年的奖金获得者。

在全班同学中，孙中山是最受康德黎器重的学生，孙中山进入西医书院学习才半年，就得到康德黎的信任，随恩师出诊。当时，麻风病正肆虐中国。康德黎为了找寻治疗麻风的办法，于1890年12月30日亲自前往广州的麻风村进行调查研究，还带了妻子当助手。康德黎伉俪都不懂汉语，孙中山义不容辞地就为他们当起了翻译。

7月23日，香港西医书院举行首届毕业典礼。由于成绩优异，孙中山获得了学校赠送的《婴孩与儿童之病症》《外科肾症》《神经之损伤与病症及其治疗》等3部医学书籍奖品，教务长康德黎博士为他颁发毕业证书，香港总督威廉·罗便臣亲自给他颁奖。

西医书院颁授予孙中山的资格证书全文如下：

“照得孙逸仙在本院肄业五年，医学各门，历经考验，于内外妇婴诸科，俱皆通晓，确堪行世，奉医药局赏给香港西医学院考准权宜行医字样。”

[1] 江英华（1871—1941），新安县（今深圳市宝安）人，家贫，康德黎爱其才，资助他进入香港西医书院就读，与孙中山同学。孙中山发动的广州重阳节起义失败后，江决意参加革命，在南洋各地边行医边宣传革命，并协助孙中山筹集革命经费。

执照的签署者，除掌院、教务长和教师外，还有审查委员与考试委员共22人，足见校方的郑重。

教务长康德黎博士这天特别高兴，他在毕业礼上的致词中指出：

“书院学生，非缺乏兴趣者。凡稍了解中国人者，均知保守与坚持为中国人一般人之特性。在中国民族史中，其为侵略者所攻击，或自身膺惩敌人，每以意志坚定而取胜。此种坚毅意志，不随时间而转移：其认识与热情，亦不随时间减弱。世代蝉联，实富遗傳之神圣光辉。就遇去一世纪各项努力之纪录观之，足知其已进于发奋为雄，以求国家生存富强之时期，其有应为神明华胄所致力，而且当引为此时之主题者，即为科学或战争。然此非彼等特性之所向也。”[1]

康德黎博士的话，乍听似就中国人的个性泛泛而谈，其实是从表现优异的孙中山、江英华身上看到了中国的希望：尽管老一辈中国人在性格上倾向保守，但是，年青一代的中国人不仅承传了先辈的坚毅与热情，更愿为国家的生存与富强奋斗不息。他把这种可贵的精神称之为“神明华胄”，亦即是“得到神明护佑的炎黄子孙”！

现在可以作小结了：在西医书院就读的5 年，为什么是孙中山一生中最快乐的日子？

最有发言权的，当然是孙中山本人。1923年春天，孙中山从上海南下广东，在途经香港时应香港大学学生会邀请访问母校。2月20日上午11时，他在香港大学大礼堂[2]，向香港大学的400名师生作演讲[3]。他的第一句话就是：

“我此行真仿如游子归家……”

[1] 罗香林：《国父之大学时代》，第5-6页。

[2] 香港西医书院于1911年与香港官立技术专科学校合并为香港大学。孙中山作演讲的大礼堂今称陆佑堂。

[3]《孙中山全集》第七卷，第115-117页。

孙中山解释说：

“因香港及香港大学，乃我知识之诞生地也……从前人人问我，你的革命思想从何而来？我今直答之：革命思想正乃从香港而来……”。

“三十年前肄业香港，暇时辄闲步于市街，见其秩序井然，建筑闳美，无有干扰，向往不已。每年回敝乡香山两次，两地相较，情况迥异。……家乡与香港虽仅有五十英里之隔，唯两地政府何以差别若此？由是想，香港此一荒岛落于洋人之手不过七八十年，即有此成绩，反视中国历经四千年而无一地可比。……初以为省城政府情况稍佳，不料一抵广州，方知其腐败尤烈。原来中国之官，势位愈高，贪污愈炽。最后我到北京，其腐败又千百倍于广州。……有人告我，英国与欧洲的好政府并非来自天然，而是经人力之变革而成。数百年前，英国之腐败与中国无异，法院中之捏造与刑罚之残酷，不让中国。但英国人热爱自由，并高呼：‘我等已忍无可忍，非要改革不可。’英国能改，中国何以不能！我等必须以此为效法，必须先从改革政府入手，否则休谈其它。若无良好政府，不论何种民族，办事必不能成；我等为此而受之苦难久矣。遂一俟毕业，即深明必须放弃行医救人，投身救国。故问我之革命思想从何而来，当曰全在香港！”

香港大会堂（1887年10月香港西医书院在此成立）

第七章　医人生涯

盛夏的香港，蝉鸣雀噪，阳光灿烂。

孙中山怀揣着西医书院颁发的医生资格证书，走在大街上，心情正如眼前的景物一样，充满灿烂的阳光。从今天起，他是一位具有执业资格的医生了。

10年前在檀香山求学期间与杜南山老师的一席话蓦然浮上心头——

那天晚上，杜老师引用范仲淹的一句名言，告诉他，青年人应该有这样的志气：不为良相，即为良医。

考虑几天后，他回复杜老师说：当“良相”，是为了救国：当“良医”，是为了救人，二者并不矛盾。因而，青年人大可两手准备，二者同时进行，哪个条件具备，就朝哪个方向发展。

现在，他已经具备两种条件的其中之一了。他的人生道路，不妨就从行医救人开始。

孙中山万万没有想到，香港医学总会（ Hong Kong General Medical Council)，竟然不承认香港西医书院发出的医生资格证书！

失望之余，孙中山只好退而求其次：先在香港开设一所药房。为此，他特地请朋友中有“才子”之称的陈少白代他草拟招股章程。

这事让康德黎博士知道了，立刻把他召到学校里去，告诉他说：“你不应该用你的名字开药房。因为你是本校第一届第一名的学生，应该自爱。”康德黎这样说，是因为以英国人的观点看，医师的地位是很高的，与做生意的人不能相提并论。

老师出面劝阻，孙中山不能不从，但这样一来，他在香港开办药房的计划就不得不告吹了。

医生资格到手，却不能行医，连药房也开不成，那岂不是天大的讽刺？

孙中山苦恼极了。但他毕竟是康德黎最器重的学生，康德黎虽然不得不服从医学总会的决定，却总认为，自己能为他做出更好的就业安排。为此，他特地求见香港总督罗便臣，请他为孙中山、江英华这两位首届优秀毕业生写信给英国驻北京的公使馆，托他们转向清廷北洋大臣李鸿章推荐，大意是：孙、江二人“识优学良，能耐劳苦”，请予重用。

李鸿章是香港西医书院的名誉赞助人，见了来自英国驻北京公使和香港西医书院的推荐，自然不能漠然视之。于是，他很快便复函给港督，表示可授予孙中山和江英华两人“钦命五品军牌”之职，月俸50元。

孙中山认为，到北京任职，既可以窥探清廷虚实，也便于发动首都的官民投身革命，于是欣然决定前往。但刚到广州，便遭到总督衙门的诸多刁难，其中一项，就是详细填写三代履历，才能领牌进京。孙中山对此十分生气，转身便走，并且立即离穗返港，到京师谋职的愿望因而落空了。

事后，孙中山是这样对友人说的：

“安能如此卑躬屈节，以乞一职乎！”[1]

事已至此，何去何从？

孙中山忽然想起香山老乡刘学询。刘学询此人，曾于1886年考中进士，会试房师为李鸿章的亲家杨崇伊。刘学询通过杨崇伊的关系，巴结上时任两广总督的李瀚章[2]，取得广东闱姓的承赌权，成为隐身幕后的广州“赌王”，不久即成为广东巨富。孙中山与刘学询订交，始于1892年。当时刘学询胯下生疮，经西医手术康复，旋赴澳门，始结识孙中山。

刘学询的发家史虽不光彩，但总的说来，在官绅中尚属“新派”，因而与孙中山谈起国计民生之道时，还是有着不少共同话题的，“连谈数夕，

[1] 郑子瑜：《孙中山先生老同学江英华医师访问记》，转引自黄宇和：《三十岁前的孙中山》，香港中华版，第445页。

[2] 李瀚章，李鸿章的弟弟。

彼此非常惬洽”。这次见面的结果是，刘学询出面宴请澳门绅商数十人，向他们介绍孙中山，希望他们从中提供协助，让孙中山能够顺利地到澳门行医。为表诚意，他个人率先解囊捐出 1000 两。[1]

刘学询请来的座上贵宾中，有两位与孙中山早已认识，那就是富商曹子基和何穗田。就在孙中山就读西医书院的最后一年，他曾应澳门镜湖总理曹子基和何穗田的邀请，赴澳门为富绅张心湖的太夫人治病。张心湖是一位民主思想深厚的维新分子，身居香港而家在澳门，很早就与在香港读书的孙中山、陈少白成为朋友。孙中山妙手回春，药到病除，给镜湖医院的总理们留下很好的印象。

曹子基是镜湖医院立契人之一的曹有之子，何穗田是澳门维新派报刊《新知报》的发行者和《濠镜报》创办人，在澳门都有很大的影响力，由他们向镜湖值理会引荐孙中山，自然事半功倍。因此，1892 年 7 月孙中山刚从香港西医书院毕业，同年 9 月即已受澳门镜湖医院邀请，到该院担任首席义务西医。

孙中山的行医生涯并不是从镜湖医院开始的。当他还在香港西医书院学医时，便已成功地多次为香山和澳门的乡亲治愈多宗疑难病例， 为澳门富绅张心湖的太夫人治病仅是其中一例。

在家乡南朗、翠亨一带，广泛地流传着一个名为《大国手》的传奇故事：

据说，某次，孙中山从翠亨村前往石岐。石岐是香山县的县城，距翠亨村 30 多公里，南朗乡是两地之间的中站。为了便于清晨赶路，他决定先到南朗镇的“均安按”过夜。那天傍晚，正在“均安按”闲聊的乡亲看到孙中山到来，都十分高兴，很想听这位见识广博、平易近人的孙医生讲述天下大事。孙中山娓娓而谈，乡亲们听得津津有味。突然，一个妇人慌慌张张地走进来，贴着其中叫程普照的人耳边说了几句话，只见程普照随即失声叫道：“哎呀，不好了！”

众人不知发生了什么，惊讶地望着他。

[1]《明月斋史学文选》，人民出版社 2009 年 2 月，第 729 页。以及清廷驻英使馆随员吴宗濂所著《随轺笔记四种》卷二《附录邓翻译与孙文问答节略》。

孙中山忙问："普照叔，发生什么事？"

程普照神色沮丧，声音低沉地说："不瞒众位，贱内今晚临盆分娩，辛苦异常，至今已有几个小时了，刚才来人说，婴儿还未出世，接生婆说，恐怕凶多吉少……"

孙中山听罢，毫不迟疑地说："让我去看看。"随即从包袱里取出药箱。

这可把程普照难住了：在当时，村里人的封建意识很深，哪有让男人为女人接生之理？更何况，孙医生还那么年青……但是，人命关天，确实刻不容缓。好在当年孟老夫子还说了一句："嫂溺叔援，权也。"为了救人，也顾不得许多了。

程普照硬着头皮，带着孙中山往自己家里走去。

大约一小时后，孙中山和程普照兴冲冲地回来了。一进门，程普照就对着众人竖起大拇指，连声称赞道："孙医生医术高明，果然是'大国手'，他今晚替我接了个男孩！救了两条命！"

那个男孩，是孙中山用铁制的手术钳帮助降世的，因此，程普照为他取的名字就叫作"铁生"。

孙中山的"大国手"美名，就这样在家乡流传开来了。[1]

另一个案例是：一天，孙中山到崖口乡探望他的四姐孙妙茜。

四姐的邻居有个7岁的男孩，名叫小清。这孩子说话时口音含糊，当地人称这种症状为"粘舌根"。

孙中山发现这一情况后，立刻招呼小清说："小清，过来。"他抚摸着小清的头顶，慈爱地说，"张开嘴，抬起舌头。让叔叔看看。"

察看片刻后，孙中山心中有数了。他先给小清讲三国时代华佗给关公"刮骨疗伤"的故事，问小清说："关公'刮骨'疼不疼？"

小清说："疼。不过，关公是大英雄，当然不怕疼！"

孙中山鼓励他说："小清也可以像关公一样不怕疼的。小清，听叔叔话，张大嘴巴，抬高舌尖。我给你治'粘舌根'的病。"

---

[1] 近似的病例还有为陆檀生难产的妻子接生，其后婴儿取名细鳞。载李伯新：《孙中山史迹忆访录》（中山文史第38辑），第63页。

等小清把嘴巴张得大大时，孙中山取出一把经过消毒的剪刀，看准部位，乘其不备，一剪，就把小清的舌根剪断了少许。小清只觉得口里似乎被什么轻轻划了一下，也不怎么疼。何况，心里还想着关公“刮骨疗伤”，因而眼泪也没流过一滴。手术后，孙中山让他漱了漱口，吐出唾液中那一点点血，就放他跑到外边玩了。

小清回到家里，母亲发现他说话时口齿变伶俐了，很是诧异。听小清把刚才的事说了一遍后，这才知道是孙中山给他治过病，连忙赶去向孙中山道谢。

在孙中山回翠亨村监建孙宅那段时间，还发生过这么一段小插曲：

据说，房子即将竣工时，外面忽然传来“咚，咚，咚”的敲打竹筒声，原来是江湖医生来了。有个泥水工因脚上生疮，久治未愈，忙请那位江湖医生过去。

江湖医生看出他心里的焦急，一方面恐吓他，说这病发展下去会如何如何危险；另一方面又声称自己有本事把毒疮医好。由于索价甚高，工人还在犹豫。正好此时，孙中山走过来了，问明底细后，孙中山对那位泥水工说：“我是医生，我给你治，不必花费这么多钱的。”

江湖医生见孙中山抢了他的生意，勃然大怒，立即从囊中取出飞砣，吼叫道：“我一飞砣打断你的脚，也能替你医好。”

飞砣是一种绑在绳索上的圆锥铁球，真让它打中，可不是玩的。听这话后，众人都不禁为孙中山捏了把汗。

孙中山并不示弱，他立即甩下长袍衣袖，进屋打开抽屉，似乎取出一些什么东西，然后重新走出来，隔着衣袖挺出一件“硬家伙”，瞪着江湖医生还以颜色：“我这里也有支‘见面笑’[1]，真要动手，不知是你快，还是我快？不过，我是医生，就算打死你，也能让你死而复生。”

江湖医生脸色大变，态度立刻软了下来。

江湖医生走后，四姐妙茜问孙中山说：“你哪来的手枪？”

[1] 清末民初的香山俗语，意即手枪。

19 世纪末的镜湖医院

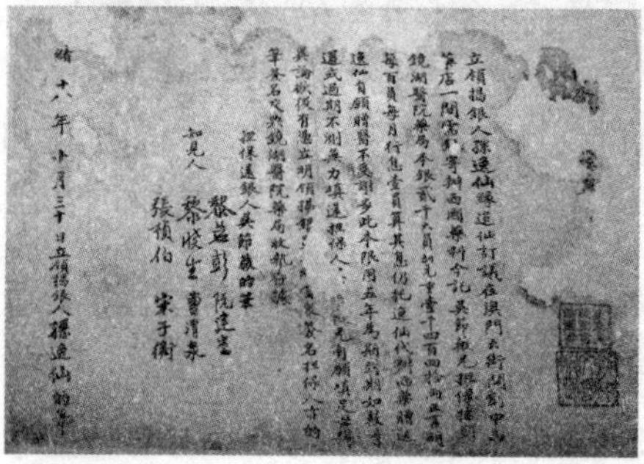

孙中山与镜湖医院订立的贷款合同

草堆街 80 号今貌，孙中山曾在此开办中西药局

议事亭前地 14 号的孙医馆旧址，今已不存

孙中山在澳门行医时所用的八仙桌和衣柜

孙中山在澳门行医时所用的医疗器械

孙中山微微一笑，露出几个手指："这不是手枪吗？"

众人恍然大悟，不由得大笑。

孙中山随即为那位腿上长疮的泥水工开刀、敷药、用绷带包扎好，还给他消炎片服用，没几天就把他的毒疮治愈了。[1]

流传翠亨村的这个故事和流传香港的另一个内容近似的故事如出一辙，都被记录在亲友撰写的回忆录中。如果不是巧合的话，必有一处是在辗转流传中把时间、地点弄错了的。不管故事实际上发生于翠亨或者香港，都至少说明一点，作为一位负责任的医生，孙中山是容不得别人凭借伪医假药骗财的。

如果说，孙中山于求学阶段在家乡和澳门给亲友治病，只是牛刀小试的话，那么，到镜湖医院担任首席义务西医，那才真的是大展拳脚了。

孙中山对澳门并不陌生。澳门是孙中山父亲孙达成当过裁缝和鞋匠的地方，在翠亨村的日常闲话中，也会听父亲谈过澳门的风俗人情。12 岁那年，他随母亲从翠亨村前往檀香山，就是在澳门登上"格兰诺琦号"汽轮的。不过，澳门留给他的始初印象并不好。在等候登船期间，他曾随那些比他年长的乡亲到内港一带闲逛，当见到遍布于福隆新街和码头附近的赌档、花艇、妓女寨等处的怪象时，他不禁连连摇头，随口念出《书经》中的《五子之歌》：

"内作色荒，外作禽荒；
甘酒嗜音，峻宇雕墙；
有一于此，未或不亡。"

翻译成现代口语，这段话的意思是：骨子里本是禽兽，外表看也是色狼。沉迷醇酒音色，华厦雕墙。这样的恶行只要迷上一样，无不自取灭亡。——可见少年孙中山对这类纵情声色犬马的腐朽生活的厌恶。[2]

在香港读书时期，不管他愿意不愿意，澳门已成了他从家乡往返香港

[1] 李伯新：《孙中山史迹忆访录》（中山文史第 38 辑），第 63 页。由陆天祥讲述。
[2] 林百克著，高敬、范红霞译：《孙中山与中华民国——美国顾问眼中的孙中山》。

的必经的中途站，在澳门逗留的机会更多了。不过，随着人的长大、成熟，他对澳门又有了新的认识：原来，澳门不仅是赌博和色情行业泛滥之所，同时也是不少鼓吹维新思想的志士仁人的重要活动场所。大约在孙中山赴澳门行医前后，孙中山的好友杨鹤龄也从香港回到澳门水坑尾街 14 号杨宅居住。能与志同道合的朋友为邻，对孙中山说来，那真是再好不过了。

镜湖医院隶属镜湖医院慈善会，1871 年（清同治十年）落成，是澳门华人主办的非牟利慈善性质的医院，办院宗旨为赠医施药、为民解困、兴学育才。早期以中医中药服务为主，是一所设施简陋庙堂式的医院。孙中山到该院后，诚恳地对院方的值理们说：中国医药数千年，必有可采取之处，所缺乏的，只是用近世的科学方法进行研究，建议实行中西并用，为病者施诊。院方欣然采纳了孙中山提出的建议。孙中山进入镜湖医院，意味着我国中西医结合的开始。[1]

但是，孙中山到镜湖医院只是当“义务”，为了维持生计、拓展事业，他决定在澳门一圆自己在香港未圆的心愿：开办药房和诊所。

杨鹤龄得悉孙中山的想法后，连忙跑去找自己的妹夫吴节薇。吴节薇祖籍香山，在澳门是颇有影响力的富商，有他出面，事情自然好办得多。于是，当年 12 月，由吴节薇担保，孙中山向镜湖医院借得款项 2000 大元（兑银 1440 两），1893 年再借 2400 大元（兑银 1728 两），用以开设中西药局。以下，就是当年的借单：

揭本生息赠药单

立领揭银人孙逸仙，缘逸仙订议在澳门大街开创中西药店一间，需银寄办西国药料，今托吴节薇兄担保揭到镜湖医院药局本银二千大元七二兑重一千四百四十两正，言明每百元每月行息一元算，其息仍托逸仙代办西药赠送，逸仙自愿赠医，不受谢步。此本银限用五年为期，到期如数清还或过期不测无力填还，担保

[1] 1935 年广州岭南大学孙逸仙博士纪念医院筹备委员会编印的《总理开始学医与革命运动五十年纪念史料》。

吴节薇兄自愿填足，毋得异论，欲后有凭，立明揭银单一纸当众签名，担保人亦的笔签名交与镜湖医院药局收执存据。

担保还银人：吴节薇的笔

知见人：黎晓生、曹渭泉、张侦伯、黎若彭、阮建堂、宋子衡

光绪十八年十月三十日立领揭银人：孙逸仙的笔

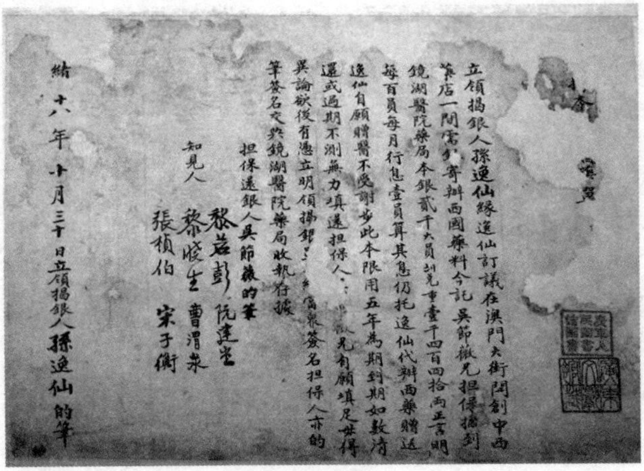

立領揭銀人孫逸仙緣逸仙訂議在澳門大街開創中西
藥店一間需本寄辦西國藥料今託吳節薇兄担保揭到
鏡湖醫院藥局本銀貳千大員訂明重壹千四百四拾両正言明
每百員每月行息壹員算其息仍托逸仙代辦西藥贈送
逸仙自願贈醫不受謝步此本限用五年為期到期如數清
還或過期不測無力填還担保人吳節薇兄自願填足毋得
異論欲後有憑立明領揭銀單一紙當衆簽名担保人亦的
筆簽名交與鏡湖醫院藥局收執存據
担保還銀人吳節薇的筆
知見人 黎若彭 阮建堂 黎曉生 曹渭泉 張楨伯 宋子衡
光緒十八年十月三十日立領揭銀人孫逸仙的筆

孙中山与镜湖医院订立的借款合同

在吴节薇、曹子基等人的力荐下，镜湖医院对孙中山的信任和支持力度不可谓不大。要知道，医院所借出的前后共 3000 多两银子，相当于那时的镜湖医院半年的经费！

孙中山在澳门，最早是向仁慈堂[1]租用位于议事亭前地 14 号的仁慈堂侧的一所房子做“孙医馆”的，随后又搬到草堆街 80 号。

草堆街 80 号是 3 层砖木结构小楼，原是澳门著名富商曹子基的物业，曹子基作为孙中山乡亲和西医事业的热心支持者，将该屋提供给孙中山作开办诊室和药局之用。孙中山在底层开办“中西药局”，二楼做医馆，三楼做寝室。在此期间，他全心投入医务，精力过人，以下，就是他刊于报上的门诊、出诊时间和收费标准：

早晨 7 时起至 9 时止，在草堆街中西药局诊症，医金为 2 毫。由 10 时起至 12 时，在镜湖医院赠医，不受分文，以惠贫乏。下

[1] 仁慈堂，居澳葡人主办的民间慈善团体。

午1时至3时，在仁慈堂右邻写字楼诊症，医费1元。

3时以后，出门就诊，其所定医金，俱余减赠，他如未订各款，要必审视其人证，不事奢求。

孙中山医术精明，待人亲切，无论门诊或出诊，诊费一律由病者随意支付。对贫穷病者，则免费赠医赠药。加上他特别擅长外科手术和治疗肺病，因此在澳门行医“不满三月，声名鹊起”，“就诊者户限为穿”。

1893年7月18日《镜海丛报》创刊号上的一则名为“镜湖耀彩”的新闻，一共刊出6则孙中山在澳门行医的实例：

“陈宇，香山人，六十一岁，患沙淋八年矣，辛楚殊常，顷在医院为孙医生割治，旬日便痊精健倍”

“昔又西洋妇某，胎产不下，延孙治之，母子皆全”

“又卖面人某，肾囊大如斗，孙医用针刺去其水，行走如常”

“又大隆纸店两伴，误为毒药水焚炙心胸头面，势甚危殆，孙医用药敷之，旬时就愈”

“又某客栈之伴，与妻口角，妻于夜半吞洋烟求死，次晨八点钟，始有人抬到孙馆，如法救之，亦庆更生”

“又港之安抚署书写人尤其栋，患血症多年不愈，华医束手，亲造孙医求治，一月奏效”。

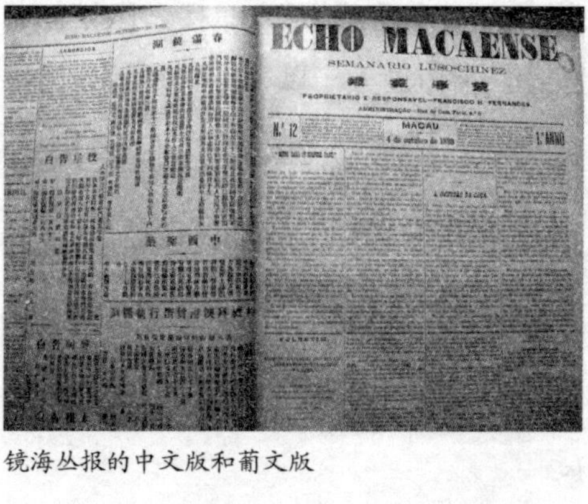

镜海丛报的中文版和葡文版

1893年7月25日《镜海丛报》上的另一篇题为《神乎其技》的告白，赞扬孙中山“不过七日之功”而治愈患者20余年的痔疾。“或数十年之肝风，或十年之脑患，或六十余岁之咯血，均各奏神速”。

同年9月26日，澳门绅商

卢焯之（即卢九）、陈席儒、吴节薇、宋子衡、曹子基等人联名为孙中山在《镜海丛报》上刊出题为“春满镜湖”的行医广告；称誉孙中山为“大国手”“我华人而业西医者”，并称其“学识精明，向从英美名师游，洞窥秘奥，现在镜湖医院赠医数月，甚著功效”。

转眼已是1893年秋。时间恐怕已是深夜了。孙中山与他的同乡挚友、自号“杨四寇堂”主人的杨鹤龄依然谈兴正浓，边走边谈。杨鹤龄执拗地要把孙中山从水坑尾街的“杨四寇堂”陪送回草堆街。

当推开“中西药局”那扇半掩着的木门时，孙中山和杨鹤龄不由得都怔住了。在柜台上煤油灯映照下，柜台前多了一副用床板临时凑合而成的担架，上面躺着一位用破棉被包裹得严严紧紧的病人。虽然灯光微弱，他那因痛苦而扭歪的脸孔和密布的豆大的虚汗依然清晰可见。

扑通一声，一位白发苍苍的干瘦老人，突然从病人身边抢了过来，跪倒在他跟前，嘶声说：“求求孙大夫救治我这唯一的孙子。”

孙中山吓了一跳，慌忙把老人搀扶起来，劝慰说：“老人家不必如此，让我先看看令孙的病况，也许并不像您想象中的那么严重。”

杨鹤龄把老人扶在椅子上坐下，也帮着劝慰：“老人家不要慌，孙大夫医道高明，他的话是不会错的。”

孙中山解开病人的衣服，把听诊器按到他的胸腹部，凝神地谛听着，渐渐地，眉峰蹙成了一团，他陡地转过头来，目光严厉地扫向陪送病者前来的人：“病情不轻，怎么拖延到现在才送来？”

老人的两行热泪从眼眶里奔涌而出：“我们小户人家，吃不起西药，看不起洋大夫啊！没奈何，只好求一位看过点医书的街坊开个药方，胡乱抓两剂中药给他吃，却不见好转，反而越病越重。看他病成这个样子，疼痛稍见轻些，又挣扎着爬起来到鱼栏当小工，我心中犹如刀割，可总得挣钱糊口！众街坊看着不忍，凑了几块钱，劝我送他到洋大夫那儿看看。谁知那西洋鬼存心讹诈，这里敲敲，那里摸摸，给了几片药片，一次就收诊金药费整整5元。那西洋大夫还说，这病得开刀，动大手术。这……我倾家荡产也筹不了那么多银两啊！”

孙中山心里十分难受。他从小便对澳门和旅澳香山乡亲，怀着一种仅次于乡土的特殊情感。特别是，此番他赴澳在镜湖医院担任义务医师，开办中西药局，对贫病者赠医赠药，正是为了贯彻他“以学堂为鼓吹革命之地，借医术为入世之媒”的初衷。如今，眼看躺在担架上的病者生命垂危，他能不伸出救援的手吗？

他先是详细地问了症状，重又听诊了一会儿，然后从药箱里取出几粒药片，让病人用凉开水送服下，这才脸色凝重地缓缓地说：“病人浮肿、虚脱，时有惊悸之象，且有血尿史，这是中了尿毒所致。最可虑的，是他很可能患了肾结石和泌尿系统感染的并发症。”

孙中山沉吟片刻，终于做出了决定：“刚才我给他服下的药，只能减缓症候，治标不治本。这样吧，明天不必送他来了，我到你家走一趟，补做些必要的检查，如有必要，就送去镜湖医院留医，动手术。”

“夜深了，回去好好睡一觉，一切会好起来的。”孙中山俯到病人耳边，柔声安慰着。

听孙中山的意思，好像没提到诊金，老人那颗悬着的心却还没能放下，怕耳朵不灵听漏了。他悄悄地扯扯杨鹤龄的衣角：“孙大夫看一次病，诊金多少？”

杨鹤龄笑笑，竖起两只手指。

老人吃了一惊：“2 元？”

杨鹤龄摇了摇头。

“20 元？”老人连眼睛都睁圆了。

“不，是 2 角钱。”见老人家吓成那个样子，杨鹤龄连忙更正。

“像老人家这样家境的病者，我向来是分文不取的。”当老人家终于抬起头来时，孙中山已经换过一杯热茶，端到他的面前了。……

翌日中午，按着二伯公——这就是人们对那位老人家的称呼——的地址，孙中山在望厦村的一间残旧不堪的房子里，找到了他们爷孙俩。

孙中山举头四顾，在二伯公那空荡荡的破屋里，见不到一件像样的家具，只见墙角斜靠着一根竹杠，地上一堆散发着鱼腥味的粗麻绳。

最令他疑惑不解的是，二伯公这人，虽然形容枯槁，脸上爬满了饱经忧患的皱纹，浑身上下却自然而然地流露出一种书香世家特有的儒雅风度。

"'大道之行也，天下为公。'古仁人之心，何尝不善！可惜难以办到。今天么，咳，更休提了。"说到时下的国计民生，老人只是摇头叹息。

"那又为什么呢？"孙中山热切地问道。

"为什么？豺狼当道，社鼠横行。当今崇尚的，不就是'适者生存，不适者淘汰，优胜劣败，弱肉强食'吗？"

孙中山心头陡然一震。当年，他在西医书院读到达尔文的《物种起源》时，曾觉得它似乎很有道理，对饱受列强欺负的中国，不啻是一记当头棒喝。同时，又模模糊糊地觉得，把生物进化中的一般规律，引申到人类社会中又不尽恰当。到底中华民族的出路在哪儿？终于，他的思路逐渐清晰了：只有推翻帝制，创立民国，才能使中华古国五千年的辉煌历史重放异彩。

在这短短的一瞬间，孙中山重又经历了一遍当年痛苦思索的整个过程！老人那一番话留给他的印象太深刻了。这些话如果出自一位青年学生的口，或许不会引起他这么大的感触。可是，眼前这么一位满腹"子曰诗云"的老人，怎会如此熟悉当时刚传入中国不久的达尔文著作呢？

孙中山问道："二伯公，像您这么一位博古通今的儒者，怎么会流落到这般地步的？莫不是家中发生了什么变故？怎么膝下无儿，只留下这么一个独苗苗孙子？"

二伯公长叹一声，说："老朽一生坎坷，那倒不必说了。文章憎命达，自古皆然。你看屈子、贾生、司马太史，哪一位不是空负补天之才而不得其用的！区区如我辈，又何足道哉！只可惜稚子无知，误交匪人，受骗卖身，沦为'猪仔'[1]，糟糠难熬，媳妇改嫁，这才贻我邓攸之痛啊！"

沉甸甸的灰色天宇，不知从什么时候起，又下起纷纷扬扬的小雨，一股寒意从孙中山心里透发出来。

孙中山慨然说道："二伯公，请放心，你孙子阿成的事就包在我身上。明天，您约同街坊把他送到镜湖医院留医，过几天我给他动手术，把'沙淋'[2]割掉，还您一个健康完好的孙儿。至于诊金、药费，您就不必操心了。"

---

[1] 猪仔，广东人对到外国谋生的契约华工的俗称。

[2] 沙淋，广东人对肾结石病的俗称。

告辞时，孙中山紧握着二伯公枯瘦的手，恳切地说："二伯公，您对这个世界的看法未免太悲观了。时代之所以能够不断进步，是因为有一股凛然正气磅礴其间。古贤人的话不会白说，'天下为公'的理想终究要实现的。"

孙中山把话说得很慢、很轻，但每字每句，都蕴涵着充沛的力量。说到后来，连他自己也难以分清他是在告慰老人呢，还是在鞭策、勉励自己……

其实，当孙中山毅然决定义务做这例手术时，他是深知这并不仅仅关乎一个垂死病者的安危。

那天晚上，在"杨四寇堂"，杨鹤龄就曾担心地提醒他说：

"这里的一些葡籍西医，对你妒嫉得很哩，恨你在镜湖医院主刀，打破了他们在澳门的一统天下；恨你开设中西药局，赠医赠药，抢走了他们的饭碗。听说他们正唆摆澳门当局出面，要限制你的行医哩！"

"医者父母心，但求实现我'救国工作自救人开始'的主张，我又何惧乎区区几个庸医的忌恨。"孙中山记得，那天晚上，他是这样回答挚友善意的提醒的。

是的，无论是镜湖医院院方、少数对孙中山心怀忌恨的葡医，甚至消息灵通的市井小民，对这例手术的关心早已远远超越这例手术本身。孙中山是华人主办的镜湖医院有史以来的第一位西医，这例手术是院方设立西医室后的第一例大手术，当年又正值医院落成20周年的喜庆日子，院方对这例手术的重视程度可想而知。按照中医的传统理论，肾乃五脏之一，是一个十分重要而又充满神秘感的器官。孙中山到底能不能在这禁地上顺利开刀，为全澳门的中国人争一口气呢？

时钟当当地打过9点，整座镜湖医院都笼罩在一片异乎寻常的肃穆中。在这座典型的中国古祠堂式的建筑物里，无论是候诊室、院旁的通道，甚至院门外，都挤满了各种职业、各种服饰、怀着各种心情前来的人。

而在手术室里，那种极度的紧张，简直令空气也停止了流动。孙中山正在做手术前的最后准备，尚未露面。躺在轮床上的患者，已由护士小姐推送到手术室正中。镜湖医院的总理们，远远地环坐在手术台周围。二伯公拼死拼活也要进来，却被老街坊搂住，拦在门外，怕阿成万一有什么好歹，老人家受不了刺激。

突然，通往内室的白门帘无声地抖动了一下，全部的视线立刻朝那儿聚集。门帘掀动处，孙中山身穿白罩衣，戴着大口罩、乳胶手套，径直地走了过来。

迈着稳健的步伐，孙中山走进了手术室。他那沉着的大将风度，具有一种非凡的魅力，使得身材矮敦的他，穿上医生的白大褂后，在旁人眼中，显得修长了许多。那英俊而略带清癯的脸，虽然被大口罩遮掉了大半，明亮的眼睛却更具神采，在手术灯的映照下，显得格外柔和，给人以一种可把生命付托给他的安全感。

在孙中山背后，站着从香港专程赶来、自愿为他当助手的康德黎博士。他们师生俩的关系也真特别，在香港西医书院的课堂上，康德黎是孙逸仙的老师；而在另一方面，康德黎却情不自禁地为自己学生的品格所倾倒。多年以后，康德黎是如此向别人解释的："何以我要这样地到澳门帮这位男儿的忙呢？别的人有为他而战斗、而殉难的，我却为着爱他与教他。他的天性易于吸引人们注意他。随时预备在诊室中或沙场上替他服务：一种不可解释的潜势力，一种吸引人们亲就他的磁性。"

康德黎主动提出给孙中山当助手，一点也不意味着他对孙中山不放心。不，对这位得意门生，他认为是完全可以信赖的。此刻，他要看的是孙中山如何准确、干净利落地下刀。那心情，恰似一位艺术家在欣赏另一位艺术家的精心杰作。

围观者屏气息声，注视着孙中山以极其熟练的手法，剖腹取肾石……直至手术后在创口上缝合了最后一针。

护士小姐把孙中山从病者肾中摘除的结石，用洁白的搪瓷盆盛着，托送到围观的总理们的面前——这枚形如鸡卵的肾石，重一两七钱多！[1]

大喜之下，人们反而有点不知所措。过了好一会儿，才听到从喉咙底

[1] 冯自由：《革命逸史》初集，商务印书馆，第6页。

发出的压抑不住的欢呼。因为怕惊扰病者，总理席上的声音是压得低低的，就像一筐春蚕在咀嚼桑叶。随着总理等人的鱼贯退出，欢呼声一直从手术室扩散到外边来，越传越响。

镜湖医院内的孙中山行医时期的纪念像

杨鹤龄的第一反应便是跑到菜市，斩了半斤烧鹅，买了几样鱼菜，一瓶“玉冰烧”米酒，他要赶回寓所，炒几味拿手的家乡小菜，准备邀孙中山痛饮三杯。

二伯公迷惘了许久，这才猛省起来：孙大夫妙手回春，把阿成肚子里的“沙淋”割掉了，他唯一的亲骨肉得救了！

晚上，在“杨四寇堂”里，孙中山与杨鹤龄端着酒杯，兴致勃勃地谈起日间的那宗手术来。杨鹤龄说：“你到澳门行医，还不到一年，就取得这样出色的成就，可喜可贺。假以时日，一定能够成为一代名医！”

澳门水坑尾杨四寇堂旧址

孙中山认真地说：“我行医一不求名，二不求利，只求救助苍生，实现改造中国的理想。可是，当了一段时间的医生，我才发现，原来医治疾病容易，要想医治人却很难。”

杨鹤龄听得莫名其妙，不禁问道：“医病与医人有什么区别？”

孙中山感慨万端地说：“只要给病人服用对症药物，要治好他的病并不困难。但是，要改变一个人的思想，促使其进步，那就不容易了。”

杨鹤龄恍然大悟，摸着脑袋说：“我明白了，医人是改造国人的大事，也是我们追求的事业，当然很难。”

孙中山仰脸把杯中的酒一饮而尽，沉思了许久，这才接过杨鹤龄的话头说：“我到澳门行医的初衷，本是‘以学堂为鼓吹革命之地，借医术为入世之媒'[1]，可是，怎么样才能真正做到这点，直到此刻，我还在捉摸啊！”

孙中山自担任镜湖医院的义务西医以来，不收酬金，一直在尽心尽力地为贫民治病，令他意想不到的是，正是由于他在事业上的巨大成功，为他带来了与医疗业务无关的极大的困扰。

1893年12月9日的《镜海丛报》刊出一篇如下的新闻报道：

“孙逸仙入镜湖后，‘自筹经费，开创西医局，益人甚多。初每日街症百余人，后以经费不多，则限赠五十人之药，又遇有大症，则收入院内医治’。然该院医生值理均颇为妒忌孙逸仙的医术，西药局只好停办。”

这也就是说，由于狭隘的“门户之见”，孙中山在镜湖医院的成功，惹得中医们不高兴了。

这仅是麻烦的开始。半年以后，孙中山遇到更大的挫折。其原因，仍然是因为医术精良，有口皆碑，连当地的葡萄牙人也纷纷前往求治，于是，业务大受影响的葡萄牙医生坐不住了，他们记起葡萄牙和英国两国之间是互不承认学历的，因而澳门法律中有那么一条：“凡行医于葡境内者，必须持有葡国文凭。”葡籍医生抓住这一点不断向当局投拆，结果，澳葡政府先是颁令不许孙中山在澳门行医，继而饬令药房不得为之配合。[2]这就在实际上剥夺孙中山作为医生的行医权利了。

1893年9月26日，《镜海丛报》刊出一则这样的“声明告白”：

“启者，本医生晋省有事，所有中西药局事务，统交陈孔屏兄代理，一切出入银两揭借汇兑等件，陈孔屏兄签名即算为实，

[1] 笔者按：“以家堂为鼓吹革命之地，借医术为入世之媒”这句话，是孙中山在《建国方略》的第八章《有志竟成》中以回顾方式总结当年宏愿时说的。实际上，孙中山是在广州重阳节起义失败后逃亡日本后才开始从日文中引进“革命”一词的。为叙述方便，下文在类似场合中，仍使用“革命”一词。见于《镜海丛报》1893年12月9日刊出的《照译西论》。

[2] 冯自由：《革命逸史》初集，第10页。

别无异言。

光绪十九年八月十六日，孙逸仙谨启”

从1892年9月孙中山受聘镜湖医院，到该“声明”刊出之日，孙中山在澳门行医的时间恰好整整一年。行医的时间虽只有一年，但澳门仍给孙中山留下深刻的印象。1896年10月，孙中山在用英文写的《伦敦被难记》一书中，这样提及寓居澳门的日子：

“时在西历一千八百九十二年，余人卜居于珠江口之澳门，以医为业。”“予既居澳门，澳门中国医局之华董，所以提携而嘘拂之者，无所不至，除给予医室及病房外，更为予购置药材及器械于伦敦。此事有大可注意者一端，则自中国有医局以来，其主事官绅，对于西医从来未有正式的提倡，有之，自澳门始。”[1]

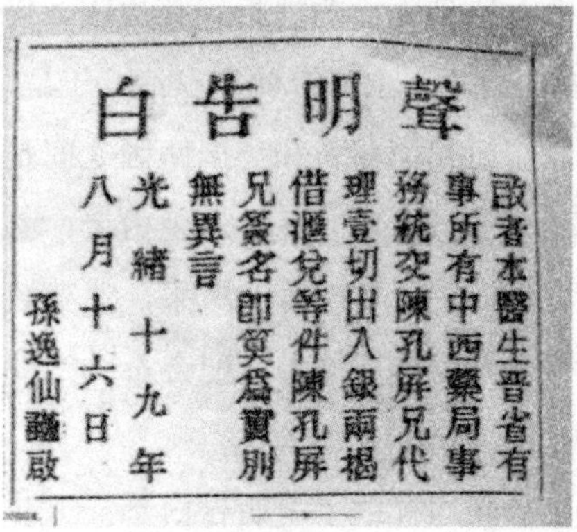
聲明告白

啟者本醫生晉省有事所有中西藥局事務統交陳孔屏兄代理壹切出入銀両揭借滙兑等件陳孔屏兄簽名卽算爲實別無異言

光緒十九年八月十六日

孫逸仙謹啟

孙中山在镜海丛报刊登的声明

离开澳门后，孙中山改赴广州行医，并把中西药局搬到医务所林立、有“医生街”之称的广州洗基[2]，易名“东西药局”。

冯自由在《革命逸史》中有此一说：

“居澳半载，时欲物色热心同志如郑士良、陈少白其人者，杳不可得。只有同邑人陆皓东、杨鹤龄、杨心如等数人往来石岐、香港、澳门间，相与畅谈时政，余人皆不敢引为知己，因之遂有易地广州另创门面之意。适是时当地葡医因总理医业兴盛，大招所忌，遽提出禁止外籍医生在澳门操业之议。总理早认澳门一地不能为

[1] 《伦敦被难记》，载《孙中山文粹》，广东人民出版社，1996年10月版，第33页。
[2] 今称十八甫南路。

政治之活动，乃乘机收束中西药局而移于广州。”[1]

到广州后，由于医术精良，还有刘学询等上层人士为之推介，时隔不久，孙中山即已声名大噪，成为广东最负盛名的西医。

当时，孙中山在东西药局的应诊时间为：上午 10 时至 12 时为赠医时间；下午出诊，诊金随意。若遇难产、服毒急症，无论贫富，一有邀请，马上赶到。开业不久，广州的官绅和老百姓，已经没有谁不知道“孙逸仙医师”的大名了。

越是多与病人接触，对民间疾苦的了解越是深透。

1897 年，孙中山曾对英国记者柯林斯谈起他在广州接触的一个案例：

数年前有某病人来向我求医。他说他的膝盖和脚踝僵硬难当。我对他进行诊视时，发觉他从肩到肘，自臀到膝，四肢伤痕累累。我问他，关节如何变僵，伤痕从何而来，他回答说：“曾被诬为海盗，后虽无罪释放，但在审讯过程中，三次已被死神唤，结果又让活下来。”让他活下来，目的是为能对他继续严刑逼供。

要治好这种早已僵化的关节，看来是无望了。但该病人的病例和他的故事却深深地吸引着我，使我继续为他进行护理了一段时候，以便我深切了解他曾受过的酷刑，对他身体会起什么影响，以及听全他的故事。这个故事，我现在就在本文复述一遍，让读者能了解到在中国，执“法”究竟是怎么回事。无辜被控者，又能惹来怎样的无妄之灾。

我发觉，该病人双脚所有的关节，不是肿大了就是变了形。有些踝骨已经完全黏结成一块。膝骨组织则已肿大到了或黏结成了不能个别辨认的程度。如果在一个终于无罪获释者的身上，能留下如此触目惊心的伤痕的话，这个审讯又是怎么回事？

该病人是个船夫。某天清晨，他在河边走路时，突然遇到一

[1] 冯自由：《革命逸史》第 4 集，第 72—73 页。

队兵勇，该队兵勇不由分说，便把他拉到新会县令那里受审。受审时，他还来不及开口，屁股已挨了两百大板。跟着县官命他从实招供。招认什么呢？他如坠五里雾中。

县官喝道："大胆海贼，还不招供！"

答曰："小人乃一介船夫，从未为贼，也从未有过丝毫越轨行为。"

"嘿！"县官说："不招认就让他跪铁链！"

船夫双手被锁在木枷上。双膝被迫跪在两卷尖利的铁锚上，整个身体和木枷的重量就积压着双膝。跪了一夜另半天，再被带到县官面前。

县官问："受够了没有？招认不招认？"

答曰："小人从未犯法，从何招认？"

县官说："他所受的仍不足以令其招供，给他压杠杆！"

这样，船夫双手再次被上枷。双膝被平放在地上，膝上压以一条杠杆：两名大汉各站在杠杆一头，你上我下、我上你下地颤跷跷；船夫剧痛得马上失去知觉，也不知道那跷跷究竟玩了多长时间；恢复知觉后再被关在牢里十天。稍事喘息后，又被带到县官面前审讯：结果仍不得要领。

县官再换一种严刑逼供。船夫的双手被吊起来。足踝即遭板球棒般的硬棍敲打，以致每根踝骨都被打碎。受刑过程中，船夫并未失去知觉，但奇痛难当。致使他虽然准备自诬，以便结束这场煎熬。但已痛得口舌不灵。结果又被关进牢里十多天。

再被审讯时，县官似乎比以往更留心审问，多问了些问题，而不马上动刑。但阶下囚仍然照实供称他只不过是一介船夫。并声称自己是"老街坊"，人尽皆知其品性良好。

但县官不单止不召来人证，反而下令绑着船夫的大拇指和大脚趾，然后把他吊起来，面朝下。他本来已筋疲力尽。这么一吊，悬空之间立刻不省人事。如此这般，又避过一次逼供。但次晨，在牢中恢复知觉时，已虚弱不堪。

休审三周。县官估计船夫已恢复得可以承受最后一次审问。于是船夫再次被带到公堂——不，应该说是地狱。这次县官也不多说，只是厉声警告船夫，促他赶快招供。船夫仍拒绝自诬。结果“地狱的程序”又开始了，四根“柴枝”（我的病人如此称呼它们的）被绑在船夫的手臂和大腿上，然后就点上火，让它们燃烧。

我应该补充说，这些所谓“柴枝”，其实是由压缩的锯木屑、木炭碎和其他材料做成的锥形物品。点燃后，烧得很慢，却发出炽热，燃尽方息。能抵受这种酷刑者，万中无一。故不供认者鲜有。但很奇怪，他似乎难受得马上又失去知觉。对那漫长的剧痛一无所觉，再次逃过一场逼供。

酷刑徒劳，县官不得已把他释放了。因为，在中国，如果嫌疑犯不认罪，官方是不能判刑的。加上船夫是名穷光蛋，酷刑也榨不出任何油水来，如果长期把他监禁，又太破费，干脆把他逐出衙门算了。[1]

一宗宗就发生在身边的活生生的案例，不断地加深着孙中山对清政府的憎恨。

但在另一方面，由于不断有达官贵人请他出诊的缘故，在此期间，孙中山又得以经常出入衙门官署，连门卫都认识他，因而出入无阻。

就这样，孙中山通过行医赠诊，认识了社会下层群众，结识会党人物，联络革命同志，还得到了随意出入衙门官署的机会，为他日后在广州发动的重阳节起义提供了极大方便。

1894年2月27日，广州《中西日报》刊出一则如下的《东西药局启事》：

“敬启者：本局敦请大医生孙逸仙来省济世，旧岁底因事返澳度年，今已由澳回省，谨择于月之初十日开办。所有赠医出轿规定，一律如前。每日十点钟至十二点钟在局赠诊，不受分文，

[1] 原文为英文，中译本刊于黄彦所编的《孙文选集》中册，广东人民出版社2006年11月版，第94-104页。

以惠贫乏。求医者，须在十点钟前来局挂号。午后出外诊症，西关收轿金一元，城内南关、西门、河南等处轿金二元，早轿加倍，谢步随意致送。凡延诊者，预早到局挂号。先生素以济人利物为心，若有意外与夫难产、服毒等症，报明危急，无论贫富俱可立时邀致设法施救。幸毋观望，以免贻误。

此布

洗基东西药局谨启”

《启事》说他“旧岁底因事返澳度年”，其实，这期间，孙中山虽也回过澳门一次，但是停留的时间并不长。他真正的去处，是回到翠亨村老家起草“上书李鸿章”的草稿。在此期间，为了维持药局正常业务，他特地请来他的国文老师区凤墀的女婿尹文楷助理诊务，并在报上刊登题为《杏林的双帜》的广告：

“本东西药局，自敦请孙医生逸仙来省济世以来，甚著成效，以故四乡延聘，日不暇给，本城求诊者反觉向隅，今特请尹医生文楷来局合办。”“尹君与孙君并驾齐驱，皆称国手，久为中外所闻矣。”[1]

广州东西药局旧址今貌

广告刊出后，求医的人更多了，为了适应医务发展需要，孙中山又在双门底的圣教书楼[2]开设了一间支店。

孙中山的医术、医德，深受各界称颂。1893年，

[1] 陈华新：《东西药局行医》，载《孙中山在广州》（广州文史第50辑），第4—5页。
[2] 今北京路白沙巷口。

有个牙病患者叫武泌，数处投医，医治数月均告无效，找孙中山医治后，很快便药到病除。治疗期间，孙中山不仅不收他的诊金，还拒受礼物。武泌感激之余，在广州《中西日报》刊登了一则如下的致谢广告：

“孙逸仙先生学宗孔孟，业绍岐黄，合卢扁而擅专门，内治与外施并美；统中西而探奥旨，针砭并刀割兼长。其平生医学精纯，业经大绅诸公合词称颂，登诸岭南诸报矣。余也不敏，质朴无文，偶罹牙齿之灾，竟彻晨宵之痛，疾俨不伸之指，秦楚寻医，患同如捣之心，星霜屡易。诸医罔效，累月经时，幸遇先生略施小技，刀圭调合，著手成春，数月病源，一朝顿失。复荷先生济世为怀，轻财重义，药金不受，礼物仍辞。耿耿私心，无以图报。谨将颠末，爰录报端，用志不忘，聊摅微悃，不特见先生医学之良，抑以表先生人品之雅云尔。

武泌谨启”

其后，孙中山还在家乡香山的县城石岐，向南朗人程北海[1]的生草药店分租一半铺面，再开一间东西药局支店，仍名中西药局，址设石岐西门口，即今天石岐孙文西路 47 号。所售西药有发冷丸、癣皮肤水、拔毒生肌膏、立止牙痛水等，包装纸上均印有“孙逸仙博士监制”字样。

关于石岐中西药局，追随孙中山革命多年的王棠[2]在《回忆录》有此一说：

“余童龄时，四岁，父亲藻廷赴美经商，赖母亲黄氏在家教养。七岁起即在石岐私塾读书，次年，即光绪廿六年（1900 年），余祖母之弟设私塾于白水井巷程北海君住宅之前厅，余就读于该宅，与程北海之五女、八女、七子同学。程北海之一妻一妾待余如自

[1] 程北海，南朗人，孙中山在翠亨村读书时的业师程君海的弟弟。

[2] 王棠（1890—1952），中山张家边宫花人，在美国由孙中山介绍加入同盟会，曾任孙中山大元帅府工兵局筹备委员，1923 年任香山县长。

1920年代石岐学生游行队伍，照片最右端可见中西药局招牌

己的子侄，暇辄到程家，内进与程氏子女嬉戏。一日，程氏有一友到访，相与谈天，谈到孙先生出走问题，余适因感冒，舅公着余在偏间休息。偏间与程氏内室相隔只一幅屏门，程氏不知余卧在屏门侧之椅。程氏与友人谈：孙先生因犯作反嫌疑，亟拟推翻光绪皇帝，离开石岐赴香港，孙先生所开设之中西药局双扉严扣，无人主持。程氏原在该局门外经营买卖旧料什架生意，以多日未见开门营业，乃冒险启门入内将店中杂物捡妥。一边铺面兼营旧料生意，一边铺面则照旧营药品生意，拟候孙先生回来主持，尽宾主关系交还与他。但孙先生去了多时未见消息，亦无音讯，而且其手制之药品多已售罄，幸留下药方程氏照方配购原料补充应市。……”[1]

石岐坊间，至今流传孙中山的行医故事两则：

其一：孙中山散步郊外，见一农民病死榻上，妻子正在痛哭。孙中山上前看过后，说：“此人窒息而死，该有救。快把病者抬来我医馆！”经过孙中山的诊治，病者苏醒。

其二：孙中山见日升银铺的徐老板脸色极差，对他说：“你患盗汗症，

[1] 按：孙中山病逝后，国民党中央委员会追谥他为“国父”，又为纪念他而下令将香山县改为中山县。此时，店所在的迎恩街已辟成大马路，称为孙文西路，程氏父子继续“中西药局”，还漆写大字“国父首创”作市招。

心脏很弱，宜早治。”徐翁服药数日后痊愈。某次，孙中山与徐老板在来往广州与石岐的花尾渡上不期而遇，孙中山兴之所至，不由得抓紧机会向徐老板宣传革命的道理：“要救国，非排满不可。”徐老板是个生意人，听孙中山这么一说，顿时惊慌地四下张望，而后小声问道：“说这些，你不怕杀头吗？”孙中山搂着徐老板的肩膀，神色凝重地回答说：“你总听说过革命党吧？他们是为了推翻满清才起来革命的。我赞成他们的举动。革命的确可能导致杀头，若是人人都顾惜自己的头颅，不敢起来造反，那鞑子皇帝不是要永远骑在我们的头上吗？革命者不能怕杀头，怕杀头就不是革命者了。”一番大义凛然的话，听得徐老板有如醍醐灌顶，敬仰万分。他虽是个怕事的老实人，但在此后，每当听到孙中山发动起义的消息，都不由得在心中默祷“祝你成功”！

第八章　医国事业

香港西医书院毕业后，仅仅一年多一点，孙中山已成为驰名粤澳的著名西医，行医一年，收入高达 1 万元！[1] 但是，萦绕于心的，依然是当年立下的宏愿："以学堂为鼓吹革命之地，借医术为入世之媒。"

1895 年广州起义失败后，母亲杨氏曾经劝告孙中山说："革命的目的在救人，行医目的也在救人，何必东奔西跑。"

站在一旁的孙眉立刻代弟弟回答："行医只能救少数人，革命则能救多数人，吾弟奔走革命多年，应始终一贯，岂可轻易变更，前功尽弃！"[2]

孙眉的回答，正好说出了孙中山心中想说的话。

早在孙中山应邀到镜湖医院担任西医前，杨鹤龄已从香港迁回澳门水坑尾 14 号居住。"四大寇"的聚会地点随之迁到水坑尾的"杨四寇堂"，陈少白和尢列两人只要有空，依然常从香港前来聚会。

以下的传说，是从"革命同志"内部传出来的[3]——

据说，在澳门的某次聚会中，孙中山、陈少白、尢列、杨鹤龄四人谈到了梦境、风水、龙穴和皇帝。孙中山发现，4 人当中，最少有两个人是主张保留"帝制"的，他们虽然"反清"，但只反对满人当皇帝，并不反对汉人，尤其是"自己人"当皇帝。

孙中山感慨万分：国人受封建君主专制的荼毒实在太久了，总是不由

[1]《孙中山生平史料》，第 1 页。转引自李凡：《孙中山全传》，北京出版社 1996 年 3 月版，第 29 页。

[2] 冯自由：《革命逸史》，中华书局，第 10 页。

[3] 高良佐：《孙中山先生传》，甘肃人民出版社 2006 年版，50—51 页。

自主地认同“皇帝”就是“天子”，认同由皇子皇孙一代代传下去是上天的安排，心甘情愿地接受皇权统治。他们的唯一希望，就是希望遇上好皇帝、遇上清官，直到被暴政欺压得活不下去了，才愤怒地指斥皇帝为“独夫”“民贼”，起来造反，把皇帝推翻，然后又心安理得地让新王朝的皇帝一代一代传下去。

孙中山觉得不能不开口了：

“就中国历史讲，每换一个朝代，都有战争。比方秦始皇专制，人民都反对他，后来陈涉、吴广起义，各省都响应，那本是民权的风潮，到了刘邦、项羽出来，便发生楚汉相争。刘邦、项羽争什么呢？他们就是争皇帝。汉唐以来，没有一朝不是争皇帝的。中国历史常是一治一乱，当乱的时候，总是争皇帝。”

他还以洪秀全和“太平天国”的历史教训，阐明封建君主专制的害处：

“第一是杨秀清和洪秀全争权，洪秀全既做了皇帝，杨秀清也想做皇帝。杨秀清当初带到南京的基本军队有六七十万精兵，因为发生争皇帝的内乱，韦昌辉便杀了杨秀清，消灭他的军队。韦昌辉把杨秀清杀了之后，也专横起来，又和洪秀全争权，后来大家把韦昌辉消灭。当时石达开听见南京发生了内乱，便从江西赶进南京，想去排解。后来见事无可为，并且自己也被人猜疑，都说他也想做皇帝，他就逃出南京，把军队带到四川。不久也被清兵消灭。因为当时洪秀全、杨秀清争皇帝做，所以太平天国的洪秀全、杨秀清、韦昌辉、石达开，那四部分的基本军队，都完全消灭，太平天国的势力便由此大衰。推究太平天国势力之所以衰弱的原因，根本上是由于杨秀清想做皇帝一念之错。”

孙中山恳切地说：“小时候，我是赞成洪秀全的，做梦也想当‘洪秀全第二’。但现在我已知道，洪秀全是救不了中国的。革命的目的，是解除人民痛苦，如果为争皇帝而造反，最终必将演变成人民的祸害！现在还没有真的造反，我们当中，已经两个人有了帝王思想，将来演变的结果，一定不出两种：一是同志打同志，二是本国人打本国人，年年月月相争相斗，对人民的祸害，便没有止境。因此，要想救中国，只有一条出路，那就是像欧美那样实现‘共和’！”

以上引用的话，是从孙中山在民国十三年演讲三民主义的讲话中摘抄出来的[1]。如果“四大寇”之间，当年确曾有过这番争论的话，孙中山一定会这么说。

只在朋友之间打嘴巴仗，当然推翻不了清朝。要推翻封建专制制度，还是郑士良说得实在，必须有组织、有舆论、有可以依靠的力量。

在澳门，孙中山的可依靠力量之一，就是他的葡籍朋友飞南第（1863—1923）。

法连斯哥·飞南第（Francisce H.Ferlldes）是位土生葡人，先辈在澳门已经居住了好几代。他出生在澳门，会讲粤语，原来在香港法院里当翻译。孙中山在中法战争时期，曾经介入香港工人拒修法国军舰的罢工事件；在西医书院学医时，还曾在实验室里试制炸药。这类激进行为，不免为他惹来法律纠纷。孙中山就是在法院里认识飞南第的，两人还成了好朋友。孙中山到澳门行医时，飞南第已离开香港，回到澳门继承祖业，在下环街3号祖居旁经营一家印刷店。知己重逢，特别高兴，来往更加稠密。1893年春，孙中山为取得合法的行医执照，也曾委托飞南第代为申请，但澳葡政府以孙中山不持有葡国文凭而拒绝了。孙中山离开澳门前，把在澳门行医时的用品，例如碗碟、医疗器皿之类赠送给他。这些孙中山遗物，后来由飞南第的妹妹送还孙中山的元配夫人卢慕贞，部分陈列在澳门文第士街1号的卢夫人故居——“国父纪念馆”里。

孙中山与飞南第的友谊，更多地表现在共同创办《镜海丛报》上。

到澳门行医后，孙中山深感“医术救人”所济有限，国难未已，医

[1]《有志竟成》，载《孙中山全集》。

病不如医人，医人不如医国。为此，他决定创办一份报纸，来宣传他的救国主张。孙中山的想法得到飞南第的支持，两人合伙办起了《镜海丛报》，飞南第是唯一的股东，孙中山则主理编务。

《镜海丛报》是在1893年7月18日创办的，葡汉双语报《澳门回声报——政治、文学及新闻报》(Echo Macaellse)的创刊号也于同日出版。[1]

《镜海丛报》是澳门的第一家宣传民主思想的报纸，在全国范围内，它也是最早的报纸之一。这是一份16开的6页铅印报，内容大致分为三部份：一为“论说”(即社论)，二为新闻，三为广告。新闻又分四类，包括刊登国内外新闻的“中外报”，广东省和香港新闻的“省港报”，澳门及香山新闻的“本澳新闻”，还选登各省辕报、上谕、京抄奏报、文武升迁消息。此外，还刊登了一些诗词佳作，相当于今天报纸的副刊。

《镜海丛报》创刊后，不仅大量刊登与孙中山医务活动相关的新闻和广告，更重要的是，为了针砭时政，宣传民主，孙中山还亲自执笔为它撰稿。有人说，《镜海丛报》上那些署名“黔上味之生”的社论，作者就是孙中山本人；许多夹叙夹议的新闻报道，也出自孙中山之手[2]，不过，到目前为止，此说还只是一说，尚欠令人信服的物证。

《镜海丛报》观点鲜明，内容充实，风格新颖，创刊后，很快便风靡一时，远销中外各地，仅“代派纸之处”就有17个，包括氹仔、湾仔、前山、石岐、省城(即广州)、佛山、香港、新加坡、福州、厦门、上海、北京、横滨、小吕宋、旧金山、大西洋(即葡萄牙)、地扪埠(即东帝汶)。孙中山在澳门的“中西药局”、在石岐的“中西药局”和在广州的“省城双门底圣教书楼”，以及孙中山在香港就学时经常读书的地方“香港文武庙直街文裕堂”，都是《镜海丛报》的“代派纸之处”，由此可见孙中山与《镜海丛报》的密切关系。

孙中山志向远大，眼光开阔，虽然早就意识到“医术救人所济有限……。吾国人民之艰苦，皆不良之政治为之。若救国救人，非锄去恶劣

[1] 飞南第的好友诺巴特(曾任澳门氹仔市政厅官员)的后人劳拉·诺巴特在1986年11月在里斯本接受《光明日报》记者访问时，证实了这一点。

[2] 参阅中新社澳门10月9日电《濠江漫话：孙中山与澳门土生葡人的情谊》。

政府不可”[1]，但并没有把“锄去恶劣政府”与“改善不良政治”对立起来。早在1890年，也就是他在香港西医书院读书的第三年，他便在总结当年在家乡翠亨村做改革村政试验的基础上，加上近年的思索，动笔给因病告休在家的香山籍著名外交家郑藻如写信。

那天，孙中山正在伏案疾书，陈少白走了进来。粗略看过一遍后，陈少白显然有点吃惊：“你怎么会想到给这位前辈写信的？”

孙逸仙回答说：“现在我们总在谈‘反清’，一无兵，二无武器，怎么反？看来，通过‘上书’寻求政治改良还是值得一试的。前年康有为给光绪皇帝上书，虽然不知道最终是否打动皇帝，至少在社会上造成了不小的影响。所以，我也想通过上书，告诉家乡的乡贤们，家乡也是有许多问题需要改革的。”

陈少白再问：“你认为这位七老八十的老先生真能给你帮助？”

“郑藻如[2]是我们的香山乡亲，曾任天津海关的道台和江南制造总局的总理，而且曾到花旗国做过驻外大臣，为海外侨胞办过不少实事。4年前退休回家乡养病，在乡间也曾倡行过一些改良措施。[3]我想，如果能把我的意见整理成篇，送到他那里去，他应会理解我的建议，并把它推荐给官府的。”

陈少白仍然疑惑：“想法好是好，但不知那位郑大人会否如你所愿。”

“不管是否有用，总得试试才有结果！”

“但是，你真有把握能把信送到他手上？”

“这倒是个难题。”

要找郑藻如居处其实不难，孙中山的老家翠亨村与郑藻如所隐居的濠头乡相距并不远，但是，未经通传就冒昧地擅敲长者大门，那总有点不妥吧？

幸而此时正好遇上陆皓东请假回乡结婚。陆皓东的父亲陆晓帆逝世前原在上海经商，与郑观应来往甚密，因而陆皓东从小就与郑观应相识，并

[1] 孙中山：《在广州岭南学堂的演说》，载《孙中山全集》第二卷，第359页。

[2] 郑藻如（1824—1894），香山县濠头乡人。官至光禄寺卿，李鸿章委以江南制造总局总理的重任，其后以三品官衔大臣出使多国，多番为海外侨胞争取在居住国的正当权益，是中国近代著名的外交家。

[3] 《香山县志续编》称，郑藻如“以邑中蚕桑棉茶之利薄，购种散给居民，教以饲畜种种诸法。本邑之有实业，藻如称先导焉”。

为郑观应所器重。陆皓东南下完婚时，郑观应正在广州养病，郑藻如也在香山家居休养。为此，陆皓东自告奋勇牵线，先把孙中山介绍给郑观应，再请郑观应写信给郑藻如打招呼，此时，郑观应的《盛世危言》正在请郑藻如订正。种种因素，令郑藻如无法拒绝孙中山的造访，孙中山这才得以名正言顺地登门拜访。[1]

在这封经过反复斟酌后写成的信中，孙中山称郑藻如“台驾为一邑物望所归，闻于乡间，无善不举”。继而提出兴农桑、禁鸦片、办教育等三项建议。他在信中强调：以上这三件事，看起来是小事，其实与国计民生关系极大，如能切实执行并收到效果，必有更多的地方群起仿效，一倡百和。利由此兴，害因此除，人才也将由此辈出，那就不仅是香山一县的幸事，而是我们国家的幸事了。

孙中山原是希望德高望重的郑藻如出面支持，向官府和邑民推荐他的建议的。但此时的郑藻如的健康状况已经很差，再也顾不上身外事了。在短暂的会面中，郑藻如热情地招呼这位素未谋面的年青医生，却明显地令人感到精力不佳，寒暄几句，还未细听解释，便把手淡淡一挥，说：“把信搁在桌上吧，等我精神好一点时再拜读。”言谈间，竟似有送客之意。

孙中山回香港后等了许久，依然没见回音。他明白，郑藻如纵然有心，此刻也已无力了。为让更多的人读到他的意见，孙中山于 1892 年把信送

郑藻如（1824—1894）

70 岁时的郑观应（1842—1921）

[1] 吴相湘：《孙逸仙先生传》，第 78 页。转引自茅宾琦等：《孙中山评传》，第 85 页。

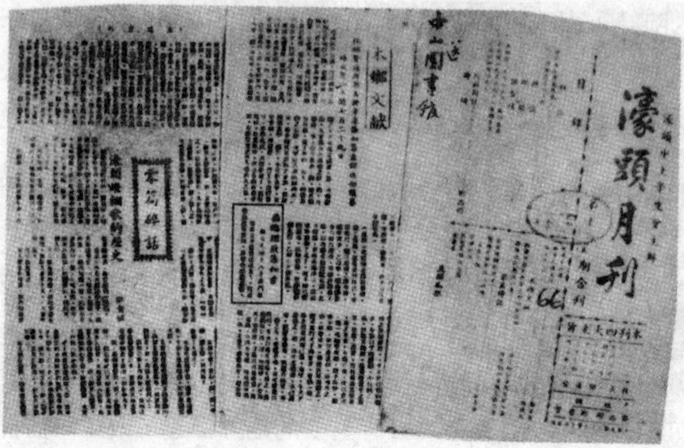
濠頭月刊

1947 年 10 月的《濠头月刊》全文刊出孙中山的《致郑藻如书》

到澳门，在报上公开发表了。于是，这篇题为《致郑藻如书》的公开信，就成了我们今天能够读到的《孙中山全集》中的第一篇政论文章。[1]

《致郑藻如书》没有下文，但是，孙中山却由此与比他年长 24 岁的郑观应成了忘年交[2]，这倒是个意外收获。

在陆皓东介绍认识以前，郑观应没见过孙中山，但最低限度总知道“孙翠溪”就是澳门鼎鼎大名的西医孙中山。

1892 年春，孙中山曾以孙翠溪为笔名，发表了一篇名为《农功》的论文。在那篇论文里，孙中山提出，要发展农业，必须“参仿西法，以复古初”，进而实现农业近代化。措施主要有三条，一是设农官，兴农政；二是学习西方农业科技，采用机器耕作；三是设农艺博览会，推广农业科技。

当读到这篇堪称发展近代化农业的纲领性文件时，郑观应不禁拍案叫绝。那时，他蛰居澳门 10 年编撰的《盛世危言》已经脱稿，但对农业的阐述，总觉还没说到位，因而，一见这篇文章，立刻想到应该把它收辑到书中。郑观应是一位治学严谨的学者，自然不肯掠人之美，因而在将此文稍加润色、编进书中时，特意在《农功篇》的文章末尾，加上“今吾邑孙翠溪西

[1] 孙中山：《致郑藻如书》，载《孙中山全集》第一卷，第 1 页。在澳门报纸发表的日期为 1892 年。

[2] 据郑观应第三子郑润燊转述他父亲的回忆：“孙中山至少两次到过澳门的郑慎余堂。”《郑观应年谱长编》上册，第 348 页：从 1893 年 5 月底至 9 月 8 日，孙、郑二人同在澳门时间超过 3 个月，至少会面两次。

医颇留心植物之理”的字样。

不过，到孙中山与郑观应在澳门龙头左巷郑慎余堂初次见面时，已经是 1893 年 5 月底，孙中山到澳门行医后将近 3 个月了。为什么直到此刻才相见？那是因为自《盛世危言》完成初稿后，为了忙于书的印刷、发行，郑观应不在上海就在广州，直到这时才回到澳门小住。那时，《盛世危言》的初刊本已经付梓，新著《中外卫生要旨》也已接近完成。在这部书中，郑观应从西方医学卫生的角度，阐明自己的养生观念，“卫生”这个刚从外文翻译过来的词语，第一次经他笔下写进国内出版的中文书刊中。不过，郑观应本人深知，虽然自己研究中医素有心得，但对西方医学所知有限，因而孙中山的登门令他特别高兴，坐下不久，便拿出文稿请孙中山修改订正。礼尚往来，孙中山也把他自己根据中医原理首创的“四物汤”的药方拿出来请郑观应参详。

“四物汤”本是中医补血、养血的药方，主要由当归、川芎、芍药、生地四味药组成。孙中山根据国人的饮食习惯，以四种素食为原料，搭配成新的“四物汤”。新的“四物汤”由黄花、木耳、豆腐、豆芽四种食物组成，是他在研究饮食营养后研发的新的饮食营养药方。

在“杨四寇堂”，陈少白等人曾问他此方的妙处。孙中山回答说：“黄花菜又名金针、萱草，含有丰富的铁、纤维素和维生素 A，具有利尿、凉血等功效，可以治水肿、沙淋、衄血、便血等症，又能健胃、补脾、通便。木耳则富含蛋白质和多种维生素及钙、磷、铁等物质，具有养血、活血、收敛等作用，是血痢、痔疮等患者良好的食品。豆腐与豆芽是我国发明的豆制品，具有营养丰富、价廉物美的特点，不仅完全保留了大豆中所含的蛋白质、脂肪、维生素等营养成分，而且更容易被人体所吸收。”

郑观应是懂得中医的，对孙中山所列举的这四种汤料的药性，自然了如指掌，但对如此搭配，仍觉颇为新鲜。

两人从 5 月底到 9 月的几次会面，就是这样一会儿谈时政、一会儿谈医学，伴着一盏清茶度过，其乐融融。

转眼又是一年，孙中山转赴广州行医，郑观应也回到了上海。在这段日子里，孙中山忙于联系革命同志，每天的行医时间只有一两个小时，奔走革命的时间反倒多达7—8个小时。[1]郑观应则微服巡视长江各口岸，了解各分局利弊，其后再巡视汕头、厦门、福州、浙江、天津各分局。中日甲午战争前夕，郑观应上书清廷，指出日本人即将偷袭清军。开战后，又多次上书提请防备日本奸细，采取不准日本人使用电报密码等措施，并将招商局的部分船只拨作军用。日军攻占东北后，又将招商局的轮船“明卖暗托”于德、英等国洋行，挂外国旗照常行驶。——两人都这样忙，兼且分隔两地，自然再没有联系了。

1893年12月，孙中山突然决定“北游京津”。他在报上登了个“旧岁底因事返澳度年……”的广告，把东西药局的业务交给伙计打理，医务工作则交由尹文楷负责，一声不响就回到翠亨村老家。

翠亨村的初冬之夜特别宁静。在孙宅二楼的书房里，孙中山和陆皓东并排躺在铁床上，双手交搭在脑后作枕，有一句没一句地聊天。

孙中山吁了一口长气：“花了几天几夜，总算把文稿整理出来了。”

陆皓东突然翻身坐了起来：“我真不明白，上回给郑藻如写信，落了个空，怎么现在还要给李鸿章写信？”

孙中山解释说：“那也不能怪郑藻如。老先生连走路也是气喘吁吁、颤巍巍的，怎么能指望他为我们的事情里里外外地奔走！”

“把信送到北京，你能肯定李鸿章会收下我们的信，并且做出答复？”

“不一定。但至少，我们是努力过了。”

陆皓东再次问道：“有那么多的权臣大员，为什么选择上书李鸿章。中法战争那时，你不是痛骂他昏愦误国吗？”

孙中山叹了一口气:“那时，我是狠狠地骂过他，他确实表现得很窝囊。可是，放眼当今中国，在权臣当中，除他以外，还有谁比他有更大的权力、有更强烈的富国强兵之心！权力这东西，可以作恶，也可以为善啊！”

说到这里，孙中山望了似有异议的陆皓东一眼，大有深意地往下说:“这

[1] 孙中山：《非学问无以建设——在广州岭南学堂的演讲稿》。

次进京，我是希望以一介平民的身份，向一位素称‘开明’的朝廷重臣表达意见。告诉你吧，在香港西医书院举行毕业典礼那天，康德黎老师那番话，我至今还记在心里。那天，康德黎老师不仅盛赞李鸿章‘信仰科学’，还把他称为‘中国之俾斯麦’，若是他能够做到从善如流，真心实意地‘恢扩宏图，勤求远略，仿行西法以筹自强’，未必不能干出一番震惊世界的大事！”

陆皓东边听边摇头：“大清帝国已如日薄西山，无药可治了。我就不信他们愿意服下你开的这帖药！”

“我是主张以武力推翻清朝的。但是，救国何必拘泥形式。若是清政府勇于改过，给它一个自赎的机会有何不可？”说到这里，孙中山加重了语气：“采取暴力手段只是万不得已的方法，虽说可以改朝换代，但那将给国计民生造成多大的破坏！我选择‘上书’，正是为了把‘变革’对国家造成的震荡和伤害缩减到最小！”

陆皓东重又躺下，细细咀嚼孙中山那番极其沉重的话，沉默了许久，这才嘟囔了一句：“这一刻，我倒觉得你有点像康有为了。”

“我像康有为？”孙中山不觉失笑：“我怎会像他！不过，他总算是一位志在改革的爱国之士，我还曾打算结交他呢。他在广州聚徒讲学的万木草堂，与我在双门底圣教书楼的东西药局支店相距甚近，我常见到他到书楼购阅有关西学的翻译书籍，可见他也是位关心西学的人，去年冬天，曾托人告诉他，打算前往拜访，没想到，老先生居然大摆架子，说什么‘孙某要订交，须先具门生帖拜师才可’。我孙某是什么人，他康某又是什么人，我才不把热脸贴到他的冷屁股上去。”

抗风轩的历史照片

孙中山突然兴奋起来，翻身坐起，对陆皓东说：“对了，你还记得我们在抗风轩里谈了些什么吗？”

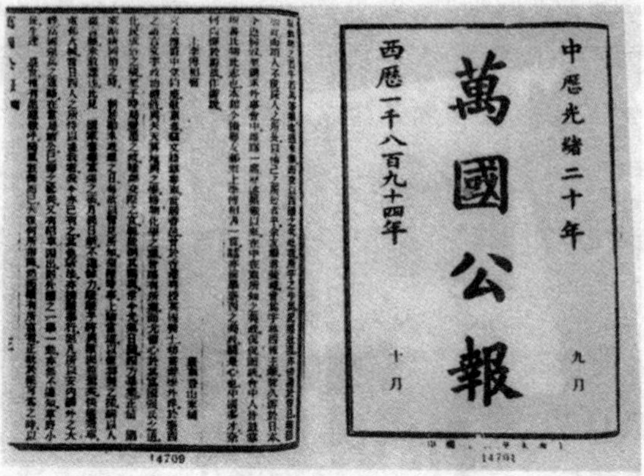

刊于《万国公报》的《上李傅相书》

李鸿章（1823—1901）

说起来，这也是今年初冬发生的事。

抗风轩位于广州文德南路[1]，历来是名人聚会结社之所。明嘉靖年间改建为三忠祠。光绪十三年（1887），两广总督张之洞在广州西村创立广雅书院，翌年，将三忠祠改为广雅书局，抗风轩就是书局内的一幢古色古香的楼宇。该处环境幽静，有利于避开官吏和密探的耳目，用来召开秘密会议再合适不过。能够借得抗风轩开会，全赖九列与广雅书局的特殊关系。那时，九列已从香港回到广州，在广雅书局附设的广东舆图书局里任测绘生，与书局的办事员朝夕相见，因而可以以会友为名借用。孙中山等人常到那里谈古论今，鞭挞时弊。1893 年冬，孙中山、陆皓东、郑士良、九列、程奎光等人再次到这里聚会。在那次聚会中，孙中山提出：应该成立团体，订明宗旨，才能够发动和团结更多的人。这一建议得到与会者的赞同，只因到会人数太少，才把成立团体的事情暂且押后。

在同志中间，陆皓东是思想较为激进的一位，当然记得在聚风轩里谈过的成立团体的事，而且至今仍为当日未能成立团体而感到遗憾。

孙中山安慰他说：“好在我们的努力没有白费，据郑士良回报，他结纳会党，联络防营官兵的事已经有点眉目了。再加把努力，我们就可以有人有枪了。要是‘上书’收不到预期效果，我们就动手干，用武力把清廷推翻！”

[1] 抗风轩遗址在今广州文德南路中山图书南馆内。

在翠亨村这边，孙中山和陆皓东绞尽脑汁起草文稿；在广州那边，陈少白却因孙中山的无故“失踪”而焦急万分。

那天，陈少白还在香港忙自己的事，突然收到一封来自广州的信，信中说：孙先生失踪了！

陈少白连忙赶到广州，发现不仅孙中山杳无踪影，而且东西药局的情况也是糟糕万分。

原来，近月来，孙中山因忙于革命活动，无暇过问店里事务，大小业务全交给店里的两名伙计管理，偏偏所托非人，糊里糊涂地竟把药房的本钱耗光，以致开销都成了问题。陈少白到店时，伙计告诉他，店里的现金只剩10多元了。

陈少白吃了一惊，只得自掏腰包，让药店可以暂时维持下去，等孙中山回来再做处理。药店的事情刚安顿好，又忙着联系好友找孙中山去。忙了好几天，孙中山依然杳无音讯。

又过了几天，眼看就是农历腊月十六（1894年1月22日）了，这才见到孙中山兴冲冲地拿着大卷文稿从外边走进来。陈少白如释重负，连忙趋前迎接，开口便问：“你到底跑到哪里去了？”

孙中山又是打恭，又是作揖，说：“对不起，对不起！”

“到底为什么啊？”陈少白仍在追问。

“你看……”孙中山打开了手中的纸卷。

陈少白忙接过来，惊讶地读出声来：

“宫太傅爵中堂钧座：

敬禀者：窃文籍隶粤东，世居香邑，曾于香港考授英国医士。幼尝游学外洋，于泰西之语言文字，政治礼俗，与夫天算地舆之学，格物化学之理，皆略有所窥；而尤留心于其富国强兵之道，化民成俗之规；至于时局变迁之故，睦邻交际之宜，辄能洞其阃奥。……”

“离开广州那么多时日，就是为了给李鸿章上书？”这可真把陈少白给闹糊涂了。

“这事我以后再慢慢给你解释，现在找你，只为一件事：替我修改一下吧，我的大才子？”

陈少白只好说声“遵命”，把纸卷接了过来。

当晚，陈少白展开文稿细读，觉得写得确实不错，论证细密，行文丝丝入扣，很有条理。不须孙中山再作什么解释了，他已明白孙中山“上书”的苦心，只要能救中国，什么方法都值得一试。

二月初，陈少白已把书稿修改好。孙中山文理俱佳，陈少白其实也只是稍加润色，略改了几个字。

把书稿还给孙中山后，陈少白匆匆赶回香港。回广州已经10多天，香港丢下大堆事务，他得尽快回去处理。

书稿已定，可以北行了。孙中山开始寻思，怎样才能把书稿交到李鸿章手里？

孙中山找来了陆皓东，怎么说，他也为此熬过不少脑汁，算得上书稿的小半个作者，何况他为人机灵，是个上海通，又与郑观应属世交。郑观应原是李鸿章旧部，此时正在上海，应该能帮上一份忙。要找郑观应，有陆皓东做伴最合适了。陆皓东二话没说，立刻答应下来。简单收拾一点行李，便与孙中山一起，经湖南、湖北，沿长江东下，直奔上海了。

自此以后，孙中山便不再挂牌行医，正式开始了他的职业政治家、革命家的生涯。

孙中山求见李鸿章的经过颇为周折，他首先找到在澳门行医时结识、现正闲赋广州的澳门海防同知魏恒，请他写信给在上海的盛宣怀堂弟盛宙怀，以便到上海时请盛宙怀把他介绍给李鸿章的得力洋务干将盛宣怀，最后通过盛宣怀介绍他见李鸿章。

孙中山从上海出发到天津时，怀里一共揣着三封信，分别是郑观应介绍孙中山见盛宣怀的信，魏恒介绍孙中山见盛宣怀堂弟盛宙怀、托其转介盛宣怀的信，以及盛宙怀介绍孙中山见盛宣怀的信。[1]

魏恒在澳门时，曾请孙中山为他治病，加上他曾长期派驻澳门，接受了不少新思想的影响，也是位对新政十分关心的人，因此，孙中山上门对自己的京津之行略说一二后，他立刻爽快地为孙中山写了一封给盛宙怀的介绍信：

“荔孙世丈大人赐览：久违矩训，驰系实深。侄卸前山篆回省，值台旌已先期遄发，未获面别，殊深怅疚。兹恳者：香山县医士孙生名文号逸仙，人极纯谨，精熟欧洲掌故，政治、语言、文字皆精通，并善中西医术，知者甚多，妒者亦复不少。现拟远游京师，然后作欧洲之游。久仰令兄观察公德望，欲求一见，知侄与世丈处，既有年谊世好，又蒙青照有素，特嘱函恳赏赐书于令兄观察公前先容，感激之情，不啻身受者矣。侄赋闲省寓，毫无善状，幸上下人口平安，堪以告慰。省中新政，谅已早有风闻。兹不多赘。匆匆泐布，敬请崇安，唯照不庄。兴里侄恒顿首。廿八日。”

碍于魏恒情面，盛宙怀也为孙中山写了一封给他堂兄盛宣怀的介绍信：

“敬禀者：顷有沪堂教习唐心存兄之同窗孙逸仙兄，系广东香山县人，精熟欧洲医理，并由广东前山同知魏直牧函托求转吾哥俯赐吹植。附呈原信，［尚）祈察阅。特此禀达。恭叩福安。弟宙怀谨禀。初十日。”

魏、盛两人其实并不了解孙中山赴京津的真正意图，信中所写的多为客套话，郑观应为孙中山写的引荐信就大为不同了，不仅极力推荐，还清晰地写明了：孙中山此番赴京津，是为了“上书傅相”，希望盛宣怀设法为他引见。

---

[1] 三信原件均藏于上海图书馆。

郑观应为孙中山写的引荐信全文如下：

“杏翁仁兄方伯大人阁下敬肃者：

敝邑有孙逸仙者，少年英俊，曩在香港考取英国医士，留心西学，有志农桑生殖之要术，欲游历法国讲求养蚕之法，及游西北省履勘荒旷之区，招人开垦，免致华工受困于外洋。其志不可谓不高，其说亦颇切近，而非若狂士之大言欺世者比。兹欲北游津门，上书傅相，一白其胸中之素蕴，弟特敢以尺函为其介，俾其叩谒台端，尚祈进而教之，则同深纫佩矣。专肃敬请勋绥，惟祈钧鉴不备。

教小弟制郑官应顿首[1]

再肃者：孙逸仙医士拟自备资斧，先游泰西各国，学习农务，艺成而后返中国，与同志集资设书院教人，并拟游历新疆、琼州、台湾，招人开垦，嘱弟恳我公代求傅相，转请总署给予游历泰西各国护照一纸，俾到外国向该国外部发给游学执照，以利遄行。想我公有心世道，必俯如所请也。肃此再叩勋绥不备。

教小弟名心又肃”

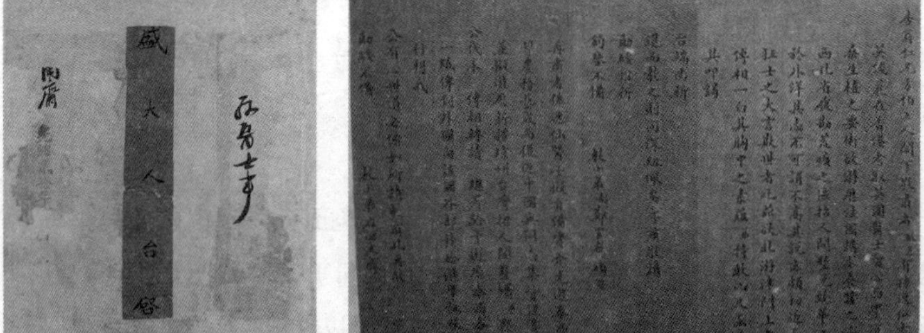

郑观应致盛宣怀函的信封与信函原件

[1] 郑官应是郑观应在官方文件中的所用名。

信中的“兹欲北游津门，上书傅相，一白其胸中之素蕴”等语值得重视。孙中山心中的“素蕴”是什么？郑观应在信中没有详加说明，信中提及的孙中山上书理由，几乎全部摘自《上李鸿章书》内文。身为首辅的李鸿章日理万机，怎么可能期望他安坐下来细读几近万言的长文，并且当面答复？因而，最大的可能是，孙中山致李鸿章的原书，应该没有如后来公开发表的《上李傅相书》那样的洋洋洒洒7000多字，而仅是其中撮要，不尽之处，就留在见面时补充。

孙中山和郑观应两人，一位是比对方年长24岁、有着丰富洋务经验的改良派，一位是亟欲推翻封建专制的青年革命家，出身、经历差距如此之大的两代人，所以能够找到共同语言，无他，只因为孙中山“书”中陈述的主张，与郑观应《盛世危言》的观点如出一辙。

本来，孙中山上书李鸿章，只是退而求其次的不得已之举。在朋友间“大放厥词”，那是再容易不过的事，但要付诸实行，就不是朝夕间所能够办到的事情了。然而国势垂危，救国刻不容缓，说服李鸿章急施改革，未尝不是可供选择的权宜之计。

而在另一方，郑观应读过孙中山的草稿后，倒是真的把孙中山视同知己，不仅协助他修改，而且郑重地为他写推荐信，希望促成他与李鸿章的会面。现已无法得知郑观应具体提过什么修改意见，但将《上李鸿章书》定稿中的“人能尽其才，地能尽其利，物能尽其用，货能畅其流”与郑观应在《盛世危言》初刊自序中所说的“兴学校，广书院，重技艺，别考课，使人尽其才；讲农学，利水道，化瘠土为良田，使地尽其利；造铁路，设电线，薄税敛，保商务，使物畅其流”相比较，可以发现其间的一脉相承之处。

在郑观应家，孙中山和陆皓东还见到了著名的改良主义者王韬。王韬曾是太平天国的状元，时任上海格致书院院长，曾游历英美，精通西洋科学，回国后充任香港《循环日报》主笔，鼓吹变法，论著颇多。

孙中山与王滔一见如故，在倾听孙中山对时局的看法后，王韬不由得称赞说：

“果然是少年英俊，眼光远大，堪称奇才！”

孙中山把《上李鸿章书》的草稿送交王韬审阅，请他代为润色，王韬也欣然答允了。

王韬有一位朋友叫罗丰禄，此刻在李鸿章幕下当文案，因而王韬也想为孙中山尽一点力。他特意为孙中山多写一封引荐信，嘱他到天津后先去找这位老夫子。

“你先找老夫子商量商量，有他协助，见到李鸿章的机会将会大一些。”王韬说。

孙中山喜出望外，在告辞郑观应和王韬后，带着盛宙怀、郑观应和王韬的三封书信，与陆皓东一起兴冲冲地赶赴天津。

是年6月，孙中山和陆皓东抵达天津，按王韬所嘱，先投谒盛宣怀，并把盛宙怀和郑观应的引荐信交给他，然后才去找罗丰禄。

罗丰禄见是王韬引荐，也乐意帮忙，答应设法把《上李鸿章书》送到李鸿章手里。

孙中山和陆皓东到底有没有见到李鸿章？没有人知道。事后，孙中山和陆皓东都没有说，甚至此信最终是否交到李鸿章手上也是一个谜。

孙中山的好朋友陈少白倒是给了一个说法。在根据他的口述写成的《兴中会革命史要》[1]一书中，陈少白说：

> “孙先生到了上海，找着一个香山人，就是著《盛世危言》的郑观应，托他想办法见李鸿章。有一天，在陶斋家里碰到一位太平天国的状元王韬。……就把他那篇大文章同王韬商量起来，王韬也重新替他修正。
>
> 这时候，王韬有一个朋友在李鸿章幕下当文案。王韬就写了封信，介绍孙先生到天津，见这位李鸿章幕下的老夫子，同老夫子商量商量，或者可以见李鸿章。孙先生快乐极了，就到天津去见老夫子。那时候，刚刚中日大战，打得厉害。李鸿章至芦台督师，军书傍午，老夫子把孙先生的大文章送到李鸿章那边去。李鸿章是否看过，就不得而知了。不过后来李鸿章说：‘打仗完了以后

[1] 陈少白：《兴中会革命史要》，见《陈少白先生哀思录》。

再见罢。’孙先生听了这句话，知道没有办法，闷闷不乐地回到上海。”

陈少白是孙中山最要好的朋友，他对孙中山“上书”的前半段确实是了解的，孙中山从广州出发前，曾将信交他修改过。问题是，不管怎么说，他到底不是当事人，他所转引的“李鸿章说：‘打仗完了以后再见罢’”只是主观臆测。因为，无论孙中山也好陈少白也好，上书后一直都没跟李鸿章或其亲信接触过，李鸿章说了些什么从哪里得知？

孙中山在《上李鸿章书》中所阐述的主张，主要是：以西方国家为楷模，发展工农业生产，使工商业摆脱封建束缚；改革教育制度和选拔人才制度，以达到国家独立富强的目的；优先发展农业，建议开设农师学堂，举办农艺博览会，派人出洋考察，开垦荒地，集商经营等。而其中的重中之重，就是以下的这几句话：

“窃尝深维欧洲富强之本，不尽在于船坚炮利，垒固兵强，而在于人能尽其才，地能尽其利，物能尽其用，货能畅其流。此四事者，富强之大经，治国之大本也。我国家欲恢扩宏图，勤求远略，仿行西法，以筹自强，而不变于此四者，徒惟坚船利炮之是务，是舍本而图末也。”[1]

要在平时，李鸿章看了这一闪烁着智慧光芒的改革方案后，说不定真会动心。问题是，孙中山去的不是时候。那时，李鸿章根本不在府上，而是到了芦台督师练兵。1894 年春，朝鲜爆发东学党领导的农民起义。6 月，清政府应朝鲜国王请求派兵到朝鲜，日本也乘机派兵在仁川登陆。6 月 21 日，日军攻占朝鲜王宫，成立傀儡政权，强令伪政府“授权”日本驱逐清军。当日，日本发动丰岛海战，击沉了中国运兵船。23 日，日军进攻在朝的清军叶志超部，清军退至平壤……。在险恶的形势下，身为统帅的李鸿章寝

[1]《孙中山全集》，第 8—18 页。

食难安，怎么可能花时间阅读一篇与战事无关的万字长文，甚至接见这么一位来自南海之滨的年轻医生？孙中山的治国方略因此被无限期搁置了。

“上书”失败，令孙中山既愤怒又无奈。

在3年后的一次答记者问中，孙中山把当年的愤怒与无奈表露无遗：

“目前中国的制度以及现今的政府绝不可能有什么改善，也决不会搞什么改革，只能加以推翻，无法进行改良、期望当今的中国政府能在时代要求影响下自我革新，并接触欧洲文化，这等于希望农场的一头猪会对农业全神贯注并善于耕作，那（哪）怕这头猪在农场里喂养得很好又能接近它的文明的主人。”[1]

陆皓东深知无法用语言安慰这位性格刚烈的朋友，忍不住说了句：“算了吧，我们这就回广州去。”

孙中山坚决拒绝了：“不，既然到了京津，我们何不索性利用这个机会，窥探清廷的虚实，为日后的武装起义做准备。”

这年秋天，孙中山和陆皓东一起漫游天津、北京，经武汉，观察社会状况和地理形势，更加清楚地看到了清朝政府卖官、鬻爵、行贿、苛税等种种畸型现象。

在天津，孙中山曾经结识过一位海军军官。这位年轻军官与孙中山、陆皓东谈得十分投机。几天后，这位年轻军官突然找到他们说：“我已经递交了辞呈，决定不干了。”

陆皓东惊奇地问：“为什么？战事在即，你害怕了？”

军官回答：“身为军人，怎么会害怕打仗！我不是怕打仗，我是不愿意昧着良心做事。”

孙中山问：“到底发生什么事？”

军官说：“我不得不签署一个几十吨煤炭的收货单，可是，这宗交易是用火药订单的名义付款的！”

[1]《与“伦敦被难记”俄译者等的谈话》，载《孙中山全集》第一卷，第86页。

孙中山十分愤怒，因为，他已从中看到，国家正面临战争威协，但在海军内部，竟还有人从中贪污，发国难财！他义愤填膺地说：“海军是李鸿章一手发展起来的，身为宰辅，难道不去管理，任由手下人胡闹？”

军官长叹一声：“上梁不正下梁歪啊！谁知道那几十吨煤炭最后送到哪里、做什么用了？李中堂哪会不清楚军队内部的情况，只是一只眼睁一只眼闭罢了！”

孙中山默不作声了。他已不是第一次听到这样的话，也不是第一次见到这样的事了。事后，他用这样的一番话描述当时自己的感受：“我在停留天津那时曾亲眼看到有许多文武官员自全国各地赶来，向当时权倾一时的宰相李鸿章晋见；在蒙允晋见之前，无不需要馈赠巨额红包给他的僚属。像李鸿章这样的维新中心人物尚且如此，其他满清官僚更可想而知！”[1]至此，他不能不承认，李鸿章名为洋务干将，实则依旧秉承封建皇权统治的老路，成了清廷的看家犬。此刻，他算是把李鸿章看透了，别看他口口声声“仿行西法”，奉行的仍然是封建秩序和官场规则，哪会接受他的救国主张！

“知和平之法无可复施。然望治之心愈坚，要求之念愈切，积渐而知和平之手段不得不稍易以强迫。……”[2]

孙中山“京津之行”的最大收获，就是终于明白了：不果断地采取武力手段把清政府推翻，中国是没有希望的。

回到上海后，孙中山第一个要找的，就是半个月前在上海认识的新朋友宋耀如[3]。

1894年3月，孙中山从广州刚到上海时，曾由陆皓东陪同，前往拜访

[1]《中国的现状和未来》，载《孙中山全集》第一卷，第87页。

[2]《伦敦被难记》，载《孙中山全集》第一卷，第49页。

[3] 宋嘉澍（1863—1918），海南岛文昌人，字耀如，英文名字查理（Charlie），宋霭龄、宋庆龄、宋美龄、宋子文、宋子安的父亲。早年贫困，由舅父带到美国。完成神学学位后，成为上海著名的实业家及传教士。其后，宋耀如和他的全家，都成为孙中山忠诚的支持者，为支持革命倾家捐输，几次濒临破产。

当地的著名传教士和实业家宋耀如。宋耀如和孙中山两人在思想、经历等方面，都有着相似之处，都是广东人，都受过西方教育，都能说一口流利的英语，都受过基督教的洗礼，都有炽热的爱国思想，都有反清意识，所以虽是初次见面，却似老友久别重逢。

当孙中山谈起小时候曾经希望成为“洪秀全第二”时，已在美国侨居多年、深受民主思想熏陶的宋耀如哈哈大笑：“小心，说不定我会和你打架的。”

走到宋家门口，宋耀如突然抢前一步堵住门口，笑嘻嘻地说：“想当洪秀全第二的禁止入内，欲做中国林肯的无任欢迎。”

听宋耀如这么一说，不服输的孩子气又在孙中山身上重现，他立刻跑到宋家门前的小河边，抓起一把湿泥在嘴巴上一抹，又递到宋耀如面前，说：“那我们就来一场檀香山式的摔跤吧！”

宋耀如会意地一笑，也用湿泥在嘴上抹了一抹。这是夏威夷流行的角斗方式，它的规则很奇特：不以谁被摔倒判输赢，而是以先出声者为输。

谁胜谁负已不要紧，重要的是，从互摔的这一跤中，孙中山和宋耀如都看到了对方的真诚。

这期间，中国军队在对日作战中的失利消息不断传来：9月17日，黄海海战打响，在中日两国海军的主力决战中，北洋舰队损失惨重，主帅丁汝昌身负重伤，日本夺取了黄海的制海权；接着，日本陆军又向大清重兵驻守的鸭绿江防线疯狂攻击……

清廷腐败无能，不堪一击，令孙中山、陆皓东、宋耀如等既愤慨又伤心。但转念一想，这也正是唤醒民众的好时机。此时，由于回国日久，孙中山原有的护照已经过期，为了远赴海外争取华侨支持，他请郑观应协助自己到江海关领了出国护照，从上海启程前往檀香山。行前，他特地嘱托宋耀如及时把国内情况通报他。

宋耀如运用自己的影响力，以《上李傅相书》为题，将孙中山的《上李鸿章书》，分两期发表在《万国公报》的第九、第十号上。

先后写给郑藻如和李鸿章的两封私人信函，最后竟都不得不以“公开信”的形式发出，真令满腔热情、沤心沥血写信的孙中山哭笑不得。

早在 1893 年赴澳门行医期间，孙中山已在船上对陈少白“讲到将来有机会的时候，预备怎样造反”。[1] 从这一刻开始，这将不再是设想，而是切实的行动了。

年轻时的宋耀如

宋耀如（1864—1919）

[1] 陈少白：《兴中会革命史要》。

第九章　首倡共和

1894年秋，孙中山第三次踏上檀香山的土地。

在那里，他曾经生活和学习过4个年头，那里，不仅有他的哥哥孙眉，更有许多关心祖国、热爱家乡的华侨同胞。他相信，无论在感情上还是经济上，都一定会得到他们的支持和帮助的。

孙中山到达檀香山后，首先前往茂宜岛会见大哥孙眉。

在孙中山离开檀香山的这段日子里，夏威夷王国的情况已发生了许多重大变化。早在1887年，白人极端势力分子发动武装暴动，协迫国王修改宪法，改为只有富人才能参加选举，实际上迫使国王把政权交给少数白人。国王逝世后，王妹继承王位，这些白人又在美国军方的支持下，迫使她接受将王国改为共和政体。1894年1月成立的临时政府延续美国的排华政策，禁止中国侨民参与政治活动。1894年2 月，3000名中国侨民在檀香山中国大戏院举行抗议大会，通过决议向政府提出严正抗议，孙眉的好朋友郑金和张澄新就是那次大会的秘书。[1]

在这样的形势下，孙眉的思想也发生了很大变化。这些年来，孙中山从未间断地在来信中向哥哥报告他的思想演变历程，解释他为什么从赞成改良演变为主张革命，原来倾向保守的孙眉逐渐认同了孙中山的主张，至少在推翻清廷这一点上，兄弟间已达成了共识。因而，当孙中山在“上书”失败后写信给孙眉，说是要来夏威夷发动革命，孙眉不但没有像往常那样痛骂弟弟轻举妄动，反而决定给予支持，表示愿意拿出一些钱做革命经费。

[1] 按：夏威夷于1898年归并入美国，成为美国的属地，但在很长的一段时间内不能享受美国宪法赋予的权利，中国移民的利益所受的损害更大。

他还写信给各埠亲友，希望他们接纳和支持孙中山。[1]

然而，当孙中山以真挚的热情、向当地认识或不认识的华侨游说时，大部分听众却掩耳走开了。当时的华侨，更重视的是自己的产业经营情况，虽身处异国，但“三纲五常”等传统思想在他们脑海中依然根深蒂固，革命往往被视为犯上作乱，孙中山的宣传显然不符合传统思想，[2] 因而响应他的人寥寥无几。

仿佛澳门那天晚上“四大寇”聚会时曾让他备受困扰的问题重演，孙中山又遇上国人心中的“帝王情结”这个老对手。

孙中山苦苦思索，如何说服人们放弃保守思想，接受革命思想的启蒙。突然，“北上京津”前，在来往香港、澳门之间的客船上，与一位年轻朋友对话时的情景浮在眼前：

那天，这位朋友谈到“京津告急，日本人就要打进来了”时，仰天长叹说：“唉，这才叫‘天命无常’啊！”

当时，孙中山是这样回答他的：“你说得不错，局势的确实令人难以乐观，但是，你知道不知道，早在三皇五帝时，帝舜就说过一句这样的话，‘天听自我民听’。那就是说，老天爷虽然不做声，但心里是明白的，他正在倾听老百姓的呼声，决不会让那些作恶者长久得逞的。”[3]

朋友听了他的回答，久久地没再回话。

想到这里，孙中山忽而感到，这“天命无常”四字，人人挂在嘴边，正是说服华侨的最好理由。

他苦口婆心地劝说那反对革命的人说：“你们都听过‘天命无常’那句古代圣贤的话吧？‘天命无常’意味着什么呢？它在告诉我们：皇帝并不是生下来就注定做‘天子’的，只不过出生在帝王家，靠祖先余荫坐上了‘龙椅’。他违背天意与老百姓作对，其实就是与老天爷作对！我们‘替天行道’，把他推翻，有什么不对？时至今日，我们还应该想得更远，那就是，

---

[1] 孙必胜：《我的曾祖父孙眉》，第 228—231 页。

[2] 冯自由：《革命逸史》《中华民国开国前革命史》。

[3]《我的回忆——与伦敦《海滨杂志》记者的谈话》，载《孙中山全集》第一卷，第 547 页。

不仅要推翻现在统治中国的满人皇帝，还应该连同一起把让无德无能，导致朝纲败坏、民不聊生者可以霸占高位的君主专制制度一起推翻。以后的事情，就由老百姓自己做主，那不是更好吗？”

孙中山的话在情在理，即使持反对意见的人，一时也想不出反驳的理由来。

其间，令人揪心的消息依然不断从大洋彼岸的中国传来：甲午战争接连失利，慈禧太后仍在不顾一切地筹办她的六十大寿，从京城西华门到西郊颐和园沿途搭牌坊、戏台、乐亭等共60段工程，还要准备寿联、奏乐、唱戏。有人要求削减一些工程，慈禧大怒，说：“今天哪个人让我不快乐，我必将让他终生不快乐。”李鸿章为了讨好慈禧，不得不违心地接受摊派，动用军饷和边防军费共100万两。此外，慈禧还下令挪用铁路工程费200万两，再向各省和京内各衙门摊派强征290万两，专供大寿使用。可是，就在慈禧庆贺六十寿辰这天，即11月7日，日军攻占了大连。22日，号称“东亚第一要塞”的旅顺被日军攻陷，4天之内，屠杀中国居民超过2万。旅顺口失陷后，北洋门户洞开，北洋舰队只能龟缩在威海卫港内挨打……

而在檀香山，《太平洋商业广告者》等亲日报刊已在兴高采烈地预言中国的失败，以及战后的中国将被怎样瓜分，还大篇幅地刊登专稿，赞扬那些战胜北洋水师的日本将领。所有这些，都在极大地伤害身处夏威夷的中国侨民的感情。愤怒之余，大家不能不认同孙中山所说的“如此腐败无能的清朝政府，不推翻实在是不行了”。

1894年11月24日，孙中山等一群志同道合者，集中到檀香山卑涉银行经理何宽的住宅里开会，酝酿成立中国民主革命时期的第一个反清革命团体——兴中会。与会者中，原籍香山的占了半数。计有，孙中山、何宽、李昌、刘祥、黄亮、程蔚南、曹彩、刘寿、刘卓、林鉴全、李多马、钟工宇、钟木贤、许直辰、黄华恢、郑金、李禄（六）、宋居仁、郑照、夏百子、李杞、侯艾泉、陈南、卓海等20余人。会上，孙中山被公推为主席，并一致通过孙中山亲自草拟的《兴中会章程》：

“中国积弱，非一日矣！上则因循苟且，粉饰虚张；下则蒙昧无知，鲜能远虑。近之辱国丧师，剪藩压境，堂堂华夏不齿于邻邦，文物冠裳被轻于异族。有志之士，能无抚膺！夫以四百兆苍生之众，数万里土地之饶，固可发奋为雄，无敌于天下。乃以庸奴误国，涂（荼）毒苍生，一蹶不兴，如斯之极。方今强邻环列，虎视鹰瞵，久垂涎于中华五金之富、物产之饶。蚕食鲸吞，已效尤于接踵；瓜分豆剖，实堪虑于目前。有心人不禁大声疾呼，亟拯斯民于水火，切扶大厦之将倾。用特集会众以兴中，协贤豪而共济，抒此时艰，奠我中厦。仰诸同志，盍自勉旃！谨订规条，胪列如左：

一、是会之设，专为振兴中华、维持国体起见。盖我中华受外国欺凌，已非一日。皆由内外隔绝，上下之情罔通，国体抑损而不知，子民受制而无告。苦厄日深，为害何极！兹特联络中外华人，创兴是会，以申民志而扶国宗。

一、凡入会之人，每名捐会底银五元。另有义捐以助经费，随人惟力是视，务宜踊跃赴义。

一、本会公举正副主席各一位，正副文案各一位，管库一位，值理八位，差委二位，以专司理会中事务。

一、每逢礼拜四晚，本会集议一次。正副主席必要一位赴会，方能开议。

一、凡会中所收会底各银，必要由管库存贮妥当，或贮银行以备有事调用。惟管库须有殷商二名担保，以昭郑重。

一、凡会中捐助各银，皆为帮助国家之用，在此不得动支，以省浮费。如或会中偶遇别事要用小费者，可由会友集议妥允，然后支给。

一、凡新入会者，须要会友一位引荐担保，方得准他入会。

一、凡会内所议各事，当照舍少从多之例而行，以昭公允。

一、凡以上所订规条，各友须要恪守。倘有善法，亦可随时当众议订加增，以臻完美。”

会上，孙中山慷慨陈词，在场的人屏气静听，听到孙中山在会上提出“振兴中华”的口号时，掌声更是如雷炸响。根据《章程》规定，大会选出永和泰商号司理刘祥和卑涉银行经理何宽为正副主席；永和泰号司账黄华恢为管库；程蔚南、许直臣为正副文案；李昌、郑金、邓荫南、黄亮、李禄、李多马、钟工宇、林鉴全等人为值理。

会后，兴中会会员纷纷填写《檀香山兴中会盟书》，由于何宽住宅比较狭窄，决定移步到距离何宽家不远处的李昌家中继续开会。

孙中山对大家说：“反清事业须立志牺牲，非寻常会社署名附和可比。须尊重宣誓，矢信矢忠，有始有卒，方克济事，所以今天入会者要一律宣誓。”

于是，孙中山拿出他亲自草拟的誓词，由李昌领读，与会每位同志都把左手放在《圣经》上，右手向上高举，跟着李昌高声朗读誓词：

“联盟人某省某县人某某，驱除鞑虏，恢复中国，创立合众政府，倘有二心，神明鉴察。”

兴中会成立的第二天，孙中山就给远在香港的陈少白写信，信中说：“请不要忘记那次从香港到澳门去时，两人在轮船栏杆边所说的话。”孙中山特意强调说：“这件事原来是真的可以做到的，你且在香港做准备，我就要到香港来了。”

李昌家（侧面）——檀香山兴中会宣誓处

李昌住宅正面

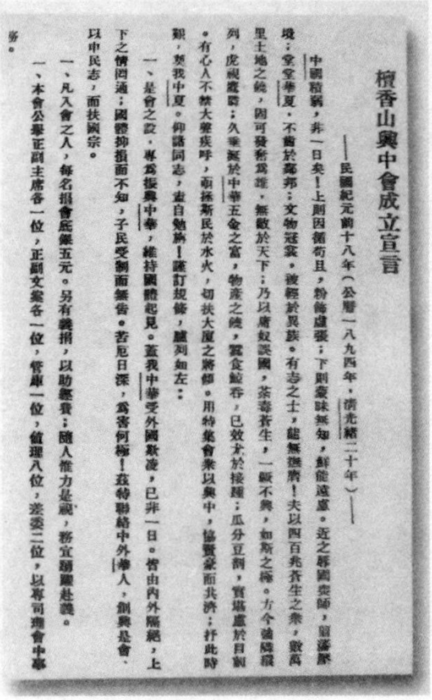

檀香山興中會成立宣言

——民國紀元前十八年（公曆一八九四年，清光緒二十年）——

中國積弱，非一日矣！上則因循苟且，粉飾虛張；下則蒙昧無知，鮮能遠慮。近之辱國喪師，翦藩壓境；堂堂華夏，不齒於鄰邦；文物冠裳，被輕於異族。有志之士，能無撫膺！夫以四百兆蒼生之衆，數萬里土地之饒，固可發奮爲雄，無敵於天下；乃以庸奴誤國，荼毒蒼生，一蹶不興，如斯之極。方今強鄰環列，虎視鷹瞵；久垂涎於中華五金之富，物產之饒，蠶食鯨吞，已效尤於接踵；瓜分豆剖，實堪慮於目前。有心人不禁大聲疾呼，亟拯斯民於水火，切扶大廈之將傾。用特集會衆以興中，協賢豪而共濟；抒此時艱，奠我中夏。仰諸同志，盍自勉旃！謹訂規條，臚列如左：

一、是會之設，專爲振興中華，維持國體起見。蓋我中華受外國欺凌，已非一日。皆由內外隔絕，上下之情罔通；國體抑損而不知，子民受制而無告。苦厄日深，爲害何極！茲特聯絡中外華人，創興是會，以申民志，而扶國宗。

一、凡入會之人，每名捐會底銀五元。另有義捐，以助經費；隨人惟力是視，務宜踴躍赴義。

一、本會公舉正副主席各一位，正副文案各一位，管庫一位，值理八位，差委二位，以專司理會中事務。

檀香山兴中会成立宣言

读信后，陈少白立刻想到，当日讨论“将来有机会的时候，可以怎样造反”时，还是纸上谈兵，现在很快即将变成行动了，不由得兴奋地回信：“回来吧，我在香港等你。”

兴中会在檀香山成立后，孙中山随即派出会员到檀香山各埠扩展组织。李昌和宋居仁受孙中山之托，秘密来到茂宜岛上的卡胡镇，动员孙眉加入兴中会。与弟弟接触多时，这时的孙眉已倾向革命，因而爽快地在盟书上签字，欣然当了兴中会茂宜分会的主席，又把好友邓荫南动员入会。在他与邓荫南的努力下，在兴中会登记册中载名的茂宜会员就有 14 人。

根据《兴中会章程》的规定：“凡入会之人，每名捐会底银五元。另有义捐以助经费，随人惟力是视，务宜踊跃赴义。”至 1895 年 6 月 2 日，共收到会银 1388 元。其中，捐款最多的是孙眉，其次是邓荫南。

中国在甲午战争中全面失败的消息终于传来。1895 年 3 月 17 日，日军在刘公岛登陆，威海卫海军基地陷落，北洋舰队全军覆没。接着，60000 清军从辽河东岸全线溃退。4 月 17 日，李鸿章代表清政府与日本签订丧权辱国的《马关条约》，中国被迫承认日本对朝鲜的控制，并把辽东半岛、台湾岛及所有附属各岛屿、澎湖列岛割让给日本，“赔偿”日本军费白银两亿两；后再增加 3000 万两“赎辽费”；开放沙市、重庆、苏州、杭州四地为通商口岸……

正在此时，孙中山收到宋耀如从上海寄来的信，告诉他清廷败象尽现，人心浮动，机不可失，请立刻回国。

这时，夏威夷参加兴中会的人数已达 126 人。孙中山从中挑选 20 多位志愿者，借用他的美籍老师芙兰谛文所在学校的操场，请来一位曾在中国、南洋当过教习官的丹麦人教练他们兵操，准备让他们在回国后做武装起义的骨干。

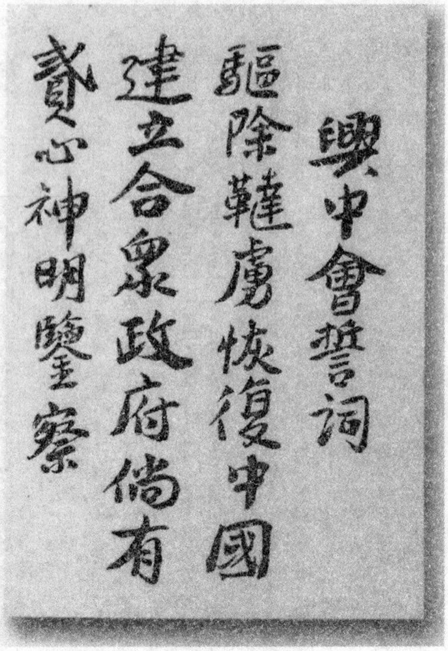

兴中会誓言

孙中山当然明白，只靠20多位敢死队员，那是不足以发动起义的。为了发动更多人参加，孙中山原拟再赴华侨众多的美洲。读过宋耀如的信后，孙中山觉得，“机不可失”四字确实是当时形势的要点。经反复考虑，他认为，香港和广州民智先开，交通和运输的条件也好，万一失利，也易于走避。此外，清军的主力此刻都在北方，广东防范必然空虚，因而在广东起事，成功的希望较大。因而决定尽快经日本赶回香港。

令孙中山焦灼的是，到目前为止，从会员中筹集的经费仍然很少，凭这么一点点钱，怎么可以应付回国后的需要？

孙眉深知，现在弟弟最需要的，就是自己的支持。为此，他狠心以每头6—7元的贱价，出售牧场里的大部分牛只，所得款项，全部交给孙中山做革命经费之用。他最要好的朋友邓荫南，更是变卖自己的所有商店、农场，把钱全部交给孙中山。孙中山算算总数，大约共有6000多美元，折合港币约为13000元左右，勉强够用了。于是就在当年12月底动身，与邓荫南、陈南、宋居仁等同志一起返回香港。

被朋友们尊称为“邓三伯”的邓荫南，是孙眉最要好的朋友，他比孙眉大3岁，生平好猎，善枪法，又能自制炸弹、炸药。原是广东开平白木迳上村人，年青时参加过李文茂领导的天地会起义，失败后逃到香港，充当契约劳工去了古巴，后来从古巴偷渡到茂宜，从蔗园工人做起，做到杂货店老板。这回倾家相助，是要跟随孙中山回国参加起义，早就抱定“荆轲刺秦王”那样的“一去不复返”的决心了。

至于提供私宅做兴中会成立会址的何宽，在刘祥退出后，接任了檀香山兴中会的正会长。他与程蔚南创办于1881年、亲任司理兼记者的“隆记报”，则成了兴中会宣传革命的重要阵地。1903年，这家报纸由孙中山改名《檀山新报》，成为兴中会的机关报。

途经日本横滨时，孙中山在船上发表演说，听众中，有一位是到船上兜卖商品的中国商人。听口音，孙中山知道他是广东乡亲，一问，果然祖籍南海县，名叫陈清，不由得高兴地向他问起广东的情况来。

陈清回去后，对文经印刷店主人冯镜如、致生印刷店主人冯紫珊和均昌洋服店司理谭发[1]说：“今日船上遇到一个奇怪的人，说是要回中国造反。”

冯镜如等人历来愤恨清政府腐败，听了陈清的话后，大感兴趣，决定由谭发跟陈清登船，邀请孙中山上岸一谈。

孙先生问起姓名，原来姓谭名发，在横滨开洋服店。于是扼要向他解说檀香山成立以创建共和国为目标的反清团体兴中会的事。谭发心悦诚服，当即表示，他愿意在孙先生的领导之下效命：“我虽是一个知识浅薄的商人，却很想替先生效力，今后如果有什么事情，我一定会尽力帮忙的。”

“我还有两位冯姓朋友在岸上等着，他们也想听先生的高论，请先生随我登岸一行。”谭发恳切地说。

孙中山有点为难，说：“船就要开行，来不及登岸了。”他从行囊中取出一叠事前印好的兴中会章程和讨满檄文，说：“请转交两位冯姓朋友，如果你们认为值得干的话，可以按照章程在日本成立分会，以作国内革命后援。”——后来，冯氏兄弟果然在横滨成立了兴中会的日本分会。广州重阳节起义失败后，不少革命同志逃到日本，就是在他们的支持下开展宣传发动工作的。

谭发走后，孙中山思索了许久，他觉得，从谭发的态度可以得知，以诚恳的态度感化人，并非想象中那么艰难，革命思想的普及，其实是大有希望的。

[1] 又名谭有发。

从日本抵达上海后，孙中山足不停留地回到香港。上岸后，他第一个要找的就是陈少白。这时陈少白还在西医书院读书，因为放年假回广州去了。孙中山当晚坐夜轮赶去广州，在朋友的家里找到他，当晚就催着陈少白一起回香港去。

从这天起，孙中山以香港为基地，着手联络全省各地的革命同志。不久，郑士良也从澳门来到香港，协助孙中山做联络工作。陈少白则于2月出发到上海召集同志回广东参加起义。在上海入住洋泾滨的全安客栈时，陈少白遇到了正要进京参加会试的康有为、梁启超师徒，想起孙中山的“久欲延揽他们同办大事”之心，当即前往拜访。

香港兴中会旧址

陈少白对康有为说：“现在中国情况已很危急，满清政府实在太不行，非改革一下不可。”

康有为只是点头，始终不表态。谈了几个钟头，没有具体结果，陈少白只好告辞。

“道不同，不相为谋。”古人的金石良言果真没有说错。

见过陈少白后，孙中山接着想到的，就是杨衢云和他所领导的辅仁文社。

早在1891年，尢列已常参加杨衢云他们团体的活动。在尢列介绍下，正在西医书院读书的孙中山曾和杨衢云见过面。那时候，孙中山把心思全放在给郑藻如写信和与郑观应结交上，因而与杨衢云只是泛泛之交，没有认真地谈过什么。直到此次回港，才想起杨衢云也是主张反清和建立共和政体的。既然目标一致，就有合作空间。经尢列撮合，孙、杨二人很快就达成了共识。

杨衢云（1861—1901）

杨衢云[1]（1861—1901）原籍福建海澄县三都乡。14 岁投考香港皇家船厂学习机械，因在操作中不慎，被机器轧断右手三指。于是转学英文，毕业后先后担任香港湾仔国家书院教授、招商局书记长及新沙宣洋行船务副经理等职。为人有胆有识，见义勇为。当时，香港是英国的殖民地，一般人都不敢得罪英国水兵，杨衢云偏敢站出来指证英国水兵欺负中国人的劣迹。与孙中山相似，他也是在目睹中国在中法战争“不败而败”后，愤而萌发“反清复汉”之志的。1890 年筹组辅仁文社，1892 年 3 月 13 日正式成立，址设香港百子里 1 号 2 楼。主要领导人除杨衢云、谢缵泰外，还有周超岳、黄咏商、陈芬、黄国瑜、罗文玉、刘燕宾、温宗尧、胡干芝、陆敬科等成员 17 人。该社提倡学习西方，主张“推翻满清、创立合众政府、选举伯理玺天德”[2]。为了争取民间帮会支持，杨衢云还加入了“洪门”[3]。

谢缵泰（1871—1933）

谢缵泰[4]也是个了不起的人物，他祖籍广东开平，生于澳大利亚悉尼，父名谢日昌，在澳洲经营泰益号进出口公司。中学毕业后随父到香港，肄业于皇仁书院，长于数学和手工技艺。西方飞艇试制成功的消息传到香港后，他从 1894 年开始，设计出“中国”号飞艇，打算把它献给广州的清政府，但遭到冷遇。谢缵泰还长于绘画漫画，是著名的《时局图》的作者。这

[1] 杨衢云（1861—1901），福建海澄（今厦门）人。在广东东莞出生，香港兴中会首任会长。

[2] “伯理玺天德”即英语 President 的中文音译，意即总统。香港兴中会曾把会长称作伯理玺天德。

[3] 孙中山于 1903 年在檀香山加入致公堂（洪门的一个支派），后更被推为堂主。

[4] 谢缵泰（1871—1933），广东开平人，生于澳洲悉尼，辅仁文社和兴中会的早期会员。

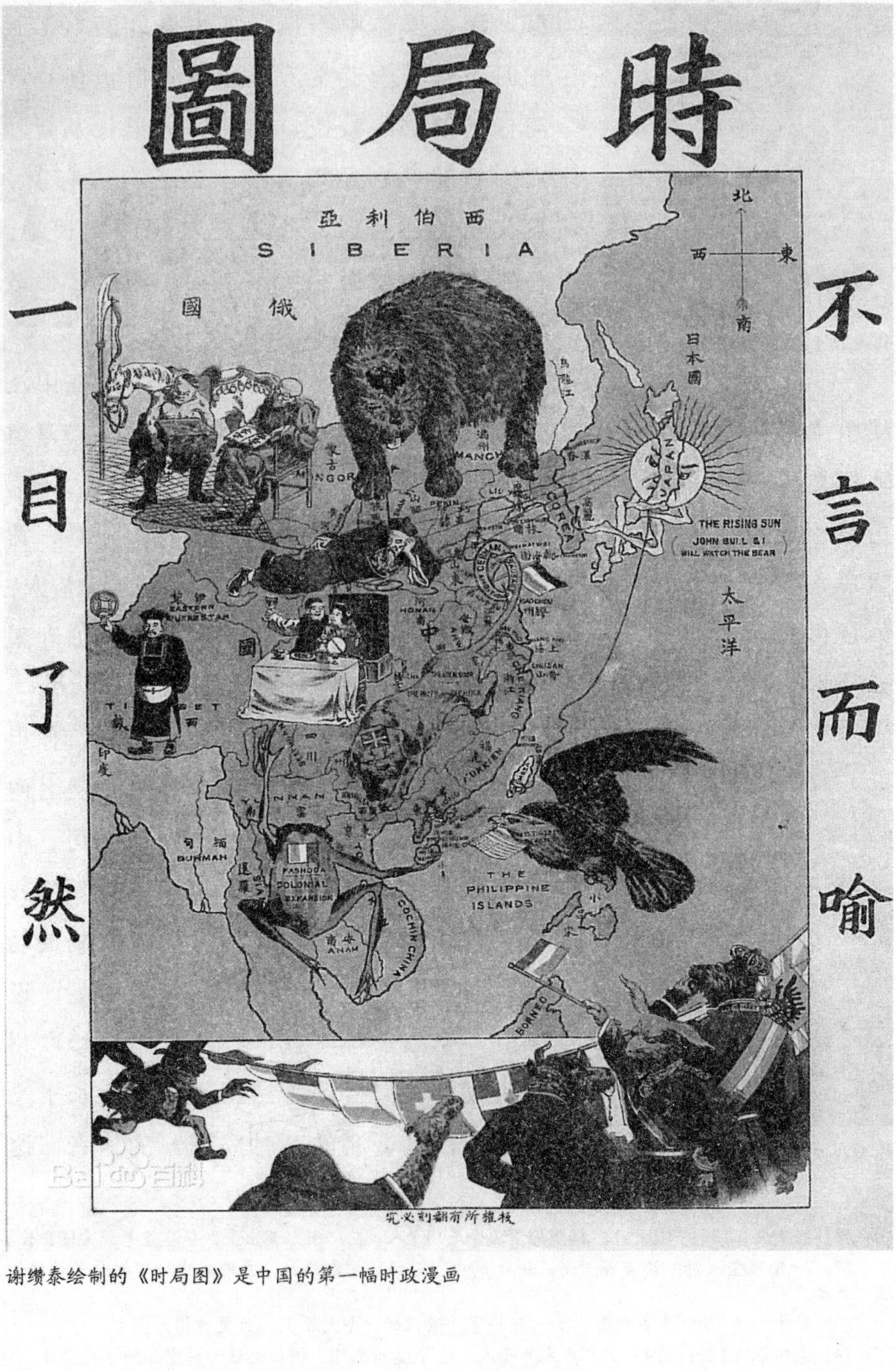

谢缵泰绘制的《时局图》是中国的第一幅时政漫画

幅最早刊于1898年7月香港《辅仁文社社刊》上的漫画，极其生动形象地向国人展现了19世纪末年帝国主义列强瓜分中国河山的严重危机，令人触目惊心，催人觉醒奋起。图中，熊代表俄国，犬代表英国，蛤（青蛙）代表法国，鹰代表美国，太阳代表日本，肠子代表德国。[1]

黄咏商（生卒不详）

1月27日，辅仁文社与兴中会合并，合并后仍名兴中会。黄咏商以临时会长身份主持了第一次会议，其后选出杨衢云为会长，孙中山为秘书，总部设在士丹顿街13号。为免人注目，决定给会址起一个普通商行的名字。黄咏商提出，可以给商行取名“乾亨行”，取自易经中的“乾元奉行天命，其道乃亨”，暗示物极必反，汉族已有否极泰来之象，清祚覆亡在即，吾人顺天应人，此正其时也！简略地说，就是暗喻他们的反清必将取得最后胜利。

除杨衢云、谢缵泰、黄咏商、周昭岳等辅仁文社同人外，在香港加入兴中会的，还有朱贵全、丘四、余育之、徐善亭等，共49人。

香港兴中会的成立，仍然采用檀香山兴中会成立的模式，规定入会者必须宣誓，誓词仍和《檀香山兴中会誓词》一样，就是：

“驱除鞑虏，恢复中国，创立合众政府。倘有二心，神明鉴察。”

[1] 笔者按：《时局图》是中国近代时事漫画的杰作，它把19世纪末中国面临的被帝国主义列强瓜分的严重危机，及时地、深刻地、形象地展示在人们面前，起到了警世钟的作用。图中一个是熊，有横霸无忌的样子，占东三省地方，是譬喻沙皇俄国；一个是犬，有守住不放的样子，占长江一带地方，是譬喻英国；一个是香肠，有贪得无厌的样子，占山东地方，是譬喻德国；一个是蛤蟆，有任意收揽的样子，占广东、广西、云南地方，是譬喻法国；一个是太阳，他的光线到福建地方，是譬喻日本；一个是鹰，飞来分食，是譬喻美国。其旁题词曰：“沉沉酣睡我中华，那知爱国即爱家！国民知醒宜今醒，莫待土分裂似瓜。”《时局图》除揭露帝国主义对中国的侵略之外，还有揭露清政府腐败的内容：图上代表清政府的三个人物，一个手举铜钱，他是搜刮民财的贪官；一个不顾民族安危，正寻欢作乐；还有一个昏昏似睡者，手中拉着网绳，网中一人正念着“之乎者也”，另一人在马旁练武，揭示昏聩无能的清政府用文字狱、八股文等手段压迫思想之自由，愚弄、奴化人民。——通过以上说明，有助于今天的读者了解当年的中国，以及孙中山等革命党人为什么必须进行武装起义推翻清廷的原因。

誓词是秘密的，矛头直指清廷，旗帜鲜明地提出建立共和国的目标。为了保密，以上的核心内容并没有写进章程里。

香港兴中会的章程，与檀香山兴中会的章程大致相同，更引人注目的是，将原来“乃以庸奴误国……如斯之极”一段，改为“乃以政治不修，纲维败坏，朝廷则卖爵卖官，公行贿赂，官府则剥民括地，暴过虎狼。盗贼横行，饥馑交集，哀鸿遍野，民不聊生”，这就更清晰地揭露了清朝统治黑暗、腐败的真相，更有利于向民众开展宣传工作。

有意思的是，细读檀香山《兴中会会员及收入会银时日进支数》账单，可以发现，当时的入会者，除每人缴交5元会员费外，另收的大额款项皆称为“股份银”，亦即高额回报的“风险投资”。《香港兴中会章程》的第八款，进一步将相关行文细化为：

> “兹将办法节略于后：每股科银十元，认一股至万股，皆随各便。所科股银，由各处总办管库代收，发给收条为据，将银暂存银行，待总会收股时，即汇寄至总会收入，给发银会股票，由各处总办换交各友收存。开会之日，每股可收回本利百元。此于公私皆有裨益，各友咸具爱国之诚，当踊跃从事，比之捐顶子，买翎枝，有去无还，洵隔天壤。且十可报百，万可图亿，利莫大焉，机不可失也。”

香港兴中会部分会员合照

翠亨村瑞接长庚闸门

这就有点奇怪了：参与革命怎么变成认购“股票”了？革命志士抛头颅、洒热血尚且不惜，哪会斤斤计较于革命成功后的“一本万利”？

孙中山解释说：“兴中会的目标当然是革命，但是，‘驱除鞑虏，恢复中国，创立合众政府’这类誓词，不宜直接写入宣言和章程等公开发表的文件中。贸然写上，岂不是提醒清政府派人捉拿我们？在公开发表的文件中，我们对清政府虽然做出猛烈的批评，但在名义上，却只是为了‘振兴中华’，帮助清政府‘以臻隆治’。这样做，主要是策略上的需要，避免引起清廷注意，也不要将同情我们，但尚未成为同志的人吓走，并非意味着我们的立场已经软化了。”

“但是，为什么要把参加革命写成‘入股’呢？”有人仍然不明白，举手发问。

孙中山回答说：“章程写明，股本的用途是在中国投资农业开发。其目的，固然是为了尽可能地吸纳股本，亦即革命经费，同时也起着迷惑清政府的作用，使其对我们的行动放松警惕。”[1]

通过多年实践，孙中山已经意识到：为了取得革命成功，必须从斗争需要出发，采取灵活多变的策略。至今，他还记得，初到檀香山时，他向华侨发表的言论，总是直去直来，以致有人感到是“作乱谋反言论”，因怕受牵连而“掩耳却走”。其后改用隐语的表达方式，效果反而好得多。香港章程中的“开会之日”就是这样的“隐语”，真实的含义就是“革命胜利之日”。

令孙中山稍感意外的是，动身返回广州前，竟在香港遇见从日本赶来

[1] 冯自由：《中华民国开国前革命史》。另据冯自由《中国革命运动二十六年组织史》所称：“文中尚不便明言筹饷起兵字样，以免会员所有戒惧”（转引自陈锡祺：《孙中山年谱长编》）。

的陈清。陈清就是孙中山在日本回国船上见过的那位推销货物的商人，他在船上听过孙中山演说，回去后又仔细阅读了孙中山送给谭发和冯氏兄弟的传单，对孙中山所主张的革命十分向往。冯氏兄弟知道他的意愿后，主动提供费用，支持他回香港找孙中山，并请他代为转告，经他们努力，已经聚集起一群志在反清的爱国华侨了。

孙中山当即介绍陈清加入兴中会，请他暂留香港，待时机成熟，就从香港出发，赴广州参加起义。

孙中山回到广州，仍以医生为业，周旋于官场之间。暗中主持起义的筹备工作，在他和陆皓东等人的努力下，很快便在双门底王家祠[1]设立起名为“农学会”的兴中会广州分会机关。因为当时的主要工作是筹备广州起义，因而王家祠广州分会名为分会，实际上成了负责全面工作的总机关。同年，澳门分会宣告成立，会址为白鸽巢由义巷11号，由澳门富商何廷光提供。

广州王家祠

时任两广总督的李瀚章是李鸿章的弟弟，赴任以来贪得无厌、巧取豪夺，成了广东、广西两省的一大害。仅是过一次生日，就收了下属的100万两银子贺礼。他还规定，凡是在任或新补缺的官员，都必须向督署缴交官税，实际上是向下属索贿。官吏们把这些额外负担加在百姓头上，人民苦不堪言。他又推行卖官制度，用3000两银就可买得一名科第。李瀚章的所作所为，在官府内外积怨甚多，人心激愤。孙中山认为，李瀚章的倒行逆施，恰在为清廷帮倒忙，为兴中会的发展、壮大提供了极好条件。

[1] 今广州北京路。

果然，经过宣传、发动，广州要求入会的人比香港更多、更踊跃，没几天，先后在誓约书上签名的，就有左斗山、魏友琴、程奎光、程璧光、程耀臣、陈廷威、王质甫、朱淇、汤才、陈焕洲、吴子材、梁大炮、李芝、刘秉祥、黄丽彬、莫亨、程怀、程次、梁荣、苏复初等数百人。这里头，有产业家、银行家、洋行职员、教员、传教士、医生、会党头目、清军军官、清军水兵、工人，甚至还有声名显赫的江洋大盗。总之，无论出身如何，处境怎样，在反清的共同目标下，他们汇集到一起来了。

鉴于人数众多，孙中山决定再在东门外的咸虾栏张公馆和双门底的圣教书楼后礼拜堂设立分机关，以容纳往来同志及贮藏秘密文件，较小的秘密据点则多达数十处。

从外表看，王家祠这幢原为四乡读书应试人士而设的书舍，正中是高大的黑漆木门，两旁矗立着麻石柱，青砖砌墙，瓦片盖顶，虽非豪华，却也气宇轩昂，给人以庄重、肃穆的感觉，用作开设研究农业发展策略、引进西方先进技术的场所，的确很合适。孙中山等人租下后，门前挂出的招牌，确也写着“农学会”的字样。取名“农学会”，那是因为，孙中山本人对引进西方新技术开发农业确实很感兴趣，并已委托陆皓东、九列等人在顺德成立了一家蚕种公司，边经营优良蚕种，边秘密进行串联活动，还在清远购买了农地准备招工栽种。更重要的是，以农学会作为对外联络、集资的机构，合理合法，不会受到清政府干预。为此，孙中山特意请区凤墀代笔，为他起草了《拟创立农学会书》[1]，极力阐述中国不研究农学、发展农业，就不能富强的道理。关于创立农学会的宗旨，发起书是这样说的：

“伏念我粤东一省，于泰西各种新学闻之最先，缙绅先生不少留心当世之务，同志者定不乏人，今特创立农学会于省城，以收集思广益之实效。首以翻译为本，搜罗各国农桑新书，译成汉文，俾开风气之先。即于会中设立学堂，以教授俊秀，造就其为农学之师。且以化学详核各处土产物质，阐明相生相克之理，著成专书，

[1]《孙中山全集》第一卷，第 24 页。

以教农民，照法耕植。再开设博览会，出重赏以励农民。又劝纠集资本，以开垦荒地。此皆本会之要举也。”

孙中山请人把该书印成油印件，随后送到广州《中西日报》，在同年的10月6日公开发表了。油印件印好的当天，孙中山兴冲冲地拿着《拟创立农学会书》亲自跑去找香山老乡刘学询，请他签名充当发起人。刘学询见该会的宗旨名正言顺，兴办以后，确于国计民生有利，乃不假思索，欣然答允，立刻在章程上签下自己的名字，成为农学会的发起人之一。[1]其后，孙中山用同样的办法，先后说服了著名官绅潘宝璜、潘宝林等，看着他们高高兴兴地签了名。据说，关于农学会创立一事，连广东巡抚马玉山也甚为赞成。于是，农学会的牌子不久即顺利地在名为学术机构、实为起义军指挥机关的王家祠门口挂出来了。

这天，孙中山专程从广州前往陆皓东在顺德开办的蚕子公司，去看他委托陆皓东设计的兴中会战旗。

1893年抗风轩聚会那时，由于到会者不多，最终不能成立预期中的反清革命团体。散会后，孙中山虽感遗憾，却也从中悟出，只有努力做好宣传发动工作，把更多的志同道合者团结到自己身边，才能真正地扭成一股绳，发挥团体的力量。

9年前，在广州华南医学堂读书时，郑士良一针见血的批评曾经深深地刺痛了他。

那天，郑士良相当不客气地指出：“你是一个纯粹的书生，你有没有想过，单凭一张嘴，是掀不翻清朝皇帝的宝座的。要革命，就必须依靠武力，须有一大批共同起事的人！”

当时，孙中山被郑士良的话噎得无言以对，但心里多少总有点不服气：书生又怎么啦，张良和诸葛亮不也是书生？

现在，他不能不承认郑士良的话确实击中了要害。要发动革命，改变

[1] 冯自由：《革命逸史》初集，第77页。

一个时代，确实不能只在知识阶层中活动，而要把发动面扩大到普通百姓当中。郑士良在客家族群中的活动卓有成效，为什么自己不能像当年在翠亨村中那样，更多地接近底层的老百姓呢？

为此，孙中山劝说九列和陆皓东先走一步，到农村中建立一个立足点。九列出身于顺德世家，自然了解家乡的情况，那时，顺德的养蚕缫丝正在蓬勃发展。九列提出，可以在顺德那里开办一家蚕子公司，他熟悉那边的情况。他还有一位熟悉养蚕的朋友，名叫周昭岳，可以请他指导、合作。至于开办经费，他从家里拿一点，陆皓东也愿意变卖家产提供一点，估计不成问题。于是，九列、陆皓东两人一起到顺德找周昭岳，三人合伙在顺德杏坛的北水村办起一家名为“兴利”的蚕种公司，以经营优良蚕种为掩护，实则秘密进行革命串联活动。这家公司是孙中山常到的地方，有时还带来一些同志，以探望朋友为名，实则在此召开秘密会议。

几天前，陆皓东回到蚕子公司，一则是把香港兴中会成立的信息通告已和他建立联系的朋友，二则也是为了找个安静的地方，完成兴中会总部交给他的设计起义旗帜的秘密任务。

孙中山突然到访，令陆皓东颇感意外，同时又为老朋友的到来感到高兴。他迫不及待地就把自己的劳动成果——兴中会军旗的设计稿展示在孙中山的面前。这面军旗以蓝色作底色，代表青天；其间高悬着一轮白日，日轮四周的 12 个角，代表太阳的耀眼的光芒。

陆皓东颇为得意，问孙中山说：“怎样，很不错吧？”

孙中山点点头：“是不错，形和意都很好。”

陆皓再问:“你看，代表太阳光芒的角究竟以多少个为宜？多了太烦琐，少了又似乎单薄，我真有点拿不定主意。”

孙中山不假思索立即回答：“就是现有设计图的 12 个角吧。中国人最重视的就是‘天干地支’。12，正符‘天干’之数，天干 12，亦即是人间的 12 个时辰，可以象征全国民众的每个日夜都和祖国的命运紧密相连。”

陆皓东大喜：“那我就把现在这幅设计图交给总会了。”

“当然可以。”孙中山满意地回答。

时间还是深冬，在南国的艳阳下，两人心中都升起了一丝暖意。

四周异常寂静，孙中山忽而想到，这正是革命爆发前的沉寂。他深深知道，包括他自己在内，所有的兴中会同志，都在等候着三月惊蛰的那一声春雷。

孙中山抬头朝窗外望去，屋前屋后，全是成片的桑基鱼塘，绿油油、亮闪闪的，和地处五桂山麓的山村翠亨的景观有很大区别。刹时间，他突然强烈地怀念起养育他成长的家乡翠亨来，不由得轻声问陆皓东：

“还记得小时候我们玩的‘泥雷’吗？”

说起来，那是他八九岁大时的往事了。那天，正是腊月时的农闲季节，孩子们因为无事可干，正在设法从平淡中寻找乐趣。他们跑到兰溪河畔找了处洼地，把土刨开，搬走上层淤黑的浮土，厚厚的白泥——铝矾土便裸露出来。

他们专拣质地最好的白泥挖出，晒干，捣烂，用水和好，然后跑到山上，用它捏出各式各样的玩物：葫芦、冬瓜、人形玩偶……再小心地把里面的泥掏空，让它成为中空的泥坯，晾在山上的石头上，让它慢慢变干。

等到除夕夜的爆竹一响，孩子们立刻冲过去捡起没点燃的爆竹，小心翼翼地拆开，将火药一点一点地贮起来。春节那天再到山上取回早已晒干的泥坯，填上火药，装上从爆竹拆出来的引信，并在空隙处填上柔软的草纸，拿回村里用神香把引信点着，然后手掩双耳远远地跑开。“砰”的一声，土制的泥地雷便被炸得四散了。

孩子们欢呼道：“成功了，成功了，我们的‘泥雷’成功了！”

陆皓东神往地说：“记得，怎会不记得。我还记得我们试制的‘炸弹’哩！”

说起来，这又是三四年前的往事了。那时，孙中山刚在西医书院的化学课里学了“火药”的成分和制作原理，假期回到翠亨村，立刻动手试制，他找来硫磺和硝酸钾等物，研磨得细细的，拌匀了，小心地盛在瓦罐里。

怕炸药受潮，临走前还叮嘱妙茜、秋绮姐妹，遇上梅雨天记紧替他拿出来在阳光下晒晒。

下一个假期的一天晚上，孙中山找来陆皓东，拿出一块白布，倒出瓦罐中的部分白色炸药，轻轻包好，走到门前，在地上加些沙子在炸药上，再小心翼翼地将布包扎紧，走到屋后，在“瑞接长庚”闸门前停下来。

孙中山信心十足地对陆皓东说：“看我炸药威力有多大？”

听说孙中山要试爆炸药，村中的小孩立刻围拢过来。

孙中山挥手叫旁人后退，然后把手中的那包炸药对准闸门上刻有“瑞接长庚”四字的花岗石横楣掷去。只听轰然一声巨响，浓烟过后，“瑞接长庚”四字旁边，立刻多了一道裂缝。

“成功了，成功了，我们的炸药试验成功了！”就像10多年前那样，孙中山和陆皓东高举双手欢呼着。……

孙中山感慨地说：“20年时间没有白过，从泥雷、炸药，到今天的真刀真枪，中国的未来就在我们自己手上了！”

此刻，不管在香港，在澳门，在广州，甚至遥远的夏威夷和日本，兴中会的每位热血男儿都在等候那一声号令，中国民主革命的首次武装起义即将爆发了！

第十章　广州首义

1895年早春。香港士丹顿街13号兴中会总部。

这是一个门面狭窄的二层楼宇，一个并不显眼的竖式招牌，挂在门楣的一侧，上面写着“乾亨行”三字。与其他常见的民宅一样，厚重的黑漆大门前，有一道可以横向开合的趟栊。名为“行”，自然是从事批发生意的，不需要像店铺那样摆设过多的货架。从外边望去，只能见到三两张写字台，不是前来做买卖的行家，谁也不会贸然走进来。

“乾亨行”的秘密在二楼，那才是兴中会员们常来议事的地方。

3月16日，兴中会就在这里召开骨干会议，到会者有孙中山、杨衢云、黄咏商、陆皓东、陈少白、谢缵泰、郑士良等，议题只有一个:“广州起义”。

3 天前，孙中山、杨衢云、黄咏商等已在这里开过预备会议，初步制订了一些方案，现在拿出来在会议上通过。

孙中山先是询问：“你们说，选择什么时候发动起义最合适？”

气氛顿时活跃起来，有说端午前后的，有说中秋前后的，还有的只是嚷着越快越好。

孙中山止住争议，拿出3月13日会议拟订的方案：“我们初步选定的日子是今年农历九月初九重阳节。”

有人幽默地插嘴说：“重阳节好啊，我们一举攻下总督府，让清廷的大员们到山上给他们的爱新觉罗列祖列宗哭坟去吧！”

“现在议的是大事。”孙中山朝发声方向瞪了一眼，那人马上不做声了。

孙中山解释说：“为什么选择重阳节？因为成功的机会高。虽说清廷把重兵集结在北方，广州城防看似空虚，但是，我们也别小觑他们的实力。

广州城壁垒森严，处处有重兵把守，进出城门还须接受捡查。关上城门，更是易守难攻。鸦片战争时，英国人以优势火炮攻城，打了许久，才能打进去。凭我们这点人，这几支手枪、步枪，怎样能攻破？”

谈过攻城之难后，孙中山话锋一转，又谈起攻城之易来：“选择重阳节起义就有以下好处：中国人历来有重阳节登高扫墓的习俗，重阳前后，四乡大族子弟，都会准备在这天出城祭扫祖坟，城内城外，进进出出，还带着金猪、冥镪等众多杂物，我们的各路人马，正好趁机夹带武器，挤入人群中混进城内，而不致引起守门兵卒的注意。如此一来，胜算就大得多了。”

听过孙中山的鼓动，众人十分兴奋，热血直往脑门冲，3 月 13 日草拟的方案，一下子就举手通过了。

于是，会议做出了第一项决议：在当年的农历九月初九重阳节发动起义。换算成公历，就是 1895 年 10 月 26 日。

第二个议题：如何发动起义？

与会者一致赞成：精选 3000 名敢死队员，以突袭的方式攻占广州。

最后，会议还就分工问题做出决议：

孙中山在广州主持军事，陈少白、陆皓东、郑士良等人协助。

杨衢云在香港负责后方接济，筹款、购械、招募壮士，黄咏商、谢缵泰等人协助。

会上，陆皓东提议用青天白日旗取代满清的黄龙旗，也顺利地通过了。

现在，急需解决的问题，就是如何布署军事力量。具体说，就是怎么攻城。

兴中会最初打算采取突袭，“外起内应”，以少胜多。

在 3 月 16 日会议上，孙中山是这样描述这一方针的：

“敢死之士贵精不贵多。昔日刘丽川响应太平天国号召，以七人而轻取上海。如今攻打广州，虽不能与昔日的上海相比，但只要有敢死队数百人，攻破城中的重要衙署并不困难。广州的大小衙门虽多，其实只有都统、总督、巡抚等数处配置兵力防守。由于长期过的是太平日子，防范意识不免松懈。

只要我们以五人为一小队，配备枪炮炸弹，从衙署后门攻入官眷住房，把住在那里的官员，或是杀死、或是活捉，让城中再无发号施令之人，广州城内，自然不战自乱。即使城外清兵闻变打算入城，我们还可以在城中要道，事前布署兵力予以狙击，打他个措手不及。援军不知虚实，不敢贸然进城。此外，我们还可以将横街小巷的部分铺屋轰塌，堵塞城外援军通道，叫他们想进城也进不了。粗略计算一下，20 人进攻衙署，20—30 人埋伏在进城要道的险要处，20—30 人围攻其他政府部门，任务完成后再在城内放火，虚张声势。如此一来，广州城就落在我们手上了。”[1]

然而，随着时间流逝，上述方案的漏洞便一一暴露出来：以区区 100 多人就想攻陷广州，是不是太儿戏了一点？

是年秋天，当兴中会领导人再次在香港总部召开会议时，连孙中山本人也否定了自己曾经极力主张的“3·16”设想。

孙中山承认：“那时，我确实头脑发热，对敌人的实力估计不足。哪怕清廷的守城官兵全是酒囊饭袋，毕竟不是摆设，可以让我们手到擒来的。”—— 孙中山心中明白，他是受 10 年前陆皓东说的那番话影响太深了。那天，在现场观察过钦差大臣在香山的阅兵仪式后，陆皓东不屑地说：“给我 50 个训练有素的士兵，就可以击溃一支这样腐败的军队！”实际上，哪会如此轻易！

说到这里，孙中山站了起来：“现在，我提议，重新考虑我们的攻城布署。”

杨衢云表态说：“我同意逸仙同志的意见，原来的方案人少力薄，冒险太甚，确实应该重新考虑。”

会议最后决定，将原来的“外起内应”改为“分道攻城”。具体方案是：“各地民团会党分成顺德、香山、北江三路人马会聚羊城，同时举事。”

攻城的队伍从哪里来？孙中山自有妙算：

[1] 邹鲁：《乙未广州之役》。

一、联络会党。香山、顺德、四会、汕头一带的绿林，香港、九龙、新安等地的会党，还有三元里的民团，集结起来就是一支强大的武装力量。

二、吸收被清政府遣散的清军战士。中日甲午战争开战时，两广总督李瀚章曾向社会招募军队，准备北上参战。其后停战议和，这批新兵至少遣散了四分之三。这批新兵原来都是穷苦百姓，遣散他们，等于断绝他们的“当兵吃粮”的出路，只要派人与他们联系，他们一定乐于参加，为革命效力。

三、从清军内部做工作。我们已经联络上清廷驻广州的郑绍忠部的部分官兵，他们答应届时反正。省河水师中最大的兵舰“镇涛”舰的管带程奎光早已加入兴中会，届时策动兵变更是不成问题。

提出这一方案时，孙中山是信心十足的，因为，在他和同志们的努力下，准备工作已经就绪。

早在3月上旬，孙中山就曾偕同陆皓东回到老家香山，分头联络民间帮会和绿林豪杰。所谓绿林，指的是那些因“官逼民反”而出没于山林水泽间，以抢劫富户为生的小股武装，成员多为无业的贫苦农民、游民和其他社会下层分子。

那时，孙中山和陆皓东等人在香山设立了两个联络点，一处是距翠亨村7公里的南朗墟，另一处是石岐河以西的隆都。

南朗墟里有家均安当铺，原是孙中山往返县城和翠亨村时经常落脚的地方。孙中山在香港西医书院学医时，就是在这里遇上程普照的妻子难产，并为她接生的。算起来，那个名叫“铁生”的孩子应该快10 岁了。自此后，南朗一带便把他誉为“大国手”。均安当铺老板程华五敬慕他的医术，曾请他配制不少药粉。孙中山每次从石岐回翠亨村，必在均安当铺里住上一晚。广州起义前夕，均安当铺成了革命党人的重要联络点之一。南朗一带华侨较多，不少是檀香山归侨，他们当中，就有已在檀香山参加兴中会的李杞、侯艾泉等。这回，孙中山到均安当铺召集他们开会，为的就是在他们协助下，与当地的“三合会”取得联系，鼓励他们自行组织起义队伍。

那时候，香山民间不少地方都存在“三合会”之类的地下帮会。三合会最早成立于明末清初，原是“反清复明”的秘密组织。其后演变成维护本地底层群体利益的帮会。由于历来“反清”，因而只能以秘密形式在清廷的眼皮下活动。三合会的规矩庄重而又神秘，新入者必须通过斩鸡头盟誓、拜斗米等仪式，表示终生效忠。其后，还要熟悉许多暗语。只有凭借那些暗语，会友之间才可以互相联系。诸如“吃米饭——有沙蓬沙”“吃粥——无沙打浪”“吃番薯——无浪舞龙入室”等，就是他们的暗语。三合会的最高首领叫“龙头”，又叫“红棍”。地方上的头领叫“脚棍”。组织如此严密、神秘，为的是防止外人打进组织内部。贫苦百姓由于常遭清廷官兵欺负，因而入会的人很多，一个分会往往拥有几百会众。

翠亨村附近，共有两位三合会的“脚棍”：山门坳村“脚棍”名叫陈昆耕[1]，绰号“山门皇帝”；石门村的“脚棍”名叫甘彩。

孙中山要找的，是山门坳村的陈昆耕。山门坳村距离翠亨村大约一公里，陈昆耕虽为“脚棍”，却不是没读过书的莽汉。孙中山在澳门开办中西药局时，还曾请他在店铺中帮忙，因而不必多说什么便把他请到了家里喝茶。

聊过村中近事，话题便扯到省内、国内时事上去。

“这是什么世道啊！”孙中山越说越气愤，“50 年前，清廷和英国打了一仗，输得一塌糊涂，又赔款又割地。10 年前和法国再打一仗，赢了，还要讲和、撤军，把属国安南也丢失了。眼下，日本人又打了进来，清廷在京津和黄海布下大军，结果还是一败再败，不知将怎样收场！你想想，打一次，割一块；打十次，割十块，这样下去，中国不就像西瓜一样，让洋人七斩八削，瓜分净尽了吗？难道中国人生来命苦，做了满人奴才还嫌不够，还要当洋人的奴隶？5000 年历史的泱泱大国，竟然沦落到这等地步，罪魁祸首就是满清政府。要不当满人奴才、洋人奴隶，就得揭竿起义，像当年洪秀全那样跟他们拼。洪秀全输了，不要紧，我们还可以接着斗。总

[1] 陈昆耕，又名陈孔屏，孙中山离开澳门后，曾委托他代管中西药局。中西药局结束后回到村中，因参加孙中山领导的兴中会，广州重阳节起义失败后在村中被捕牺牲，《追悼粤中倡议死事诸士通告》中有他的名字。甘彩也因同样原因被捕，死于狱中。

要推翻满清政府，才能直起腰杆做个堂堂正正的中国人！”

陈昆耕有点疑惑：“赶走满洲人后，谁来做皇帝？”

“根本不需要什么‘皇帝’！”孙中山摇摇头，没想到，到这里，依然遇着国人心中的“皇帝”魔障，似乎没有皇帝，那就国将不国了。于是，他开导陈昆耕说：“我们的目标，是要建立一个没有皇帝的国家。在未来的中国，国家的领导人是由老百姓公选出来的，他干得好，我们支持他；干得不好，就在下次的选举中把他选下来！在这个国家里，天下是天下人的天下，每个国民都有权享受‘老有所终，壮有所用，幼有所长，鳏寡孤独废疾者皆有所养’。这就是孔老夫子在《礼记》中说过的‘天下为公’！”

“照你这么说，像我们这样的蚁民，就不定哪一天也能当上‘皇帝’……不，当上国家的领导人了？”陈昆耕开心地笑了。

“那当然。就看你的声望、能力和为老百姓服务的热诚，是不是为国民所公认了。”

“这就好，这就好。可是，世界上真有这样的国家吗？”

“有的。像美国、法国等都是。英国虽然保留了国王，可是他没权，不管事，只是作为国家的象征，一切国家大事都由首相和议会的议员们决定。”

陈昆耕十分兴奋：“那好，我赞同你们的主张。什么时候需要我们出力，你说一声，我们随后就到。”

陆皓东负责拜访的，是家住石门村的甘彩。

甘彩是客家人。与住在附近的广府人相比，客家人比较贫苦，常受非客家人的歧视。话虽如此，客家人却保留着从中原带来的“宾至如归”的旧俗，特别欢迎宾客到访。

客家人喜欢直去直来，因此陆皓东与甘彩寒暄几句便转入正题。

陆皓东从 1884 年冒充“团防”接受钦差大臣到香山濠头乡检阅的旧事说起：

那年，钦差大臣方耀来到香山，说是奉旨检查当地的“团防”。长期以来一直吃兵饷空额牟取私利的香山官吏们慌了手脚，只好临时招募兵勇充数，把烟鬼、赌棍，乞丐乱七八糟的人全招了进来，发套号衣就暂充香山兵勇。到阅兵那天，新兵勇衣冠不整，更没训练过操演打靶，望着发给他们的枪手足无措，根本就不知道该怎么拿、怎么放，丑态百出。好在钦差大臣到了濠头，只是端坐在宗祠里接受当地官员朝拜，收过礼物、贿银后便打道回衙，算是给当地官员留下一点面子。

“参加完阅兵大典后，你猜我对孙文怎么说？”说到这里，陆皓东呷了一口茶，半晌后才徐徐往下说：“我说，清廷的那些兵勇都是酒囊饭袋，只要给我五六十个人，我就能夺下清军的边防重镇虎门炮台！”

听到陆皓东严厉批评清官兵，甘彩笑了。客家人勤于练武，人人都有一身过硬功夫，平日里最瞧不起的，就是那些在百姓面前作威作福、其实弱不禁风的官兵。见陆皓东把他们说得一钱不值，哪有不舒心的道理。

陆皓东继续往下说：“满清政府昏庸腐败，丧权辱国，为天下人所不齿。要救国救民，就得组织起来把他们推翻，不让他们骑在我们头上！”

陆皓东的话，字字说到甘彩心上。甘彩越听越觉有理，不由得摩拳擦掌，慨然表态说：

“好啊！我这就跟你干，永不变心！”

翠亨之行大有收获，孙中山、陆皓东两人一股作气再往隆都[1]，拜访当地的乡团首领们。

隆都人素有反清传统，早在清道光二十三年（1843），也就是《南京条约》签订那年，三合会已在香山县酝酿发动起义，时间比洪秀全在广西金田村发动的太平军起义还要早8年，发起人是石门村的甘秀。

是年正月，香山县的三合会众，包括崖口的谭仁阶、泮沙的许蔼佐、南萌的程建，以及新会县的梁雄、谭红等，先是在多处进行秘密串连，7月，汪洪从新会县把三合会的“香火”正式带到香山高明远家。这一伙人中，高明远本就是绿林好汉、周配琚则粗通文墨。他们给手下设立“文武都督、将军、元帅、军师”等种种名号，正式在卓旗山揭竿起义，势力迅速扩展

[1] 今中山市沙溪、大涌镇。

到三角塘、中心村、库涌、鳌溪朗、九曲林一带，县城城郊民众纷纷入会，不少清廷兵勇也秘密加入了。

道光二十七年（1847），榄都三合会张斗聚众一万多人，约订五月初八起义，但他在策动一个名叫潘庆的人时，却错眼识人，潘庆表面与他敷衍，从他的嘴中套话，实际上却向官府告密，结果起义未发动即被镇压下去。

那时候，周配琚已就擒，高明远的足部也受了伤，出入要靠人抬着走，结果也被官兵从告密者那里得到情报，一次夜袭就在豪兔村他家中把他逮捕，至此，卓旗山起义被彻底平定。[1]

义军虽被清兵镇压下去，却把祖辈的反叛精神继承下来。至今，隆都人仍然把卓旗山称为“扯旗山”[2]。当年，隆都的三合会众就是在那里扯旗起义的。

当孙中山、陆皓东提起反清时，豪爽的隆都人立刻表态：“真要造反时通知我们一声，隆都这一带，要拉出支上千人的队伍一点也不困难。”

归途路过香山小榄时，孙中山、陆皓东还特意拜访了当地的三合会首领李就。

李就也是个血性男儿，听过孙中山的反清动员后，不仅立刻加入兴中会，还当即击掌立誓：“我这把骨头算是交给你们了！”

连访翠亨、隆都、小榄三地，都取得不俗成果，孙中山、陆皓东两人兴冲冲地返回广州。回程时，还从翠亨村请回一员大将——杨心如。

杨鹤龄（1868—1934）

杨心如（1868—1946）

杨心如是杨鹤龄的族侄，比孙中山小3岁，与杨鹤龄同龄。虽说与孙中山同乡，两人并不认识，直至1893年前后，孙中山在澳门和广州行医，偶尔回到翠亨村小住时，才在杨

[1]《香山县志》（同治志）第二十二卷《纪事》。

[2] 扯旗，香山俗语，意即把旗升起来。

郑士良（1863—1901）

九列（1866—1936）

鹤龄家中认识。1895年初，经孙中山介绍，杨心如加入了兴中会。对杨心如说来，孙中山既是前辈也是同志，孙中山所讲的革命道理，更为杨心如所敬佩，因而，杨心如是抱着“附骥未敢后人”的心情参与孙中山领导的革命活动的。自参加兴中会后，杨心如积极投身起义的筹备工作，不惜变卖家产，充作起义经费。——广州起义失败后，杨心如的岳父程耀臣不幸遭清廷逮捕，在狱中不屈而死，他则在脱险后潜往台湾，在台湾创建起新的革命联络点。后来孙中山两次到台湾，都是在他的协助下开展革命活动的。翠亨父老通常会将孙中山、陆皓东、杨鹤龄与杨心如四人并列，合称“翠亨四杰”，作为青年儿童学习的楷模。[1]

刚回广州，孙中山便接二连三地收到来自四面八方的好消息：

郑士良回报，仅在新安地区，他已联络了一批愿意加入兴中会的人，随时可以组成一支200人以上的武装队伍。

而在香港方面，杨衢云等人的筹备工作进展得也比较顺利，不仅组织起一支数百人的队伍，经费和武器等问题也初步有了着落。

此外，在广州河南头咀，孙中山从香港聘请的美籍化学师列奇所主持的秘密兵工厂已成功地制成了一批炸弹。

为了筹集起义经费，革命党人纷纷捐款。黄咏商卖掉他的一幢私宅，筹得资金8000多元；余育之独助军饷10000多元，密约杨衢云、黄咏商等人在红毛坟场交款。孙中山的大哥孙眉，更是倾尽全力支持。据孙中山后来的忆述：“数年之经营，数省之联络，以及为发动起义在广州的种种支出，就不是只靠在檀香山和香港筹集的那些款项所能办到的了。这些钱

[1] 杨心如（1868—1946），翠亨村人，早期兴中会员。兴中会、同盟会在台湾的主要联络人。

从哪里来，都是由我大哥和本人提供的。”[1]

兴中会最缺的，其实是懂军事的人才。在这方面，孙中山在清军中的策反工作，也取得了突破。

策反清军比动员绿林豪杰加入革命队伍困难得多。天地会、三合会等民间帮会本以“反清复明”为宗旨，现在当然无须“复明”，但在绿林豪杰看来，成立由民众说了算的“共和国”也很不错，所以只要说清道理，就不难取得他们信任。但要策反官兵，尤其是职位较高的军官，情况就大不相同了。清廷可能已经给过他们很多好处，有的甚至升官有望。因此，要是没有充分理由，那是无法游说他们的。

最早加入兴中会的年轻军官，要数孙中山的好朋友程奎光。

程奎光与孙中山相识多年，两人的老家都在南朗，因而开口便觉三分亲。程奎光早年考入福州马江船政学堂学习驾驶技术，毕业后在海军中供职，官至粤洋水师“镇涛舰”管带。虽然身为军官，对清政府的腐败无能却十分痛恨，因而1895年兴中会成立不久，便已在孙中山的动员下加入了兴中会。

但要动员程奎光的哥哥程璧光[2]参加革命，就不那么容易了。程奎光不是不愿出头，是无法开口。

程璧光原为粤洋水师“广丙舰”管带，1894年甲午战争爆发前夕，受粤洋水师委任，代表粤洋水师北上参加海军会操，成为在甲午海战中唯一参战的广东军舰，表现不俗，深受李鸿章赏识。其后，由于甲午海战失利，虽有李鸿章力保，程璧光仍遭革职，此时正赋闲在广州养病，等待机会复出。用他自己的话说，就是“深沐皇恩”，哪能轻易背叛朝廷！

不过，要接近他，孙中山还是有机会的。原来，由于长期在海上漂泊，操劳加上食无定时，程璧光患上严重胃病，因而孙中山得以由他弟弟程奎光郑重推荐，为程璧光上门治病。

一天，在给程璧光听诊后，孙中山说：“你的病需要每天早晨到野外

[1]《孙中山全集》，第一卷，第420页。

[2] 程璧光（1858—1918），香山县南朗田边村人。原粤洋水师广丙舰管带，后加入兴中会。1917年孙中山在广州就任非常大总统时，任命程璧光为海军部长。

散步，呼吸新鲜空气，方可痊愈。”

程璧光邀请孙中山一起散步，途中，孙中山趁着两人直抒胸臆、畅谈天下的机会，对程璧光说：“官场乌烟瘴气，犹如海上浓雾，令人窒息。满清政府强征暴敛、卖官鬻爵以求勉强自存，犹如臭不可闻的粪土，存在越久越是污秽。怪不得民怨四起！大汉儿女本是土地的主人，却被入侵者视为低人一等，受尽压迫欺凌，然而，他们的聪明才智绝不会因此而磨灭，总有一天重见光明。”

程璧光深受孙中山的言论所吸引，两人很快就结为好友，不久也加入了兴中会。

根据兴中会成立半年多以来的局势变化，总部对广州起义做出了如下布署：

> “派刘裕统率北江一路，陈锦顺统率顺德一路，李杞、侯艾泉统率香山一路，麦某（佚名）统率龙眼洞一路，杨衢云统率香港一路，吴子才担任潮汕方面响应，以牵制岭东清兵。除潮汕一路外，各路均定九月九日晨集中粤垣候命。”[1]

为争取西方资本主义强国的支持，兴中会还进行了一系列的外交活动。港英方面主要由杨衢云等人负责，孙中山则主要做日本人的工作。

早在1895年春，孙中山就通过康德黎介绍，认识了当时在香港开照相馆的日本朋友梅屋庄吉，两人纵谈天下大事，甚为投契。梅屋向孙中山承诺：“君若举兵，我以财政相助。”同年3月1日，经梅屋庄吉穿针引线，孙中山与日本驻香港领事中川恒次郎会晤，请求日本政府协助解决步枪25000支、手枪1000支。由于当时中日两国尚处于战争状态，日本对孙中山的要求只是虚词以对，始终不作明确答复。真正到手的，只有梅屋通过个人渠道筹得的600支手枪。

---

[1] 《辛亥革命资料丛刊》，第227—228页。

有了纲领、组织、人员、经费、武器，还需要舆论——革命的舆论。

孙中山在西医书院读书时期的老师何启帮上了大忙。

何启是留英博士，香港西医书院的创办者，香港议政会议员和著名律师，与英国政府、香港总督、北洋大臣李鸿章，现任两广总督李瀚章，以及香港新闻界的关系都很好，可以游刃有余地协调各方面的关系。他还是孙中山的导师，正是在他的引导下，孙中山的反清意识从情绪发泄进入理性思考阶段。[1]1894年孙中山"上书李鸿章"，就是在他鼓励下成行的。何启不是兴中会会员，但却从头到尾参与了广州起义的整个决策过程，成了这场起义的幕后指导人。在他推动下，香港《德臣西报》记者黎德（Thomas Ⅱ. Ruid）和《士蔑西报》记者邓肯（Chesuey Duncan）一再在报上猛烈抨击清政府，不断为广州起义制造革命舆论。

早在1895年3月12日，《德臣西报》已在社论里暗示"广州密谋"的存在。说改革党将"以和平手段实现政变"，"是一个结构上的激变，使他们的国家摆脱暴政的邪恶制度"。"中国的全部债务将为新政府所承认和接受"，而"素负盛誉的中国矿产资源将被开采，并就地设厂加以利用，从而为英国的企业和资本提供一条新的出路，长期拖延而又经常挂在口头上的中国的开放，最后将变成现实"，力图以成功后的美好前景，争取西方列强对兴中会的支持。

何启（1858—1914）

陈少白（1869—1934）

很明显，《德臣西报》所披露的政治蓝图，实际上是何启的个人主张。何启赞成的，

[1] 20世纪20年代孙中山在广州担任非常大总统时，曾对何启的女婿傅秉常谈起"自己受惠于何启之教"。

其实是在中国实行君主立宪制。同样明显的是，到此时，孙中山已做出暴力袭取广州的决定，先攻占广州，继而挥军北上，推翻封建王朝，成立共和国。分歧那么明显，为什么孙中山还默许何启以改良主义的方式解说兴中会的纲领呢？最大的可能，就是出于策略上的考虑。一则，是何启的思想比较温和，不容易惹起清廷的注意，且能赢得维新改良派的共鸣，有利于兴中会在改良的烟幕下发动起义；二则，何启的改革方案具有鲜明的亲西方倾向，有利于欧洲各国呼吁港英当局不要干预兴中会的行动。

8 月 27 日，兴中会领导成员再度开会，讨论攻取广州的详细计划和起义后的各项政策。由于“乾亨行”已受监视，会议临时转到在西营盘的杏花楼召开。会议由何启主持，香港《德臣西报》主笔英国人黎德、《士蔑西报》主笔英国人邓肯也出席了会议。会上决定，由孙中山制订攻城方略，朱淇撰写反清檄文，《士蔑西报》主笔邓肯起草对外宣言，交何启改定后，由黎德在《德臣西报》上发布。会议结束后，兴中会立刻转入地下状态，“乾亨行”的机关总部随即关闭。

起义在即，孙中山、陈少白、郑士良、杨衢云、谢缵泰等在 10 月 10 日又在香港召开了一次秘密会议。会上决定选举一位“总统”来发号施令。通过投票，选出孙中山为起义的总指挥，起义成功后出任合众政府总统。

不可思议的事情在翌日发生了。据说，杨衢云忽然对孙中山说：“可否把总统的职位让给我，到省城把事情办好了再让给你。”

孙中山很不高兴，觉得事情还没开始，就发生了地位之争，实在很不应该。他将经过告诉郑士良和陈少白，郑士良听后十分恼火，说：“这是不能答应的，我一个人去对付他。我去杀他，非杀他不可！”

孙中山怕引起党内纠纷，贻误大事。于是，在他建议下，兴中会的领导层当天晚上加开了一次会议。会上，孙中山主动提出，把总统的位置让给杨衢云。由于此前已给大家打过招呼，因而很快就“一致同意”了。

以上说法源自冯自由的《革命逸史》[1]。但是，成书年代更早、由谢缵泰撰写的《中华民国革命秘史》却提供了另一版本：对杨衢云未能当选总统，谢缵泰原是愤愤不平的。杨衢云本人却以大局为重，说的话掷地有声：“为了我们的事业，我一向愿意牺牲自己的生命，更不用说我的职位了。”[2]

冯自由[3]曾是孙中山的秘书。因为这层关系，《革命逸史》中的记载，更为历史学家们所重视，一再引用。但是，冯自由是在广州起义失败后才在日本加入兴中会的，当时年仅14岁，对兴中会的早期活动毕竟并未参与，他所依据的只是二三手资料；谢缵泰倒是与会者之一，因此，谢缵泰所述，不应简单否定。这里旧事重提，两说并存，并非要在100多年后为孙、杨之争重作论断，而是由此生出太多的遗憾：在关键时刻，竟然发生这样的争端，无疑为即将发动的起义蒙上不祥的阴影。

10月10日会议开过后，孙中山偕同陈少白、郑士良等返回广州主持起义的发动。临走前，孙中山把银行存款和在香港的军械交给杨衢云，请他按时带到广州。

按计划，重阳节清晨，香港3000人抵达广州后，立即分头向各重要衙署进攻，埋伏在珠江河上和顺德、香山、潮州、惠州、北江的会党同时响应。由陈清带领的炸弹队，则在各要道施放炸弹，各路闻炮即动。以红带为标志，口令是“除暴安民”。10月25日（初八）晚，由朱淇起草的讨满檄文和安民告示也已印好，随时准备散发。

广州的一切事项都已准备停当，就等天亮开始行动。这晚，孙中山住在广州河南一位姓尹的朋友家里，陆皓东住在南关咸虾栏，陈少白住在双门底总部附近一个亲戚开的铺子里。26日（初九）天还没亮，陈少白就来到位于双门底的圣教书楼指挥中心，等候香港和汕头的电报，等了很久，始终没有消息。这时，已经进入广州的绿林、民团和军队各部，均已聚集

---

[1] 冯自由：《革命逸史》初集，第24页。

[2] 谢缵泰：《中华民国革命秘史》，转自《广州文史》，陈晓平：《巨人身影后的烈士杨衢云》。

[3] 冯自由（1882—1958），原名懋龙，冯镜如之子，广东南海人，出生于日本，1895年在日本横滨加入兴中会。同年入东京早稻田大学深造，与郑贯一等创办《开智录》半月刊，鼓吹革命。1911年任临时政府稽勋局局长，汇集革命史料。其后历任立法委员、国民政府委员，总统府国策顾问。

圣教书楼后礼堂，讨口号，等命令。

就在此时，孙中山突然收到汕头方面发来的电报：

“官军戒备，无法前进。”[1]

孙中山对会党实力的估计未免过于乐观了。须知，这些秘密会党虽有“反清复明”的一面，但也有近于无赖的“黑社会”的一面。据野史记载，孙中山在香港接纳三合会首领时，由于很想见识其实力，曾经多次约同他们一起在茶楼饮茶。三合会首领们（其一即后文提到的朱贵铨的哥哥）事前告诉他：孙先生进入时，凡起立者即为本会会员。孙中山如约先后赴过10多次这样的约会，每处起立的茶客均不少于数十人，因而大感欣慰。实际上，这些首领只是在事前邀人凑数，其目的，仅仅是为了报大数向孙中山骗取大额饮茶钱而已！

这次，汕头的三合会首领虽在事前答应届时派人赴穗参加起义，是否真已组成这么一支队伍就很成疑问。口头说说是可以的，但到孙中山真的下达进军命令时，手下无人无枪的三合会首领顿时慌了手脚，只好虚拟电文搪塞。事实上，直到昨天晚上，两广总督谭钟麟对广州城内是否真有革命党一事还是半信半疑，即使后来相信了，以当时的情报信息传递速度，有关的防御令根本不可能在那么短的时间内下达汕头。既无上司命令，官军哪会贸然自作主张实行“戒备”？

然而，这种不负责任的敷衍搪塞，对起义的伤害却是致命的。本来，按孙中山等人原先的估计，起义能否顺利进行，取决于香港的突击队能否及时赶到，以及汕头方面的人马能否及时赶到支援。汕头人马不能如期赶到，成功的希望已经缩减一半以上。

陈少白对孙中山说：“时间耽误了，风声必然走漏，勉强发动一定要失败的，我们还是把事情压下来，以后再说吧！”

陈少白的担心并非没有道理，因为直到此刻，孙中山还不知道，起义

[1] 孙中山：《我的回忆——与伦敦“海滨杂志”记者的谈话》，载《孙中山全集》第一卷，第549页。

的全盘计划其实已经泄露了。

就在起义即将发动的前一天，朱淇不慎让他在广州西关清平局任职的哥哥朱湘见到他起草的檄文。朱湘恐受牵连，盗用朱淇名义，向巡勇管带李家焯自首，并且交代了孙中山等人谋划起义的许多细节。

李家焯见此事非同小可，立刻派兵对孙中山严加监视，自己则亲自到督署向新任两广总督谭钟麟报告。

谭钟麟问李家焯："领头造反的是谁？"

李家焯答："是孙文！"

谭钟麟连连摇头，说："你听错了吧？孙文确是狂士一名，好讲大话空话过头话，要说真的造反，他哪里敢？"

"但我的情报是可靠的。"李家焯坚持说。

"我知道了。"谭钟麟不以为然地挥了挥手，"你可以走了。回去继续侦查，查清了再来找我。"

这天晚上，孙中山仍然如约与区凤墀一起到广州河南出席王煜初牧师儿子王宠光的婚宴，见有军警在窗外、门外贼头贼脑地张望，分明在监视他。他马上意识到，起义计划可能已经泄露了。尽管如此，他仍然镇静自如，故意提高声音对区凤墀说："他们大概是前来逮捕我的！"

区凤墀感到奇怪："你怎么会有这种奇特的感觉？"

孙中山故意当着军警的面高声回答："孙文造反，路人皆知，你还不知道？呵呵……"

军警只是奉命监视，并没有接到逮捕令，但也知道孙中山是省城最著名的西医，是经常出入总督府的头面人物，哪敢擅自捉拿！听了孙中山明显是冲着他们说的负气话，只能尴尬地讪笑着，半点办法也没有。

回到借宿的朋友家，孙中山脱下外衣，只穿一件衬衣坐在房间里翻看文件。突然，两位年轻的军官推门走了进来。孙中山随手拿起《圣经》高声用英语朗读。两位军官礼貌地站在一旁，静听片刻后，才开口问了孙中山一些问题。孙中山的回答让他们先是感到新鲜，继而感到惊奇，忍不住说出自己的个人意见，与孙中山辩论。孙中山不厌其烦地将自己的看法给他们一一解说，最后，两人频频点头，带着留在屋外的10多名清兵走了。

孙中山远远地听到他俩在街上议论："这不是我们要抓的人。他是好人，是个医生。"[1]

无论是香港的杨衢云，还是广州的孙中山，这时都还不知道，香港那边又捅出大娄子了。

广州方面对武器的需求很大，筹集武器固然不易，怎么运进广州更是难题。杨衢云脑袋想烂，才终于想出个似乎是十拿九稳的法子，那就是借口广州芳村福音堂需要破土兴修、急需水泥，把600支短枪藏在水泥桶里，委托货轮发运到广州。办法不是不好，只是执行过程中发生了意料不到的事，当水泥运到码头，准备搬到船上时，阴差阳错地，一名搬运工一脚踏空，失手把肩上的水泥桶摔到地上，木桶一摔就破，里面藏着的枪支登时露了馅。香港海关人员跑过来一看，哎呀，水泥桶里夹带枪支，这还了得！当即予以扣查。一查，军火原来是偷运到广州的。这样大的事情，哪能不循例给广东当局打招呼！

另一方面，清廷派驻香港的密探章宝珊一直在跟踪兴中会的领导人。自兴中会成立后，虽说并无明显的"反清"动作，所发表的言论却很激进，把清政府骂得体无完肤，这就不能不引起他的注意，把兴中会列作重点监视对象。尤其是，兴中会党人近日的异常聚集，更令他感到其间必有不妥，因而急电两广总督谭钟麟，请他严加防范。

对李家焯报告的"孙文将要造反"，谭钟麟本来半信半疑。"秀才造反，三年不成"，一个嘴上无毛的青年郎中，能掀起什么风浪？直到连读两封来自香港的电报，他这才相信，"秀才"真的"造反"了，而且，按李家焯的说法，早已兵伏城下。谭钟麟慌了手脚，急调驻长洲营勇1500人回省防卫，再令李家焯带兵，分头到王家祠、咸虾栏等"谋反"据点搜捕，这才忐忑不安地待在衙署里等候回报。

早上8时，杨衢云从香港发来的急电也到了，内容只有寥寥数字：

"货不能来，须延期二日。"

[1] 孙中山：《我的回忆——与伦敦"海滨杂志"记者的谈话》，载《孙中山全集》第一卷。

香港和汕头两路人马都不能如期抵达，起义尚未发动，实际上已经流产了。

对此，孙中山的反应也很迅速。他当机立断，下令终止一切行动。各地帮会和绿林好汉们是应约来的，原先答应发出的费用不能不给，于是，他做的第一件事，就是依照承诺给他们发放费用，打发他们暂且潜回各地，等候新的号令。接着安排总部人员撤离：陈少白是智囊，原就不准备让他直接参加战斗，必须首批离开。至于他自己，身为统帅，必须留下指挥疏散。陆皓东自告奋勇，只身赶去王家祠总部，焚毁兴中会的文件和会员名册。走前，陆皓东与孙中山再次约定：黄昏在水鬼潭埠头会合，一起离开广州。

陆皓东刚赶到王家祠，军警已接踵而至，将机关围了个水泄不通。陆皓东紧闭大门，取出党员名册在火盆上点燃，军警破门而入时，残页还在火盆里燃烧。直到看见名册焚毁，陆皓东才转过身来，面朝军警冷笑，与驻会的程怀、刘次一起被军警带走。

几乎与此同时，兴中会员程耀臣、梁荣也在秘密机关咸虾栏被捕。

程奎光更冤，他眼巴巴地留在"镇涛舰"上，等待孙中山的号令，等待广州街头的爆炸声，然后发动舰上兵变，结果，号令和爆炸声都没等来，反倒把缉捕的清兵等来了。登舰清兵二话没说，立刻就把他拘捕了。

孙中山还在圣教书楼指挥疏散，已有党员跑来报信，说王家祠已遭搜捕。孙中山极度担心陆皓东安危，但在目前的情况下，必须考虑的，首先还是在场同志的疏散。于是，他转身对此刻还呆在指挥部里的区凤墀、侯艾泉、李杞、王质甫等人说："你们快离开，再不走就来不及了。"

郑士良催促孙中山说："你也该走了！"

"我怎么能跑？"孙中山一脸严肃地说，"还有紧要的事情必须做。"说完，一面吩咐郑士良将党员名册和机要文件付之一炬，一面吩咐众人将圣教书楼里的军火迅速转移，然后坐到写字台前草拟了份电文，这才与郑士良一起，从容不迫地跨出大门，嘱咐郑士良迅速离开广州，独自跑到电报局给杨衢云发电报：

“货不要来，以待后命，止办。”

孙中山前脚离开，大队清兵后脚已经赶到。此时，区凤墀、侯艾泉、李杞、王质甫等已经撤离，留下的，只有以书店司理身份与官府和顾客周旋的左斗山。好在身份尚未暴露，虽然也遭清兵逮捕，随即便由驻广州的美国领事担保，释放出来了。

杨衢云接到复电时，一切已成定局。原来，香港方面无法按时出发，是因为他们也遇到麻烦。一是日本方面的武器迟迟没有送来；二是清廷密探如影随形的盯梢。好容易摆脱密探跟踪，把来自新安、深圳、盐田、沙头各地的突击队员共 200 多人集中到预定的集结地点九龙，已耽误了大半天。到接到孙中山的“货不要来”急电时，邱四、朱贵铨等人率领的突击队已于 4 个小时前出发，再也无法联系上了。

在别无选择的情况下，杨衢云只好给孙中山回电：

“货已下船，请接。”

27 日清晨，邱四、朱贵铨等人乘搭的“泰安”号轮船驶达广州，南海县令李征庸和巡勇管带李家焯部署的清兵已在码头埋伏。邱四、朱贵铨等急进船舱取枪，没想到，随船发运的 7 箱枪支，装船后被船员挪动了位置，压在货舱下层，刹那间哪能找到！邱四、朱贵铨赤手空拳，哪有反抗余地，只能束手就擒，一下子就让清兵抓走了 40 多人。众人见势头不对，纷纷撕去身上的红布标志，混在船员、旅客中一哄而散，清兵要拦也拦不住，总算脱了险。

在先后捕获陆皓东、程耀臣、程奎光、程怀、刘次、梁荣，以及丘四、朱贵铨等 70 多人后，谭钟麟深感案情重大，特令南海、番禺两县严加审讯。

南海知县李征庸不敢怠慢，当即开堂提审陆皓东、邱四、朱贵铨等。

在南海县公堂里，陆皓东、邱四、朱贵铨等见已无法掩饰身份，干脆直认不讳。陆皓东昂首挺立，不跪不拜，更不肯供出同党。李征庸吩咐大刑伺候，钉手，凿齿，用尽种种手段，陆皓东始终不屈，反向李征庸大呼："拿纸笔来！"纸笔送到，当即奋笔疾书，痛述国家外患日迫、内政腐败，清政府昏庸无能，贪官污吏甘心事仇，寡廉鲜耻，"一我可杀，而继我之者不可杀尽""吾言尽矣，请速行刑"。

陆皓东的"供词"全文如下：

"吾姓陆，名中桂，号皓东，香山翠微乡人[1]，年二十九岁，向居外处，今始返粤，与同乡孙文同愤异族政府之腐败专制，官吏之贪污庸懦，外人之阴谋窥伺，凭吊中原，荆榛满目，每一念及，真不知涕泪之何从也。居沪多年，碌碌无所就，乃由沪返粤，恰遇孙君，客寓过访，远别，故人，风雨连床，畅谈竟夕。吾方以外患之日迫，欲治其标，孙则主满仇之必报，思治其本，连日辩驳，宗旨遂定。此为孙君与吾倡行排满之始。盖务求警醒黄魂，光复汉族，无奈贪官污吏，劣绅腐儒腼颜鲜耻，甘心事仇，不曰本朝深仁厚泽，即曰我辈践土食毛。讵知满清以建州贼种，入主中国，夺我土地，杀我祖宗，掳我子女玉帛，试思谁食谁之毛，谁践谁之土？扬州十日，嘉定三屠，与夫两王入粤，残杀我汉人之历史，犹多闻而知之，而谓此为恩泽乎？要之今日非废灭满清，

陆皓东（1868—1895）

陆皓东设计、孙中山手绘的青天白日军旗

[1] 陆皓东是祖籍翠亨村，供词写作翠微，是为了不想把乡亲牵扯进案中，故意误报。

决不足以光复汉族；非诛除汉奸，又不足以废灭满清。故吾等尤欲诛一二狗官，以为我汉人当头一棒。今事虽不成，此心甚慰。但一我可杀，而继我而起者不可尽杀。公羊既殁，九世含冤，异人归楚，吾说自验。吾言尽矣，请速行刑。”[1]

而在 27 日上午，当孙中山获知王家祠已遭清兵搜捕，在安排众人紧急疏散后，孙中山所做的第一件事，就是赶去电报局给杨衢云发“止办”电报，然后跑到王煜初牧师家里躲避。直到傍晚时分，才按照事前预订的“最坏情况下”的行动方案，化装成苦力，赶到水鬼潭埠头，找到那艘事前租下的小汽艇，准备会合陆皓东和九列一起离开广州。孙中山赶到时，九列已在那里等着，却不见陆皓东踪影。直到入夜，秋风一阵紧似一阵，身上只有单衣的孙中山渐感寒意，回望暮色中逐渐模糊的广州城，心中不禁一凛：陆皓东恐怕出事了！深知无法再等，只得与九列一起登上小汽艇，取道密如蛛网的河涌，开赴顺德北水的兴利蚕子公司。

翌日清晨，天气转冷，公司杂役九维英脱下身上的棉袄，给孙中山披上。

追兵已近，不便逗留。九列吩咐公司人员尽快离开，自己也另找地方暂避。孙中山则仍乘汽艇沿珠江南下，回到香山县小榄。

已加入兴中会的小榄三合会首领李就请孙中山在绿槐里 6 号他家暂歇，随即派人护送他下船，直抵崖口乡杨家村的四姐孙妙茜家。

孙家老少闻讯，急从翠亨村赶来。孙中山将广州起义失败经过扼要告诉大家，安排妻子卢慕贞连夜携带 4 岁的孙科和 1 岁的长女孙娫，与婆婆杨氏、长嫂谭氏等一起前往澳门，经香港转道檀香山投奔大哥孙眉。

当晚，孙中山乘坐小汽船从崖口前往唐家湾，投奔檀香山时的同学唐雄，再由唐雄安排，从唐家湾坐小汽船到了澳门。

采用迂回曲折的走法，是因为他意识到，若从唐家湾乘船直驶香港，即使避得开广东水师的阻拦、追截，也难逃脱在香港码头守株待兔的清廷密探的缉捕。要战胜狡猾的狐狸，就必须比狐狸更狡猾。

[1] 冯自由：《中华民国开国前革命史》，第 13 页。

刚上岸，孙中山就在码头遇见了曾跟他议论“天命无常”的那位朋友。

小榄绿槐里 6 号三合会旧址

朋友乍见孙中山，忍不住惊呼：“你们真的干起来了？”

孙中山回答说：“是的，我们失败了。但是不要紧，我们还会干下去的，‘天命无常’嘛！”

说毕，孙中山快步赶到下环正街找老朋友飞南第。此时，飞南第已从澳门政府官员口中获得清政府通缉孙中山的消息，但仍不顾个人安危，设法把孙中山藏好，忠告他尽快离开澳门。为安全计，飞南第亲自陪同孙中山前往香港。据居澳葡人历史学家、汉学家高美士记述，当时孙中山是男扮女装，用轿子抬下船的。码头一带纵然布满清廷密探，谁敢偷窥西洋人的“女眷”，有飞南第协助，孙中山轻易地避开了清政府的耳目。

值得一提的是，孙中山离开澳门后，飞南第还特意在 1895 年 11 月 6 日出版的《镜海丛报》“新闻纸第三年第十六号”中，刊出广州首次武装起义失败的“电讯”，力求将这一事件的影响扩大到世界。在同日的社论亦即《是日邱言》中，飞南第全文“特录”孙中山的《农学会序》，并加评述，用以介绍孙中山的事迹。文中高度赞扬了孙中山的“习知外译事态语言文字并精西医”“盖亦聪颖绝伦之士”“所志甚大”，“深叹其才之不用”而为之可惜。

CHING-HAI TSUNG-PAO.

鏡海叢報

每月收銀三毫

按月先收清

禮拜三日 ◎ 下環正街鏡海叢報南第刊印 ◎ 第十六號

大清光緒廿一年乙未九月二十日　新聞紙第三年　西紀壹千八百九拾五年十一月初六日

目錄

是日邱言

1895 年 12 月 6 日《镜海丛报》刊出的广州起义消息

飞南第是澳门土生土长的葡籍人士，不是兴中会会员，

孙中山在澳门卢园，右起第三人为飞南第

但仍一直关注孙中山所领导的民主革命活动，直到孙中山落难仍不避嫌疑，盛赞孙中山的医术、人品，争取民众对孙中山的理解。两人友谊之深，非一般朋友可比。

10月29日，孙中山在飞南第陪同下安全抵达香港。

到埠不久，孙中山即已着手援救陆皓东。他先是联系美国领事馆，请美国领事出面为陆皓东求情，还找到陆皓东原来工作的电报公司，请他们为陆皓东作证：陆皓东是他们的雇员，不可能参与造反。

美国领事为孙中山对朋友的真情所打动，亲自赶到南海县衙，对主持审讯的南海知县李征庸说："陆某系耶稣教徒，向充上海电报局翻译员，绝非乱党！"李拿出陆皓东的供词给他看，美国领事这才无话可说。

11月7日，谭钟麟下令营务处将陆皓东、邱四、朱贵铨三人绑赴刑场处决。李征庸为陆皓东的不屈精神所震慑，敬重陆皓东为人，临刑前，特意叫人拿来长衫给陆皓东换上，算是给他保留了读书人的最后一点尊严。

在被捕的70多人当中，广东水师原"镇涛舰"统带程奎光被判在营务处打600军棍，最后因伤重病死狱中；程耀臣也被判了终身监禁。其余程怀、刘次等60多人，则一律判作"愚民被惑"，每人发给盘川一元，把他们遣散回家。

不是谭钟麟突然发善心，而是他的私心作怪。在权衡轻重后，他觉得，此案在他的辖区内发生，如不把案情抹淡，他可负担不起失职之罪，必将受到清廷的严厉处分，因而立案时刻意缩小事件规模，淡化事件的性质，降低被判刑的人数，将重案办成轻案。

实际上，事发多日后，谭钟麟仍在犹豫不决：到底该不该将此案上报朝廷？谭钟麟还在犹豫，拍皇帝马屁的其他官员已经急不及待把广州发生的这宗大案捅到皇帝跟前了。清廷闻讯大怒，严谕谭钟麟迅速捕拿首犯。谭钟麟见没法隐瞒下去，只得亲自出马，把案件办成黑道中人黑吃黑的普通抢劫案，对朝廷谎说孙中山等人意在劫夺闱姓饷银[1]，并无大志，陆皓东不利于自己的《供词》则一字不题。

经师爷反复斟酌，谭钟麟的奏章是这样写的：

“提截获之四十馀名分别审讯，据供皆在香港佣工度日，闻杨衢云言省城现有招募，每月给饷十元，先给盘费附轮到省，各给红带一条为号，不意上岸即被截住。实系为招募而来，并不知别事。反复推诘，各供如前。”[2]

既属“愚民被惑”，当然只能无罪释放，还得各发盘川一元，以善言安慰，催促离开，越快越好。谭钟麟心中打的这个自欺欺人的小九九，倒让60多位革命志士侥幸逃过一劫。

12月7日，两广总督府正式对孙中山、杨衢云等人发出通缉令，除沿街张贴外，还在香港的《华字日报》等报大登广告，以“花红”厚赏为诱饵，诱使民众捉拿“乱党”。

“花红”赏格的原文如下：

孙文即逸仙，香山县人，花红银一千元。

杨衢云，香山县人，本籍福建，花红银一千元。

朱浩，清远人；汤亚才，花县人。以上三百元。

王质甫，江西人；陈焕洲，南海县人；侯艾泉，香山县人；刘秉祥，清远县人；李亚举，香山县人；吴士材，潮州人；魏友琴。

[1] 即赌款。当时广州盛行以考中科举的秀才的姓氏开赌，称为“闱姓”。

[2] 冯自由：《中华民国开国前革命史》，第17—19页。

归善县人；李芝，南海县人。以上二百元。

夏亚伯，新会县人；陈少白即夔石，新会县人；莫亨，顺德县人；黄丽彬，清远县人。以上一百元。[1]

清廷颁布的这些公告、赏格，原该扫入历史的垃圾堆。这里照录，是为了让读者重温一遍那些不朽的名字，记住那些最早为中国民主革命做出贡献和牺牲的先辈们。

李征庸在任香山知县时，曾被认为是较“开明”的官员，孙中山在翠亨村实施村政改革时，还曾得到他的支持。然而，事过境迁，出任南海知县的李征庸，却成了镇压起义的刽子手。官场对人性的腐蚀与戕害之深于此可见一斑！

兴中会——中国民主革命时期的第一个反清革命团体，终为自己的年轻和缺乏经验而付出了沉重的代价！

10 月 30 日，也就是广州起义失败后的第三天，香港《华字日报》除刊出南海、番禺两县联合发出的缉拿“匪党”孙文等人的《告示》外，还以特大篇幅，以《正据省城访事人来函登报间忽接阅省中中西报所载此事甚详，因全录之，以供诸君快睹》为题，刊出关于这次起义的特稿。由于采访条件的局限，甚或消息本就来自官方，因而它所提供的细节未必全部符合历史真实，但最少勾画了一个较完整的轮廓，可以作为历史的佐证。

消息全文如下：

“统带巡防营卓勇李芷香大令，查得香港及省城附近村乡等处，迩来时有匪徒出没，谋为不轨，并查得省垣双门底王家祠内云冈别墅有孙文即孙逸仙有内引诱匪徒运筹划策，即于初九日带勇往捕，先经逃去，即拿获匪党程准陆号（皓）东二名，又在南

[1] 冯自由：《中华民国开国前革命史》，第 14 页。

关咸虾栏李公馆拿获三匪，并搜出大饭镬二只，长柄洋利斧十五把，是屋崇垣大厦，能容千人，闻前再日有数十人在屋内团聚，因风声洩漏，先被逃去，当将五匪带回营中审讯，供词闪烁，言语支吾。复于十一早派勇前往火船埔头及各客栈严密棚访，未几，而香港夜火船保安由港抵省，船上搭客有匪四百馀人，勇等见其形迹可疑，正欲回营出队截捕，已被陆续散去，只获得四十余人回营讯问，内有朱贵铨邱四二名，均各指为头目，但据朱贵铨初上堂时自认为王贵，迨经各匪指证，始供实姓名，王贵即朱贵铨，并据诸匪所供，系朱贵铨偕其兄朱某及邱四声言招募壮勇，每名月给粮银十员，惟未知何往。其兄朱某前数日经已招得四百余人，先行他往，当在火船时有银八百余元，由朱贵铨及邱四除交轮胎水脚外，每人先给过银五毫，其银系朱贵铨亲手分派，并由邱四每人给红带四尺五寸，以为暗号，又教以除暴安良口号四字，并带上面盖，以鸿毛泥下藏洋枪码子及短枪等物。当即照会税务司，悉心查搜，果查获军火，惟未知多少。而据朱贵铨邱四所供，则谓以鸿毛泥桶载军火来省，已不自此次始矣，并先有党徒来省租便房二十余间，以为屯聚之所，刻下党与（羽）已约有四万馀人，原拟齐集赤垣后，先中（在）藩署前起事，若能得手，即由花县清远一路北上云云。该匪等谋为不轨，幸为李芷香大令先期查获，以遏乱萌，否则五羊城中仓促起事，虽有兵勇，其如迅雷，不及掩耳，何呜呼险矣。而李大令之功亦伟矣。”

11 月 6 日，也就是陆皓东等遇害的前一天，《华字日报》再次以《省释无辜》为题，刊出了续闻：

“十一日早在火船埔头拿获乱党四十余名，闻经官宪提讯得实，除朱邱两名各指为头目外，复有数犯供同谋乱者，严禁狱中，其余则供称彼等在港因无生计，遇匪首诡言招募勇丁，每月薪金可得十元，遂应其募，匪首并不言招往何处，及引落轮船，每人发给洋银五毫，并授红边带一条，始知招人作乱，其时轮已开行，惊闻犯法亦无作走返，然路上屡经推卸，曾言我等欲保全首领，断不相从，船上人所共闻，恳求开恩明察等语。众口一词，官宪细察，一干人语出真诚，念其愚昧无知，不过被匪徒瞒煽，即据情申详大宪，并谓乱党虽许以多金，而伊等不肯从贼，询属良民。大宪详阅批令，概行省释，并每名着银一元，俾作川资，速返乡里，如再为逗留，一经查出，当作匪徒惩办云云。大宪此次开网施恩，并加优恤，彼冥顽之辈，亦当感激无概矣。"

这篇提前一天刊出的报道，内容与两广总督谭钟麟上报朝廷的奏折的措词如出一辙，这就证明了，消息必定来自官方。

孙中山在飞南第陪同下抵达香港并与陈少白会合后，谈起何去何从，两人都拿不定主意。孙中山回西医书院找老师康德黎，康德黎建议他先找律师商量。于是，孙中山特地请教英国律师达尼思："你看我们留在香港有没有危险？"

达尼思熟悉香港法律，但香港司法史上并无关于处置外地"谋反者"的案例。沉吟许久，才谨慎地回答："香港不是清廷的势力范围，但仍须提防暗算。我看，还是尽快离开香港为宜。"

见孙中山沉默不语，达尼思再补充一句："北京的臂膀虽弱，但仍是很长很长的。不管走到哪里，都需要当心他们的耳目。"

从达尼思的办公室出来后，孙中山立即找到陈少白，说："律师劝告我们离开香港，我们还是走吧！"

两人找来报纸，打开一看，发现有一艘船当晚开船去安南，但那艘船是货船，不设客座。此外，还有一艘"广岛丸号"是明天早晨去日本的，虽然也是货船，却有 4 个舱位。孙中山于是偕同陈少白、郑士良，于 10 月 30 日离开香港东渡日本，杨衢云则经新加坡前往南非约翰内斯堡，其后再转日本，辗转在各地发展兴中会。

1896 年初，谭钟麟特派专使前往香港，向英国官方提出引渡孙中山、杨衢云等革命党人的要求。港督不愿把人交给清廷，但也不便让他们继续留住，于是向其实已经离开香港的孙中山、杨衢云、陈少白 3 人发出“驱逐令”，勒令他们 5 年内不许踏足香港。同年 4 月 5 日，谭钟麟致电清政府总理事务衙门，要求总署和各国驻华公使交涉，以后若有要犯潜入香港、澳门，准许清政府知照外国巡捕会同查拿。

在清政府的淫威下，偌大的中国，再也没有孙中山的容身之地了。从此，孙中山开始了在海外长达 16 年的漂泊不定的革命生涯。

陆皓东的死，令孙中山极为悲痛，称之为“命士之英才”“为中国有史以来为共和革命而牺牲者之第一人”“死节之烈，浩气英风，实足为后死者之模范”。[1] 为了纪念他，1900 年惠州三洲田起义时，用的仍是他设计的“青天白日”旗，其后，1907 年潮州、黄岗起义，1908 年云南、河口起义，1910 年广州新军起义，1911 年广州黄花岗起义，1913 年组织中华革命党，1917 年、1921 年南下护法，用的都是这面旗子。红底是同盟会成立后增加的，寓意它由烈士的鲜血所染成。[2]

1895 年广州重阳节起义是辛亥革命史上的第一次武装起义。虽然一枪未响便告失败，但已为中国的民主革命拉开了序幕。正如辛亥革命元老之一的胡汉民所说：“由于先生这一次的起义，才觉醒了醉生梦死的中国同胞，这是伟大的国民工作之开始，中国民族恢复自由平等的起点，在革命史上应该占最重要光荣的一页。”[3]

孙中山发动和领导广州重阳节起义时，年仅 29 岁。

在国人传统观念中，29 岁已经步入青壮年了。但对志在开创新纪元的革命者说来，29 年华还很年轻、很年轻。人生道路很长，革命的道路更长，要做的事情还有很多很多。29 岁的孙中山，怀着一颗宽宏、博大、永远年

[1]《有志竟成》，载《孙中山全集》第六卷。中华书局 1981 年 8 月版，第 235 页。

[2] 孙中山：《革命起源》，载《中国近代史资料丛刊 · 辛亥革命》（一），上海人民出版社 1957 年版。

[3] 胡汉民：《贯彻总理首次起义精神 · 革命理论与革命工作》第 7 辑，上海民智书局 1932 年版。

轻的心，要在布满荆棘的神州古陆上，开辟一条通往民主共和的大道，不知疲倦地走下去，走下去……

尾声

1895年10月30日，孙中山与陈少白、郑士良3人乘坐“广岛丸”号，从香港出发前往日本，由于在海上遇到强风，14天后才抵达日本神户。抵达神户后，为了解国内和香港的动态，孙中山上岸买了份报纸。孙中山虽然不懂日文，但还可以从夹杂在日文中的中国字，约略猜出文章说些什么。翻开报纸后，孙中山不由得眼前一亮，“支那革命党孙逸仙”等字眼赫然入目。

孙中山知道，日本人口中的“支那”就是“中国”，但报上所说的“革命党”，孙中山寻思许久，才明白，这“革命党”三字，指的就是他们的兴中会！

孙中山兴奋地对陈少白说:“革命二字出于《易经》,原文为‘汤武革命，顺乎天而应乎人’，日本人称我们为革命党，确实十分恰当。这‘革命党’三字，含义甚佳。我党以后就称作革命党好了。”

陈少白点头赞同：“太好了。过去，我们囿于成见，总以为，‘革命’就是‘改革天命’，说到底还是离不开‘皇帝’。从这个角度看，我们在广州举行的起义，还是只能叫作暴动、造反，总有点‘以下犯上’的味道，一谈起来就把许多人吓走了。”

孙中山和陈少白的兴奋是有道理的。过去，2000多年来，“革命”一词的使用范围相当狭窄，只限于由开国之君所主导的改朝换代时候才用。老百姓由下而上发动的，只能称作造反、暴动、起义。换用“革命”一词，那就意味着宣称自己的行动是顺应民意、合乎天理的，是光明正大，值得自豪的！

就从这天开始，“革命”一词，成了国人耳熟能详的政治术语，直到今天，凡是带根本性的重大改革都可以称作“革命”，如思想革命、产业革命、教育革命等等。[1]

在神户，孙中山还做了一件他认为很重要的事，那就是把他从小蓄留的辫子剪掉，接着一连几天不刮脸，在上嘴唇顶边留起胡髭。早在檀香山读书时就已渴望剪除的辫子，此刻终于由他自己亲手剪掉了。

陈少白也动手剪掉脑后的辫子。

郑士良望着二人兴高采烈的样子，只是含笑敛手一旁，并不动手。

望着二人投来的奇异眼光，郑士良解释说：“我还得回国发动起义呢，留着这劳什子方便些。”

听到这话，孙、陈二人也就不做声了。

孙中山等人还是第一次到日本，人地生疏，语言也不通，下一步该怎么办？

孙中山想起上回途经日本时，在船上认识的谭发，按他留下的地址在横滨中华街找到了他。谭发马上安排 3 人住宿，把他们引到冯镜如开设在山下町五十三番地的文经印刷店二楼，并为剪去辫子的孙中山和陈少白各缝一套西装。孙中山住下后，横滨华侨纷纷到访，孙中山趁热打铁，协助他们在 11 月 20 日正式成立“兴中会横滨分会”，会长冯镜如。加入分会的，还有冯镜如的弟弟冯紫珊和冯镜如的 14 岁儿子冯懋龙，以及谭发、温遇贵、温炳臣、黎炳垣、梁达卿、赵明乐、赵峄琴等 30 多人。为了表示与康有为领导的保皇党决裂，冯懋龙后来还把自己的名字改为冯自由。

孙中山到日本后不久，中日甲午战争已经结束，两国随即复交，清政府驻日公使即将到任。外面风传，日本政府可能按照清政府的要求引渡革命党人。孙中山感到难以在日本再待下去，于是决定回到檀香山去。檀香山是兴中会的发祥地，孙中山惦记留在那里的同志，也想在那里发动更多

[1] 作者按：“革命”一词，是孙中山到日本后才引进中国，并被广泛使用的。本书在行文中多处使用这一词语，是为了照顾今天读者的阅读习惯。由于本书所涉及的事件都发生在 1896 年以前，因而书中使用的“革命”一词，实际上大都应以“造反”“暴动”“起义”“起事”等词语取代。

的华侨参与革命。经与陈、郑二人商量，决定留陈少白在日本继续工作，派郑士良回国收拾残部，以图东山再起。

这时，孙中山已经身无分文，只得开口向横滨兴中会借钱。一听借钱，部分会员便面有难色，只有冯镜如、冯紫珊兄弟拿出500元送给孙中山。孙中山给陈少白、郑士良两人各100元，余下留给自己买赴檀香山的船票，于1896年1月回到了檀香山。

抵达檀香山后，他首先到茂宜岛看望大哥。其时，孙母杨太夫人、妻子卢慕贞、儿子孙科、女儿孙娫等已由兴中会会员陆灿护送回檀香山，阖家团聚，自然非常高兴。

孙中山向大哥报告广州起义失败的经过，孙眉鼓励他："改朝换代那样的大事，不是一次就能成功的。继续干下去吧，记住我这句话：勿忘初衷！"

孙眉还变卖了部分物业，继续筹钱给孙中山做革命经费。孙中山接过款后，首先想到的，就是寄还冯氏兄弟的500元。

虽然得到大哥孙眉坚定支持，但孙中山在檀香山华侨中已难以开展工作，广州起义的失败，令不少华侨对革命失去了信心。在此情况下，孙中山觉得"久留檀岛，无大作为"，因而在与母亲、妻子、儿女短暂团聚后，决定只身前往美、欧，争取世界范围内的广大华侨的支持。

1896年9月底，孙中山不慎被清廷密探挟持到伦敦的大清帝国驻英

1901年4月，孙中山在檀香山与家人的合影。中坐者为孙母杨太夫人。后排左起：月红（侍女）、孙眉夫人谭氏、义侄细威、长兄孙眉、孙中山、孙中山夫人卢慕贞、义女孙顺霞（孙眉养女）、新兰（侍女）；前排三个小孩是孙中山子女，左起孙科、孙婉、孙娫。

康德黎（1851—1926）

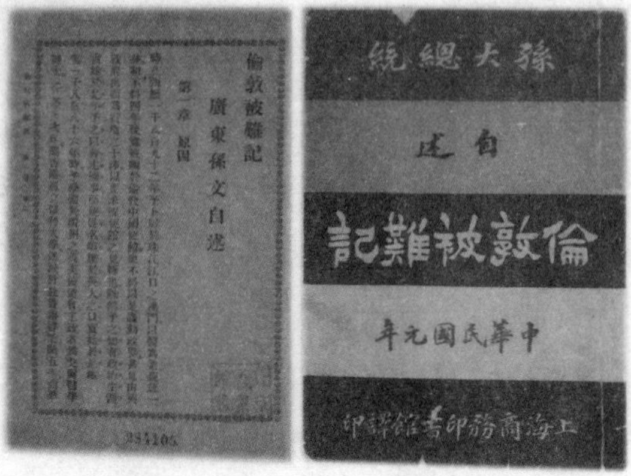

孙中山：《伦敦被难记》

公使馆。幸得康德黎在收到孙中山设法送出的密函后，不停奔走营救，在报界和社会中引起强烈反响，迫使英国首相兼外交大臣索尔兹伯里向清公使馆发出抗议照会，孙中山才得以走出囚禁他达 12 天的斗室。获释不久，孙中山即用英文写成了《伦敦蒙难记》一书在英国出版。此书一出，孙中山的名字和他所领导的革命党广为世人所知。清公使馆弄巧成拙，反而替孙中山领导的革命党做了免费宣传。

脱险后，孙中山留在伦敦研读西方著述和考察社会政治情况。1897 年 8 月，孙中山再次前往日本。在日本期间，孙中山还认识了对中国革命怀着好感的日本青年宫崎滔天和平山周，《伦敦被难记》的日文版就是由宫崎滔天翻译出版的。

宫崎滔天和平山周深为孙中山的胸怀、见识和抱负所感动，决意为孙中山和中国革命出力，但同时，也为孙中山的安全担忧。为此，他们陪着孙中山找寻旅馆，最后来到“对鹤馆”旅馆，由平山周替孙中山在登记册上登记。孙中山那时处于流亡中，不便公开姓名、身份。填什么好呢？平山周忽然想起刚才路过中山侯爵府时所见的那块牌匾，于是顺手在登记册写下“中山”两字。按日本习俗，“中山”只是个姓，还得配上个名字，平山周不觉执笔踌躇。正在此时，孙中山接过笔，在“中山”两字下面添了一个“樵”字。他笑着对平山周说：“我就是中国的山樵，一个出生在小山村里的农民的儿子。”——以上，就是现在我们都很熟悉的“孙中山”一名的由来。不过，孙中山本人在签署文件和往来信件时，最常用的依然还是“孙文”。至于欧美朋友，则喜欢称他为 Dr. Sun Yat-sen。Dr 是 Doctor 的缩写，在英语中，Doctor 有两种含义，一为“博士”，一为“执业医生”。常见有人把 Dr. Sun Yat-sen 的中文译成“孙逸仙博士”，那显然是误译了。

到日本后不久，孙中山即委派陈少白到台湾筹组兴中会分会。1899 年夏，改派陈少白赴香港筹办《中国日报》，从此，同盟会有了自己的第一份机关报。

同年 11 月，兴中会约集哥老会、三合会、洪门会三会首领在香港共议大事，与会的有杨衢云、郑士良、陈少白、李纪堂、宫崎滔天和平山周等。会上决定三会合并，成立“兴汉会”，公推孙中山为总会长。1905 年 8 月，兴中会、兴华会、复兴会三会在东京合并，成立同盟会，孙中山被推举为总理。其后，孙中山一直在美国、加拿大和东南亚等海外各地活动。

1900 年 1 月，杨衢云辞去兴中会会长之职，由孙中山接任。

同年，义和团运动在山东爆发，不久便在中国北方形成燎原之势。孙中山“以为机不可失”，同年 5 月潜回香港策划惠州起义。由于香港政府早前颁布的禁令仍然有效，孙中山无法上岸，只好在船上主持会议，决定

1898 年孙中山、杨衢云等人在日本的合照。前排左起：安永东之助、杨衢云、平山周、末永节、内田良平；后排左起：可儿长一、小山雄太郎、宫崎寅藏、孙中山、清藤幸七郎、大原义刚。

由郑士良赴惠州发动起义，杨衢云在香港负责筹饷及购买枪械。会后，郑士良出发到惠州联络会党、绿林，同年10月发动起义。起义初期进展顺利，队伍猛增至2万多人。由于日本方面出尔反尔，武器弹药迟迟不能运到，苦战半月后，起义军终告弹尽援绝，被迫解散。郑士良回香港后，悲愤交加，不久即郁郁而终。[1]

杨衢云从惠州返回香港后，再遭清政府通缉。两广总督德寿悬赏3万元买他的头颅。同志们见他处境危险，都劝他出国暂避。

没想到，杨衢云激动起来，说："男人大丈夫。死了就死了，躲避什么！我宁可依靠授徒教书养妻活儿，也不愿虚耗公款过日子。从参加革命的那天起，我就把个人生死置于度外了。"

1901年1月10日，清廷雇用的杀手潜至杨衢云寓所。其时，杨衢云正在家里备课，凶手冲上二楼，举枪便射。杨衢云急以手中的英文字典阻挡，并将身体尽量压低，结果，子弹穿透字典，打中他的胸旁肋骨。杨衢云护女心切，急把女儿藏到身后，来不及取手枪反击。刺客趁机再向他胸膛连射三枪，然后与在门外把风的3名匪徒一起逃之夭夭。杨衢云虽负重伤，仍忍痛自裹伤口，下楼乘竹轿到医院，翌日凌晨因失血过多身亡。据称，这次谋杀，是由曾经镇压广州重阳节起义的广州巡勇管带李家焯一手策划的。

随着"乾亨行"关闭和孙中山的离港，兴中会将总部转移到富商李纪

李纪堂（1874—1943）

香港屯门青山红楼旧址

[1] 另一说是被清廷收买的奸细下药毒死。

堂在屯门青山开办的农场里。此后，“青山红楼”一直是革命党人在香港的重要基地。

李纪堂是在1895年10月在日本认识孙中山的，见面后，深为孙中山的革命热情所感染。尽管由于广州起义失败，一般人闻兴中会之名而变色，李纪堂却无惧自身安危，请谢缵泰介绍自己加入兴中会。翌年，李纪堂父亲病逝，李纪堂继承了亡父遗下的“益隆银号”。为了继承杨衢云烈士的遗志，1903年，谢缵泰、李纪堂等联系洪秀全的堂侄洪全福，以三合会会众为主，由李纪堂资助全额50万元军饷，准备在广州再次发动起义，并已约定惠州、东莞、香山等地会党及城北绿林同时动手，不幸因遭军火商出卖而失败。经此役后，李纪堂家财损耗过半，终至因生意失败而破产。

从1895年10月到1911年4月，16年间，孙中山愈挫愈奋，先后策划了10次武装起义。按时间顺序，依次为：

1. 乙未广州之役（1895年10月），也称广州重阳节起义。

2. 庚子惠州之役（1900年10月），也称惠州三洲田起义。

3. 丁未黄冈之役（1907年5月），也称潮州黄冈起义。该次起义同时又是同盟会成立后组织的第一次武装起义。

4. 丁未惠州七女湖之役（1907年6月），也称惠州七女湖起义。

5. 丁未防城之役（1907年9月），也称钦廉防城起义。

6. 丁未镇南关之役（1907年12月），也称镇南关起义。

7. 戊申马笃山之役（1908年3月），也称钦康上思起义。

8. 戊申河口之役（1908年4月），也称河口起义。

9. 庚戌广州新军之役（1910年2月），也称广州新军起义。

10. 辛亥广州三月二十九日之役（1911年4月），也称黄花冈起义。

面对一次又一次的失败，孙中山总是百折不挠，鼓励同志再接再厉，直到取得胜利。

孙中山还从失败中获得启示：仅在南方沿海发动起义是不够的，必须让革命浪潮席卷内地、席卷清政府心脏地带。为此，他在海外宣传发动、筹集革命经费的同时，还与当时在国内的同盟会的另一位领袖黄兴一直保持着密切联系。

1910 年 3 月间，孙中山再一次回到檀香山。这时，孙中山领导的同盟会已得到世界华人的广泛支持。当他提前给檀香山的兴中会员卢信发出即将抵达的电报后，卢信以香山同乡的名义组织迎接，由于檀香山华侨多为祖籍香山，因而闻讯而来听孙中山用香山话作演讲的华侨竟占了檀香山所有华侨的六成。

在卢信[1]任职的《自由新报》编辑部里，孙中山与原先的兴中会会员们见了面。见面时，孙中山让他们重新填写盟书。有会员不解其意，说："我们不是已经填写过了吗？"

孙中山出示新的誓词，那上面写的是：

"××× 当天发誓，同心协力，驱除鞑虏清朝，建立中华民国，实行民生主义，矢忠矢言，有始有卒，如或渝盟，任众处罚。

主盟人 ×××，介绍人 ×××，加盟人 ×××"

檀香山的兴中会员们这才明白：新的誓词把当前革命的三大目标"驱除鞑虏清朝，建立中华民国，实行民生主义"鲜明点出，作为行动指南，因而更为清晰，更为一目了然了。

孙中山在停留檀香山的两个多月期间，到处宣传演讲，又简化了加盟手续，在他鼓动下，华侨纷纷宣誓入会。其后，孙中山取道日本，继续前往马来亚槟城等地。[2]

1911 年 10 月 10 日武昌起义爆发时，孙中山正在美国筹募革命经费。住在美国科罗拉多州丹佛市的旅馆"布朗宫"321 房。

10 天前，孙中山在赴美国北部的筹饷途中，曾接到黄兴从香港发来的密

[1] 卢信（1885—1933），广东省顺德县人。1903 年曾应陈少白邀请任《中国日报》记者，成为香港同盟会首批会员，后奉孙中山委派，到檀香山创办《新自由报》。

[2] 温雄飞：《1910 年孙中山在檀香山》，该文原载美国三藩市《时代报》。这里转自《中山人在夏威夷》，中山市华侨历史学会编，1995 年 8 月，第 64-75 页。

1896年孙中山摄于美国三藩市

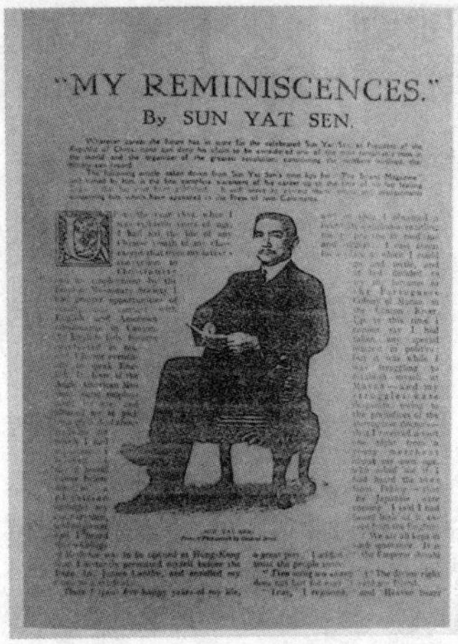

"MY REMINISCENCES."
By SUN YAT SEN.

《滨海日报》刊出的孙中山《我的回忆》

电，由于密码本夹在交付托运的行李中，直到10月11日抵达丹佛市后，才取回密码本译出了黄兴的电文：

“居正从武汉到广，报告新军必动，请急汇款应急。”

时值深夜，孙中山本拟复电，却因坐车终日，神思倦怠，打算明早精神清爽时再考虑复电的措词，不料一睡睡到第二天午前11点。醒来后，孙中山觉得有点饿，准备到饭堂用膳，途经报馆时，买了份报纸。到膳堂坐下后打开报纸，立刻读到“武昌为革命党占领”的消息，不禁喜出望外。

这时，已是武昌起义的第3天了。孙中山立刻回电黄兴，表示热烈祝贺，并说明迟迟未及复电的原因。

复电后，孙中山本想立刻回国，但又想到即将成立的共和国，必将在外交、财力等方面遇到困难。为了给新政府改善内外环境，切断西方列强对清廷的援助，孙中山决定暂不回国，先到美、欧各国走一遍，游说各国支持革命政府。

在前往芝加哥的火车上，孙中山又在报上读到“武昌革命军为奉孙逸仙命令而起者，拟建共和国体，其首任总统，当属之孙逸仙”等消息。对此，孙中山持格外审慎态度，尽量避免与喜欢寻根问底的新闻记者接触。途中，他坦率地对友人说，他组织革命“乃为救国，非为一己之谋”。

其后，孙中山先后到过美国的芝加哥、华盛顿和纽约，11 月 2 日启程前往欧洲，先后访问了英国和法国。由于西方列强与清政府的千丝万缕利益关系，各国对中国革命多持观望态度，因而孙中山所进行的外交活动只取得有限成果。孙中山觉得“个人所尽义务已尽于此矣”，于是，在国内一再来电催促回国的情况下，于 1911 年 11 月 24 日，从法国马赛港乘搭邮轮启程回国。

而在孙中山的家乡香山县，在武昌起义的鼓舞下，以林君复、郑彼岸等同盟会员为首的革命党人，经过近一年的准备，奉同盟会南方支部指示，于同年 11 月 3—7 日，在县内的小榄、前山、石岐三地同时发动起义，香山石岐成为广东省内第一座成功光复的县城，随即移师广州，促成广东全境的光复。其间，孙中山、陆皓东所曾联系的小榄三合会首领李就和隆都乡团的首领，如溪角乡的刘卓棠、龙聚环乡的刘汉华、象角乡的彭雄佳、豪吐乡的高胜瑚、坎下乡的梁守、港头乡的胡孔初、安堂乡的林秀、申明亭乡的杨落云、南文乡的萧某等，尤其是事前安插在前山新军中的同盟会会员何振、黄显庭、张志林等发挥了重大作用。

1911 年 12 月 21 日，孙中山乘船回到香港。尚未下船，胡汉民、廖仲恺等广东革命党人就前往香港欢迎。

此时，港英政府尚未撤销不准孙中山入境的禁令，因此，同盟会香山支部负责人林君复、林警魂等赶到香港时，孙中山是在邮轮上倾听他们关于香山起义的汇报的。

林君复（1879—1942）

郑彼岸（1879—1975）

1911 年 12 月 25 日，孙中山抵达上海。

人还未到上海，中外各报就已盛传孙中山携带巨款回国，将会用于资助革命军。

刚上码头，大批记者

武昌起义后孙中山由海外兼程回国，在轮船上留影。

便蜂拥而至，七嘴八舌地问他带回多少钱。

孙中山微微一笑，回答说："此刻的我不名一文，我所带回的，是人世间最宝贵的东西，那就是革命的精神！"

当天，上海《民立报》刊出题为《欢迎！欢迎！》的评论文章；美洲全体同盟会会员致电《民立报》并转南京各省代表，电文称：

"孙先生才德望重，中外相孚，请举为总统，内慰舆望，外镇强邻。"

此时，全国已有17省宣布效忠革命政府。12月26日，由黄兴、陈其美主持，邀集在沪同盟会员，在爱丽园宴请孙中山。席间，黄兴、陈其美、宋教仁等"密商举先生为大总统"，决定当晚在孙中山寓所"召集同盟会最高干部会议，商讨组织临时政府方案"。会议决定，12月29日选举临时大总统。

27日上午，孙中山接见各省代表会议。其中许多人还是第一次见到孙中山，见他仪态威严，却又和蔼可亲，在原则问题上表态果决、坚毅，都感到名不虚传。一位代表在事后回忆说："当时感到惊异的，是先生的语气真挚亢爽，直截了当，有当仁不让、舍我其谁之慨，一洗中国缙绅虚伪谦逊、矫揉造作之态，虽细微处，亦见伟大。”[1]

12月29日，苏、浙、皖、赣、闽、鄂、湘、粤、桂、川、滇、直、鲁、晋、豫、陕、奉17省代表45人、列席代表2人，以省为单位投票。在总数17票中，孙中山以16票的绝对多数当选（另一票为黄兴），会后，大会致电此时还在上海的孙中山，决定委派临时议长汤尔和等急赴上海，迎接孙中山到南京就职。

1912年1月1日上午10时，孙中山的火车专列在万民恭送下离开上海，下午5时抵达南京下关，驻南京的军队、群众、各国领事隆重欢迎，鸣礼炮，奏军乐，军队举枪致敬，军舰鸣炮21响。孙中山转乘小火车专列进城，“沿铁路遍悬旗帜，密布军队、市民夹道欢呼……各店铺悬挂烛灯，夹以旗帜，颇为壮观”。

临时大总统孙中山

孙中山出任临时大总统时在总统府门外合照

下午6时15分，孙中山抵达总统府[2]，随即改乘蓝色绣花绸马车，军乐队骑马前导，后随警卫，由黄兴迎接入总统府。

当夜10时，就职典礼在总统府大堂举行。军人从大门起左右站立，五色国旗飘扬。新军第九镇统制徐绍桢任司仪，数百名军官及各省代表出席典礼。孙中山面南而立，右边是从各省代表中推举的山西代表景耀月，左边是即将担任总统府秘书长的胡汉民。胡汉民旁为担任代表会议秘书工作的江苏代表袁希洛，手捧临时大总统大印。典礼开始时，与会人员排满

[1] 王耿雄：《孙中山史事详录》，天津人民出版社1996年版，第70页。
[2] 原太平天国天王府、清两江总督署。

两旁的石阶，奏军乐，鸣炮 21 响，向临时大总统三鞠躬后，由景耀月报告选举情况，再请大总统宣读誓词：

“颠覆满清专制政府，巩固中华民国，图谋民生幸福，此国民之公意，文实遵之。以忠于国，为众服务。至专制政府既倒，国内无变乱，民国卓立于世界，为列邦公认，斯文将解临时大总统之职。谨以此誓于国民。中华民国元年元旦。孙文。”[1]

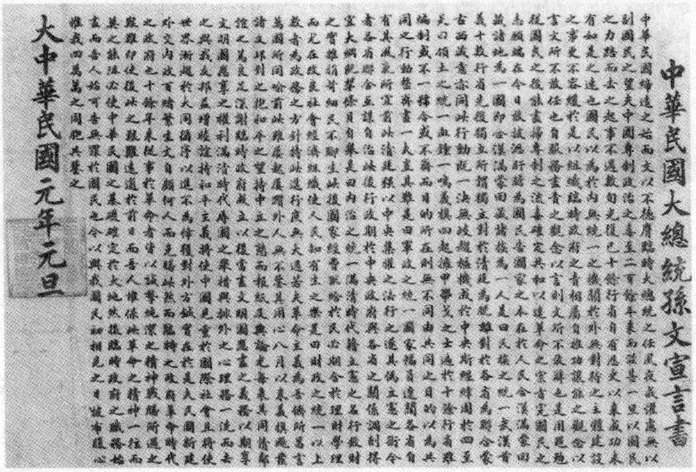
中華民國大總統孫文宣言書

大中華民國元年元旦

大总统宣言

宣誓毕，孙中山请胡汉民将“中华民国临时大总统”印盖在《就职宣言》上，并代为宣读：

中华民国临时大总统印

“夫民国新建，外交内政，百绪繁生。文自顾何人，而克胜此？然而临时之政府，革命时代之政府也。十余年来，从事于革命者，皆以诚挚纯洁之精神，战胜所遇之艰难，即使后此之艰难，远逾于前日，而

[1]《孙中山全集》第二卷，第 1 页。

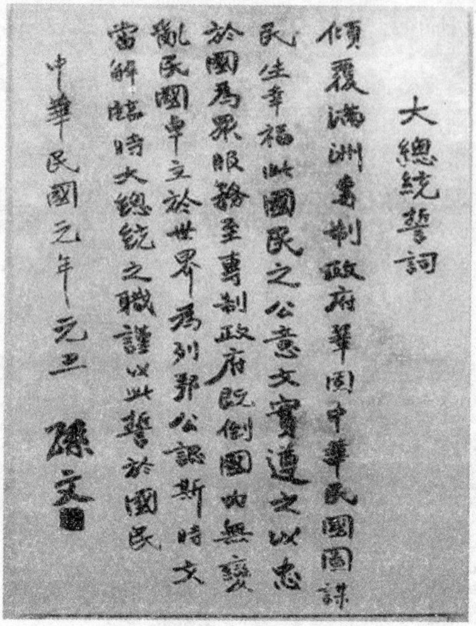
大總統誓詞

傾覆滿洲專制政府鞏固中華民國圖謀民生幸福此國民之公意文實遵之以忠於國為眾服務至專制政府既倒國內無變亂民國卓立於世界為列邦公認斯時文當解臨時大總統之職謹以此誓於國民

中華民國元年元旦 孫文

大总统誓词

吾人惟此保革命之精神，一往而莫之能挡，必使中华民国之基础，确定于大地，然后临时政府之职务始尽，而吾人始可无罪于国民也。今以与我国民初相见之日，推布腹心，惟我四万万之同胞共鉴之。”[1]

最后，与会人员三呼“中华共和万岁”！奏乐。礼成。

根据大会决议，孙中山宣布：定国号为中华民国。改用阳历，以黄帝纪元四千六百九年十一月十三日[2]为中华民国元年元旦。第二天通告全国。[3]

典礼后，孙中山设宴招待代表、来宾。宴毕，孙中山亲送代表出门，代表请总统留步。孙中山说：“民国人民是国家的主人，总统是人民的公仆，各位是主人的代表，礼当送至阶下。”代表们听了，无不为之感动。

中华民国的建立，是中国历史上的划时代大事，同时也是亚洲历史上的划时代大事。它庄严地向全世界宣布，亚洲的第一个民主共和国在中国诞生了！

中华民国的建立，意味着在中国延续了2000多年的封建君主专制制度的终结，人民从此成了国家的主人。而孙中山，这位从贫困、落后的山村翠亨走出来的农家少年，以他坚毅果敢的性格、坚定不移的信念，把历代封建帝皇自吹自擂、借以欺骗愚弄人民的“天命”踩在脚下，成为兆民

[1]《孙中山全集》第二卷，第1页。
[2] 即公历1912年1月1日。
[3]《孙中山全集》第二卷，第5页。

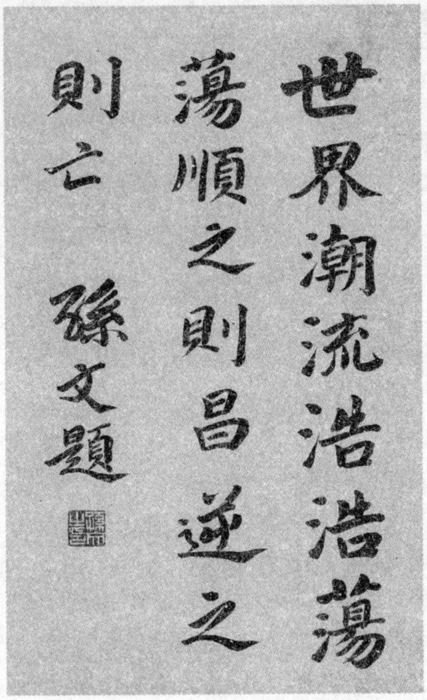

孙中山题词

拥戴、无可争议的共和国的首任总统，为中国的民主革命写下辉煌壮丽的一章。孙中山所推崇的“天下为公”精神，已经成为中华民族的共同理想。此后的路，纵然还会有曲折，历史的巨轮，谁也无法阻挡。

“世界潮流，浩浩荡荡。顺之则昌，逆之则亡。”

这就是孙中山为历史所做的结论！

主要参考书目

孙中山故居纪念馆：《孙中山的家世——资料与研究》，中国大百科全书出版社 2011 年 11 月版。

翠亨孙中山纪念馆：《中国民主革命的伟大先驱孙中山》(图片集)，中国大百科全书出版社 2001 年 3 月版。

翠亨孙中山纪念馆：《孙中山的家属和后裔》(图片集)，中国大百科全书出版社 2001 年 3 月版。

《孙中山客家始祖在宁都》，载《宁都文史专辑》，亚太国际图书有限公司 2011 年 10 月版。

《孙中山先生先代故乡资料专辑》，《东莞文史》第 26 期。

中山市孙中山研究会：《孙中山与香山——孙中山研究文集第三辑》，2011 年 11 月版。

中山市孙中山研究会：《孙中山研究文集》第六辑，花城出版社 2014 年 1 月版。

《孙中山文粹》，广东人民出版社 1996 年 10 月版。

《孙中山全集》，中华书局 1981 年 8 月版。

黄彦：《孙文选集》，广东人民出版社 2006 年 11 月版。

《孙中山在广州》，载《广州文史》第 50 辑，广东人民出版社 1996 年 10 月版。

孙必胜：《我的曾祖父——孙眉》，广东人民出版社 2011 年 9 月版。

章依萍、吴曙天：《孙中山先生》，儿童书局中华民国二十二年八月版。

蒋永敬：《孙中山与辛亥革命》，台湾商务印书馆，2011 年 10 月版。

冯自由：《中华民国开国前革命史》，广东师范大学出版社 2011 年 3 月版。

冯自由：《革命逸史》，中华书局 1981 年版。

高良佐：《孙中山先生传》，甘肃人民出版社 2006 年版。

李凡：《孙中山全传》，北京出版社 1996 年 3 月版。

茅家琦等：《孙中山评传》，南京大学出版社 2001 年 5 月版。

李伯新：《孙中山的亲属和后裔》，载《中山文史》第 27 辑。

李伯新：《孙中山史迹忆访录》，载《中山文史》第 38 辑。

李伯新：《孙中山故乡翠亨》，香港天马出版有限公司 2006 年 10 月版。

葛培林：《孙中山与香港》，载《中山文史》第 56 辑。

黄健敏：《孙眉年谱》，文物出版社，2006 年 10 月版。

陆灿著、黄健敏译：《我所认识的孙逸仙——童年朋友陆灿的回忆》，文物出版社 2008 年 10 月版。

林百克著，：《孙中山与中华民国——美国顾问眼中的孙中山》，高敬、范红霞译，东方出版社 2013 年 12 月版。

黄宇和著:《三十岁前的孙中山:翠亨、檀岛、香港，1866—1895》，生活·读书·新知三联书店，2012 年 4 月版。

李联海：《孙中山轶事》，广东人民出版社 1985 年 12 月版。

陈树荣：《孙中山与澳门》，澳门君亮堂出版社 2013 年 12 月版。

郑国强、刘居上、陈树荣：《孙中山与澳门》（历史纪录片），澳门莲花卫视 2011 年 10 月版。

吴志良、汤开建、金国平：《澳门编年史》第四卷，广东人民出版社 2009 年 12 月版。

附录一

孙中山1866—1895年大事年表

1866年11月12日（清同治五年，丙寅十月初六）

诞生于广东省香山县翠亨村的一个贫苦农民家庭。

1869年　3岁

10月9日，祖母黄氏逝世。

1871年　5岁

9月3日，妹秋绮生（1912年卒）。

是年，孙眉赴檀香山谋生。

1872年　6岁

开始在家中参加农业劳动。

1873年　7岁

听二叔母程氏讲述金星门外轮船和洋人的情况。

1875年（清光绪元年乙亥）　9岁

入村塾读书，听冯观爽讲太平天国故事，以“洪秀全第二”自许。

1876年　10岁

对社会的黑暗现象表示不满。

1878年　12岁

孙眉回乡完婚。

1879年　13岁

5月2日，随母赴檀香山。

9月，入檀香山意奥兰尼学校读书。

1882年　16岁

7月27日，毕业于意奥兰尼学校。

秋，入檀香山奥鸦湖学院读书。

1883年　17岁

7月，因欲受洗入基督教，被孙眉勒令回国。在翠亨村倡行村政改革。

秋，与陆皓东毁坏北极殿神像，被驱逐出村。

11月，到香港入拔萃书院读书，12月退学。

年底，与陆皓东受洗入基督教。

1884年　18岁

4月15日，转学香港中央书院。

5月26日，在翠亨村与卢慕贞结婚。

11月，接孙眉函召，再赴檀香山。

1885年　19岁

4月，自檀香山回国。同月，中法条约签订。

8月，赴香港中央书院读书。

1886年　20岁

秋，入广州博济医院附设南华医学堂读书。认识郑士良、尢列。

1887年　21岁

9月，转学香港西医书院。结识何启、康德黎。

冬，达成公病重，回乡奉侍，孙眉亦回乡。

1888年　22岁

3月24日，达成公病逝，与孙眉言归于好。

1890年　24岁

1月，介绍陈少白入香港西医书院读书。

是年，上书郑藻如，主张效法西方，就农业、禁烟、教育等进行改良。

与陈少白、尢列、杨鹤龄等大谈反清，被称为“四大寇”。

1891年　25岁

10月20日，长子孙科出生。

是年，结识杨衢云。

1892年　26岁

7月23日，以第一名成绩在香港西医书院毕业。

秋，拟赴北京任职，未果。改赴澳门镜湖医院行医。

12月18日，在澳门开设“中西药局”。

是年，以孙翠溪为名撰写的《农功》一文，被收入郑观应编写的《盛世危言》。

1893年　27岁

是年，受澳门葡籍医生排挤和澳门当局刁难，转至广州行医。

初冬，回翠亨村草拟《上李鸿章书》。

1894年　28岁

1月，携《上李鸿章书》稿从翠亨村回广州。

2月，偕陆皓东赴上海走访郑观应，并结交王韬，找投书李鸿章的门径。

6月，抵天津上书李鸿章。

7月25日，中日甲午战争爆发。

游历京津，以窥清廷之虚实；深入武汉，以观长江之形势。

10月，从上海经日本抵达檀香山，在华侨中宣传革命。

11月24日，在檀香山组建反清革命团体兴中会。

1895年　29岁

1月下旬，从檀香山到香港，途经横滨与华侨陈清等接触。

2月21日，在香港成立兴中会总机关，修订《兴中会章程》。

3月1日，与日本驻香港领事会晤，请其援助起义。

3月13日，与杨衢云等在香港策划广州起义。

4月，中日《马关条约》签订。

10月，广州重阳节起义失败，脱险后，经香港逃亡日本。

11月中旬，在横滨成立兴中会分会，断发改装前往檀香山。

致郑藻如书[1]

（1890年）

窃维立身当推己以及人，行道贵由近而致远。某留心经济之学十有余年矣，远至欧洲时局之变迁，上至历朝制度之沿革，大则两间之天道人事，小则泰西之格致语言，多有旁及。方今国家风气大开，此材当不沦落。某之翘首以期用世者非一日矣，每欲上书总署，以陈时势之得失。第以所学虽有师承，而见闻半资典籍；运筹纵悉于胸中，而决策未尝施诸实事：则坐而言者，未必可起而行。此其力学十余年，而犹踌躇审慎，未敢遽求知于当道者，恐躬之不逮也。

某今年二十有四矣，生而贫，既不能学八股以博科名，又无力纳粟以登仕版，而得之于赋畀者；又不敢自弃于盛世。今欲以平时所学，小以试之一邑，以验其无谬，然后仿贾生之《至言》、杜牧之《罪言》，而别为孙某《策略》，质之当世，未为迟也。伏以台驾为一邑物望所归，闻于乡间，无善不举，兴蚕桑之利，除鸦片之害，俱著成效。倘从此推而广之，直可风行天下，利百世，岂惟一乡一邑之沾其利而已哉！

呜呼！今天下农桑之不振，鸦片之为害，亦已甚矣！远者无论矣，试观吾邑东南一带之山，秃然不毛，本可植果以收利，蓄木以为薪，而无人兴之。农民只知斩伐，而不知种植，此安得其不胜用耶？蚕桑则向无闻焉，询之老农，每谓土地薄，间见园中偶植一桑，未尝不滂勃而生，想亦无人为之倡者，而遂因之不广耳。不然，地之生物岂有异哉？纵无彼土之盛，亦可以人事培之。道在鼓励农民，如泰西兴农之会，为之先导。此实事之

[1] 据《濠头月刊》第十四、十五期合刊（广东中山县一九四七年十月版）《孙总理致郑藻如书》。

欲试者一。

古者圣人为民驱其虫蛇禽兽而处之中土，而民乃得安熙于无事。今夫鸦片，物非虫蛇，而为祸尤烈，举天下皆被其灾，此而不除，民奚以生？然议焚议辟，既无补于时限；言禁言种，亦何益于国计。事机一错，贻祸无穷，未尝不咎当时主持之失计也。今英都人士倡禁鸦片贸易于中国，时贤兴敌烟会于内，印度教士又有遏种、遏卖、遏吸，俱有其人，想烟害之灭当不越于斯时矣。然而懦夫劣士，惯恋烟霞，虽禁令已申，犹不能一时折枪碎斗。此吾邑立会以劝戒，设局以助戒，当不容缓；推贵乡已获之效，仿沪上戒烟之规。此实事之欲试者二。

远观历代，横览九洲，人才之盛衰，风俗之淳靡，实关教化。教之有道，则人才济济，风俗丕丕，而国以强；否则返此。呜呼！今天下之失教亦已久矣，古之庠序无闻焉，综人数而核之，不识丁者十有七八，妇女识字者百中无一。此人才（安得）不乏，风俗安得不颓，国家安得不弱？此所谓弃天生之材而自安于弱，虽多置铁甲、广购军装，亦莫能强也！必也多设学校，使天下无不学之人，无不学之地。则智者不致失学而嬉；而愚者亦赖学以知理，不致流于颓悍；妇孺亦皆晓诗书。如是，则人才安得不盛，风俗安得不良，国家安得而不强哉！然则学校之设，遍周于一国则不易，而举之于一邑亦无难。先立一兴学之会，以总理其事。每户百家，设男女蒙馆各一所，其费随地筹之，不给则总会捐助。又于邑城设大学馆一所，选蒙馆聪颖子弟入之，其费通邑合筹。以吾富庶之众，筹此二款，当无难事。此实事之欲试者三。

之斯三者，有关于天下国家甚大，倘能举而行之，必有他邑起而效者。将见一倡百和，利以此兴，害以此除，而人才亦以此辈出，未始非吾邑之大幸，而吾国之大幸也。某甚望于台驾有以提倡之，台驾其有意乎？兹谨拟创办节略，另缮呈览，恳为斧裁而督教之，幸甚。

上李鸿章书[1]

（1894年6月）

宫太傅爵中堂钧座：

敬禀者：窃文籍隶粤东，世居香邑，曾于香港考授英国医士。幼尝游学外洋，于泰西之语言文字，政治礼俗，与夫天算地舆之学，格物化学之理，皆略有所窥；而尤留心于其富国强兵之道，化民成俗之规；至于时局变迁之故，睦邻交际之宜，辄能洞其阃奥。当今光〔风〕气日开，四方毕集，正值国家励精图治之时，朝廷勤求政理之日，每欲以管见所知，指陈时事，上诸当道，以备刍荛之采。嗣以人微言轻，未敢遽达。比见国家奋筹富强之术，月异日新，不遗余力，骎骎乎将与欧洲并驾矣。快舰、飞车、电邮、火械，昔日西人之所恃以凌我者，我今亦已有之，其他新法亦接踵举行。则凡所以安内攘外之大经，富国强兵之远略，在当局诸公已筹之稔矣。又有轺车四出，则外国之一举一动，亦无不周知。草野小民，生逢盛世，惟有逖听欢呼、闻风鼓舞而已，夫复何所指陈？然而犹有所言者，正欲于乘可为之时，以竭其愚夫之千虑，仰赞高深于万一也。

窃尝深维欧洲富强之本，不尽在于船坚炮利，垒固兵强，而在于人能尽其才，地能尽其利，物能尽其用，货能畅其流——此四事者，富强之大经，治国之大本也。我国家欲恢扩宏图，勤求远略，仿行西法以筹自强，而不急于此四者，徒惟坚船利炮之是务，是舍本而图末也。

所谓人能尽其才者，在教养有道，鼓励有方，任使得法也。

夫人不能生而知，必待学而后知，人不能皆好学，必待教而后学，故

[1] 据《万国公报》月刊第69、70册（光绪二十年九月、十月上海出版）连载的广东香山来稿《上李傅相书》。

作之君，作之师，所以教养之也。自古教养之道，莫备于中华，惜日久废弛，庠序亦仅存其名而已。泰西诸邦崛起近世，深得三代之遗风，库序学校遍布国中，人无贵贱皆奋于学。凡天地万物之理，人生日用之事，皆列于学之中，使通国之人童而习之，各就性质之所近而肆力焉。又各设有专师，津津启导，虽理至幽微，事至奥妙，皆能有法以晓喻之，有器以窥测之。其所学由浅而深，自简及繁，故人之灵明日廓，智慧日积也。质有愚智，非学无以别其才，才有全偏，非学无以成其用，有学校以陶冶之，则智者进焉，愚者止焉，偏才者专焉，全才者普焉。盖贤才之生，或千百里而见一，或千万人而有一，若非随地随人而施教之，则贤才亦以无学而自废，以至于湮没而不彰。泰西人才之众多者，有此教养之道也。

且人之才志不一，其上焉者，有不徒苟生于世之心，则虽处布衣而以天下为己任，此其人必能发奋为雄，卓异自立，无待乎勉勖也，所谓“豪杰之士不待文王丙犹［后］兴也”。至中焉者，端赖乎鼓励以方，故泰西之士，虽一才一艺之微，而国家必宠以科名，自［是］故人能自奋，士不虚生。逮至学成名立之余，出而用世，则又有学会以资其博，学报以进其益，萃全国学者之能，日稽考于古人之所已知，推求乎今人之所不逮，翻陈出新，开世人无限之灵机，阐天地无穷之奥理，则士处其间，岂复有孤陋寡闻者哉？又学者倘能穷一新理，创一新器，必邀国家之上赏，则其国之士，岂有不专心致志者哉？此泰西各种学问所以日新月异而岁不同，几于夺造化而疑鬼神者，有此鼓励之方也。

今使人于所习非所用，所用非所长，则虽智者无以称其职，而巧者易以饰其非。如此用人，必致野有遗贤，朝多幸进。泰西治国之规，大有唐虞之用意。其用人也，务取所长而久其职。故为文官者，其途必由仕学院，为武官者，其途必由武学堂，若其他，文学渊博者为士师，农学熟悉者为农长，工程达练者为监工，商情谙习者为商董，皆就少年所学而任其职。总之，凡学堂课此一业，则国家有此一官，幼而学者即壮之所行，其学而优者则能仕。且恒守一途，有升迁而无更调。夫久任则阅历深，习惯则智巧出，加之厚其养廉，永其俸禄，则无瞻顾之心，而能专一其志。此泰西之官无苟且，吏尽勤劳者，有此任使之法也。

故教养有道，则天无枉生之才；鼓励以方，则野无郁抑之士；任使得法，则朝无幸进之徒。斯三者不失其序，则人能尽其才矣；人既尽其才，则百事俱举；百事举矣，则富强不足谋也。秉国钧者，盍于此留意哉！

所谓地能尽其利者，在农政有官，农务有学，耕耨有器也。

夫地利者，生民之命脉。自后稷教民稼穑，我中国之农政古有专官。乃后世之为民牧者，以为三代以上民间养生之事未备，故能生民能养民者为善政；三代以下民间养生之事已备，故听民自生自养而不再扰之，便为善政——此中国今日农政之所以日就废弛也。农民只知恒守古法，不思变通，垦荒不力，水利不修，遂致劳多而获少，民食日艰。水道河渠，昔之所以利农田者，今转而为农田之害矣。如北之黄河固无论矣，即如广东之东、西、北三江，于古未尝有患，今则为患年甚一年，推之他省，亦比比如是。此由于无专责之农官以理之，农民虽患之而无如何，欲修之而力不逮，不得不付之于茫茫之定数而已。年中失时伤稼，通国计之，其数不知几千亿兆，此其耗于水者固如此其多矣。其他荒地之不辟，山泽之不治，每年遗利又不知凡几。所谓地有遗利，民有余力，生谷之土未尽垦，山泽之利未尽出也，如此而欲致富不亦难乎！泰西国家深明致富之大源，在于无遗地利，无失农时，故特设专官经略其事，凡有利于农田者无不兴，有害于农田者无不除。如印度之恒河，美国之密士，其昔泛滥之患亦不亚于黄河，而卒能平治之者，人事未始不可以补天工也。有国家者，可不急设农官以劝其民哉！

水患平矣，水利兴矣，荒土辟矣，而犹不能谓之地无遗利而生民养民之事备也，盖人民则日有加多，而土地不能以日广也。倘不日求进益，日出新法，则荒土既垦之后，人民之溢于地者，不将又有饥馑之患乎？是在急兴农学，讲求树畜，速其长植，倍其繁衍，以弥此憾也。顾天生人为万物之灵，故备万物为之用，而万物固无穷也，在人之灵能取之用之而已。夫人不能以土养，而土可生五谷百果以养人；人不能以草食，而草可长六畜以为人食。夫土也，草也，固取不尽而用不竭者也，是在人能考土性之所宜，别土质之美劣而已。倘若明其理法，则能反硗土为沃壤，化瘠土为良田，此农家之地学、化学也。别种类之生机，分结实之厚薄，察草木之性质，明六畜之生理，则繁衍可期而人事得操其权，此农家之植物学、动物学也。日光能助物之生长，电力能速物之成熟，此农家之格物学也。蠹蚀宜防，疫疠宜避，此又农家之医学也。农学既明，则能使同等之田产数倍之物，是无异将一亩之田变为数亩之用，即无异将一国之地广为数国之大也。如此，则民虽增数倍，可无饥馑之忧矣。此农政学堂所宜亟设也。

农官既设，农学既兴，则非有巧机无以节其劳，非有灵器无以速其事，此农器宜讲求也。自古深耕易耨，皆借牛马之劳，乃近世制器日精，多以器代牛马之用，以其费力少而成功多也。如犁田，则一器能作数百牛马之工；起水，则一器能溉千顷之稻；收获，则一器能当数百人之刈。他如凿井浚河，非机无以济其事，垦荒伐木，有器易以收其功。机器之于农，其用亦大矣哉。故泰西创器之家，日竭灵思，孜孜不已，则异日农器之精，当又有过于此时者矣。我中国宜购其器而仿制之。

故农政有官则百姓劝［勤］，农务有学则树畜精，耕耨有器则人力省，此三者，我国所当仿行以收其地利者也。

所谓物能尽其用者，在穷理日精，机器日巧，不作无益以害有益也。

泰西之儒以格致为生民根本之务，舍此则无以兴物利民，由是孜孜然日以穷理致用为事。如化学精，则凡动植矿质之物，昔人已知其用者，固能广而用之，昔人未知其用者，今亦考出以为用。火油也，昔日弃置如遗，今为日用之要需，每年入口为洋货之一大宗。煤液也，昔日视为无用，今可炼为药品，炼为颜料。又煮沙以作玻器，化土以取矾精，煅石以为田料，诸如此类，不胜缕书。此皆从化学之理而得收物之用，年中不知裕几许财源，我国倘能推而仿之，亦致富之一大经也。格致之学明，则电风水火皆为我用。以风动轮而代人工，以水冲机而省煤力，压力相吸而升水，电性相感而生光，此犹其小焉者也。至于火作汽以运舟车，虽万马所不能及，风潮所不能当；电气传邮，顷刻万里，此其用为何如哉！然而物之用更有不止于此者，在人能穷求其理，理愈明而用愈广。如电，无形无质，似物非物，其气付于万物之中，运乎六合之内；其为用较万物为最广而又最灵，可以作烛，可以传邮，可以运机，可以毓物，可以开矿。顾作烛、传邮已大行于宇内，而运机之用近始知之，将来必尽弃其煤机而用电力也。毓物开矿之功，尚未大明，将来亦必有智者究其理，则生五谷，长万物，取五金，不待天工而由人事也。然而取电必资乎力，而发力必借乎煤，近又有人想出新法，用瀑布之水力以生电，以器蓄之，可待不时之用，可供随地之需，此又取之无禁，用之不竭者也。由此而推，物用愈求则人力愈省，将来必至人只用心，不事劳人力而全役物力矣。此理有固然，事所必至也。

机器巧，则百艺兴，制作盛，上而军国要需，下而民生日用，皆能日就精良而省财力，故作人力所不作之工，成人事所不成之物。如五金之矿，有机器以开，则碎坚石如齑粉，透深井以吸泉，得以辟天地之宝藏矣。织造有机，则千万人所作之工，半日可就；至缫废丝，织绒呢，则化无用为有用矣。机器之大用不能遍举。我中国地大物博，无所不具，倘能推广机器之用，则开矿治河，易收成效，纺纱织布，有以裕民。不然，则大地之宝藏，全国之材物，多有废弃于无用者，每年之耗不知凡几。如是，而国安得不贫，而民安得不瘠哉！谋富国者，可不讲求机器之用欤。

物理讲矣，机器精矣，若不节惜物力，亦无以固国本而裕民生也。故泰西之民，鲜作无益。我中国之民，俗尚鬼神，年中迎神赛会之举，化帛烧纸之资，全国计之每年当在数千万。此以有用之财作无益之事，以有用之物作无用之施，此冥冥一大漏卮，其数较鸦片为尤甚，亦有国者所当并禁也。

夫物也者，有天生之物，有地产之物，有人成之物。天生之物如光、热、电者，各国之所共，在穷理之浅深以为取用之多少。地产者如五金、百谷，各国所自有，在能善取而善用之也。人成之物，则系于机器之灵笨与人力之勤惰。故穷理日精则物用呈，机器日巧则成物多，不作无益则物力节，是亦开财源节财流之一大端也。

所谓货能畅其流者，在关卡之无阻难，保商之有善法，多轮船铁道之载运也。

夫百货者，成之农工而运于商旅，以此地之赢余济彼方之不足，其功亦不亚于生物成物也。故泰西各国体恤商情，只抽海口之税，只设入国之关，货之为民生日用所不急者重其税，货之为民生日用所必需者轻其敛。入口抽税之外，则全国运行，无所阻滞，无再纳之征，无再过之卡。此其百货畅流，商贾云集，财源日裕，国势日强也。中国则不然。过省有关，越境有卡，海口完纳，又有补抽，处处敛征，节节阻滞。是奚异到［遍］地风波，满天荆棘。商贾为之裹足，负贩从而怨嗟。如此而欲百货畅流也，岂不难乎？夫贩运者亦百姓生财之一大道也，百姓足，君孰与不足；百姓不足，君孰与足？以今日关卡之滥征，吏胥之多弊，商贾之怨毒，诚不能以此终古也。徒削平民之脂膏，于国计民生初无所裨。谋富强者，宜急为留意于斯，则天下幸甚！

夫商贾逐什一之利，别父母，离乡井，多为饥寒所驱，经商异地，情至苦，事至艰也。若国家不为体恤，不为保护，则小者无以觅蝇头微利，大者无以展鸿业远图。故泰西之民出外经商，国家必设兵船、领事为之护卫，而商亦自设保局银行，与相倚恃。国政与商政并兴，兵饷以［与］商财为表里。故英之能倾印度，扼南洋，夺非洲，并澳土者，商力为之也。盖兵无饷则不行，饷非商则不集。西人之虎视寰区，凭凌中夏者，亦商为之也。是故商者，亦一国富强之所关也。我中国自与西人互市以来，利权皆为所夺者，其故何哉？以彼能保商，我不能保商，而反剥损遏抑之也。商不见保则货物不流，货物不流则财源不聚，是虽地大物博，无益也。以其以天生之材为废材，人成之物为废物，则更何贵于多也。数百年前，美洲之地犹今日之地，何以今富而昔贫？是贵有商焉为之经营，为之转运也；商之能转运者，有国家为之维持保护也。谋富强者，可不急于保商哉！

夫商务之能兴，又全恃舟车之利便。故西人于水，则轮船无所不通，五洋四海恍若户庭，万国九洲俨同阛阓。辟穷荒之绝岛以立商廛，求上国之名都以为租界，集殊方之货宝［实］，聚列国之商氓。此通商之埠所以贸易繁兴、财货山积者，有轮船为之运载也。于陆，则铁道纵横，四通八达，凡轮船所不至，有轮车以济之。其利较轮船为尤溥，以无波涛之险，无礁石之虞。数十年来，泰西各国虽山僻之区亦行铁轨，故其货物能转输利便，运接灵速；遇一方困乏，四境济之，虽有荒旱之灾，而无饥馑之患。故凡有铁路之邦，则全国四通八达，流行无滞；无铁路之国，动辄掣肘，比之瘫痪不仁。地球各邦今已视铁路为命脉矣，岂特便商贾之载运而已哉。今我国家亦恍然于轮船铁路之益矣，故沿海则设招商之轮船，于陆则兴官商之铁路。但轮船只行于沿海大江，虽足与西人颉颃而收我利权，然不多设于校河内港，亦不能畅我货流，便我商运也。铁路先通于关外，而不急于繁富之区，则无以收一时之利。而为后日推广之图，必也先设于繁富之区，如粤港、苏沪、津通等处，路一成而效立见，可以利转输，可以励富户，则继之以推广者，商股必多，而国家亦易为力。试观南洋英属诸埠，其筑路之资大半为华商集股，利之所在，人共趋之。华商何厚于英属而薄于宗邦？是在谋国者有以乘势而利导之而已。此招商兴路之扼要也。

故无关卡之阻难，则商贾愿出于其市；有保商之善法，则殷富亦乐于贸迁；多轮船铁路之载运，则货物之盘费轻。如此，而货有不畅其流者乎？货流既畅，则财源自足矣。筹富国者，当以商务收其效也。不然，徒以聚敛为工，捐纳为计，吾未见其能富也。

夫人能尽其才则百事兴，地能尽其利则民食足，物能尽其用则材力丰，货能畅其流则财源裕。故曰：此四者，富强之大经，治国之大本也。四者既得，然后修我政理，宏我规模，治我军实，保我藩邦，欧洲其能匹哉！

顾我中国仿效西法，于今已三十余年。育人才则有同文、方言各馆，水师、武备诸学堂；裕财源则辟煤金之矿，立纺织制造之局；兴商务则招商轮船、开平铁路，已后先辉映矣。而犹不能与欧洲颉颃者，其故何哉？以不能举此四大纲，而举国并行之也。间尝统筹全局，窃以中国之人民材力，而能步武泰西，参行新法，其时不过二十年，必能驾欧洲而上之，盖谓此也。试观日本一国，与西人通商后于我，仿效西方亦后于我，其维新之政为日几何，而今日成效已大有可观，以能举此四大纲而举国行之，而无一人阻之。夫天下之事，不患不能行，而患无行之之人。方今中国之不振，固患于能行之人少，而尤患于不知之人多。夫能行之人少，尚可借材异国以代为之行；不知之人多，则虽有人能代行，而不知之辈必竭力以阻挠。此昔日国家每举一事，非格于成例，辄阻于群议者。此中国之极大病源也。

窃尝闻之，昔我中堂经营乎海军、铁路也，尝唇为之焦，舌为之敝，苦心劳虑数十余年，然后成此北洋之一军、津关之一路。夫以中堂之勋名功业，任寄股肱，而又和易同众，行之尚如此其艰，其他可知矣。中国有此膏肓之病而不能除，则虽尧舜复生，禹皋佐治，无能为也，更何期其效于二十年哉？此志士之所以灰心，豪杰之所以扼腕，文昔日所以欲捐其学而匿迹于医术者，殆为此也。然而天道循环，无往不复，人事否泰，穷极则通，猛剂遽投，膏肓渐愈。逮乎法衅告平之后，士大夫多喜谈洋务矣，而拘迂自囿之辈亦颇欲驰域外之观，此风气之变革，亦强弱之转机。近年以来，一切新政次第施行，虽所谓四大之纲不能齐举，然而为之以渐，其发轫于斯乎？此文今日之所以望风而兴起也。

窃维我中堂自中兴而后，经略南北洋，孜孜然以培育人材为急务。建学堂，招俊秀，聘西师而督课之，费巨款而不惜。遇有一艺之成，一技之巧，则奖励倍加，如获异宝。诚以治国经邦，人才为急，心至苦而事至盛也。尝以无缘沾雨露之濡，叨桃李之植，深用为憾。顾文之生二十有八年矣，自成童就傅以至于今，未尝离学，虽未能为八股以博科名，工章句以邀时誉，然于圣贤六经之旨，国家治乱之源，生民根本之计，则无时不往复于胸中，于今之所谓西学者概已有所涉猎，而所谓专门之学亦已穷求其一矣。推中堂育才爱士之心，揆国家时势当务之急，如文者亦当在陶冶而收用之列，故不自知其驽下而敢求知于左右者，盖有慨乎大局，蒿目时艰，而不敢以岩穴自居也。所谓乘可为之时，以竭愚夫之千虑，用以仰赞高深，非欲徒撰空言以渎清听，自附于干谒者流，盖欲躬行而实践之，必求泽沛乎万民也。

窃维今日之急务，固无逾于此四大端，然而条目工夫不能造次，举措施布各有缓急。虽首在陶冶人才，而举国并兴学校非十年无以致其功，时势之危急恐不能少须。何也？盖今日之中国已大有人满之患矣，其势已岌岌不可终日。上则仕途壅塞，下则游手而嬉，嗷嗷之众，何以安此？明之闯贼，近之发匪，皆乘饥馑之余，因人满之势，遂至溃裂四出，为毒天下。方今伏莽时闻，灾荒频见，完善之地已形觅食之艰，凶祲之区难免流离之祸，是丰年不免于冻馁，而荒岁必至于死亡。由斯而往，其势必至日甚一日，不急挽救，岂能无忧？夫国以民为本，民以食为天，不足食胡以养民？不养民胡以立国？是在先养而后教，此农政之兴尤为今日之急务也。且农为我中国自古之大政，故天子有亲耕之典以劝万民，今欲振兴农务，亦不过广我故规，参行新法而已。民习于所知，虽有更革，必无倾骇，成效一见，争相乐从，虽举国遍行，为力尚易，为时亦速也。且令天下之人皆知新法之益，如此则踵行他政，必无扞格之虞，其益固不止一端也。

窃以我国家自欲行西法以来，惟农政一事未闻仿效，派往外洋肄业学生亦未闻有入农政学堂者，而所聘西儒亦未见有一农学之师，此亦筹富强之一憾事也。文游学之余，兼涉树艺，泰西农学之书间尝观览，于考地质、察物理之法略有所知。每与乡间老农谈论耕植，尝教之选种之理，粪溉之法，多有成效。文乡居香山之东，负山濒海，地多砂碛，土质硗劣，不宜于耕；故乡之人多游贾于四方，通商之后颇称富饶。近年以美洲逐客，檀岛禁工，各口茶商又多亏折，乡间景况大逊前时，觅食农民尤为不易。文思所以广其农利，欲去禾而树桑，通［迨］为考核地质，知其颇不宜于种桑，而甚宜于波毕。近以愤于英人禁烟之议难成，遂劝农人栽鸦片，旧岁于农隙试之，其浆果与印度公土无异，每亩可获利数十金。现已群相仿效，户户欲栽，今冬农隙所种必广。此无碍于农田而有补于漏卮，亦一时权宜之计也。他日盛行，必能尽夺印烟之利，盖其气味较公土为尤佳，迥非川滇各土之可比。去冬所产数斤，凡嗜阿芙蓉之癖者争相购吸，以此决其能夺印烟之利也必矣。印烟之利既夺，英人可不勉而自禁，英人既禁，我可不栽，此时而申禁吸之令，则百年大患可崇朝而灭矣。劝种罂粟，实禁鸦片之权舆也。由栽烟一事观之，则知农民之见利必趋，群相仿效，到处皆然，是则农政之兴，甚易措手。其法先设农师学堂一所，选好学博物之士课之，三年有成，然后派往各省分设学堂，以课农家聪颖子弟。又每省设立农艺博览会一所，与学堂相表里，广集各方之物产，时与老农互相考证。此办法之纲领也，至其详细节目，当另著他编，条分缕晰，可以坐言而起行，所谓非欲徒托空言者此也。

文之先人躬耕数代，文于树艺牧畜诸端，耳濡目染，洞悉奥窔；泰西理法亦颇有心得。至各国土地之所宜，种类之佳劣，非遍历其境，未易周知。文今年拟有法国之行，从游其国之蚕学名家，考究蚕桑新法，医治蚕病，并拟顺道往游环球各邦，观其农事。如中堂有意以兴农政，则文于回华后可再行游历内地、新疆、关外等处，察看情形，何处宜耕，何处宜牧，何处宜蚕，详明利益，尽仿西法，招民开垦，集商举办，此于国计民生大有裨益。所谓欲躬行实践，必求泽之沾沛乎民人者此也。惟深望于我中堂有以玉成其志而已。

伏维我中堂佐治以来，无利不兴，无弊不革，艰巨险阻尤所不辞。如筹海军、铁路之难尚毅然而成之，况于农桑之大政，为生民命脉之所关，且无行之之难，又有行之之人，岂尚有不为者乎？用敢不辞冒昧，侃侃而谈，为生民请命，伏祈采择施行，天下幸甚。

肃此具禀，恭叩钧绥。伏维垂鉴。

文谨禀

复翟理斯函[1]

（1896 年 11 月）

比闻间师[2]盛称足下深于中国文学，著述如林，近欲将仆生平事迹附入大作之内：并转示瑶函，属为布复。拜读之下，愧不敢当，夫仆也，半世无成，壮怀未已。生于晚世，目不得睹尧舜之凤，先王之化，心伤韃虏苛残，生民憔悴，遂甘赴汤火，不让当仁，纠合英雄，建旗倡义。拟驱除残贱，再造中华，以复三代之规，而步泰西之法，使万姓超甦，庶物昌运，此则应天顺人之作也。乃以人谋未臧，势偶不利，暂韬光锐，以待异时；来游上邦，以观隆治。不意清虏蓄此阴谋，肆其陷害，目无友邦，显违公法，暴虐无道，可见一斑。所赖贵国政仁法美，一夫不获，引以为辜。奸计不成，仆之幸也，抑亦中国四百兆生民之幸也。

足下昔游敝邦，潜心经史，当必（恍）然于敝国古先圣贤王教化文明之盛也。乃自清虏入寇，明社丘墟，中国文明论于蛮野，从来生民祸烈未有若斯之亟也。中华有志之士；无不握腕椎心忙！此仆所以出万死一生之计，以拯斯民于水火之中，而扶华夏于分崩之际也。独恐志愿宏奢，力有不逮耳。故久欲访求贵国士大夫之谙敝邦文献者，以资教益：并欲罗致贵国贤才奇杰，以助宏图。足下目睹中国之疮痍，民生之困荣，揆之胞与仁人义士，岂不同情？兹叨雅眷，思切倾葵，热血满腔，敢为一吐。更有恳者，仆等夸欲除虏兴治，罚罪救民，步法泰西，揖睦邻国；通商惠工各等事端举措施行，尚无良策。足下高明，当有所见，幸为赐教，匡我缺失，是所祷冀，

[1] 原刊于《孙中山全集》第一卷，第 46-48 页。原注为：翟理斯 {H. A. Gile 曲是妾国著名的汉学家，曾任驻华外交官多年。当时正值他在英国编纂《中国人名辞典》(Chinese Biographical Dictionary，于 1898 年出版），约请孙中山写一篇自传。这是孙中山对翟理斯来函的答复。原函无日期，时间为编者酌定。

[2] 间师：间地利，即康德黎。

至于仆生平事迹，本无足纪，既承明问，用述以闻：

仆姓孙名文，字载之，号逸仙，藉（籍）隶广东广州府香山县，生于一千八百六十六年华历十月十六日。幼读儒书，十二岁毕经业。十三岁随母往夏威仁岛（Hawaiia Islands），始见轮舟之奇，沧海之阔，自是有慕西学之心，穷天地之想。是年母复回华，文遂留岛依兄，入英监督所掌之书院（Iolani College，Horiolulu）肄业英文。三年后，再入美人所设之书院（Oahu College，Honolulu）肄业，此为岛中最高之书院。初拟在此满业，即往美国人大书院，肄习专门之学。后兄因其切慕耶稣之道，恐文进教为亲督责，着令回华，是十八岁时也。抵家后，亲亦无所督责，随其所慕。居乡数月，即往香港，再习英文，先入拔粹书室（Diucison [DioceSan] Home，Hong-kong）。数月之后，转入香港书院（Queen’s College H. K.）。又数月，因家事离院，再往夏岛（H. I.）。数月而回，自是停习英文，复治中国经史之学。二十一岁改习西医，先人广东省城美教士所设之博济医院（Canton Hospital）肄业。次年，转入香港新创之西医书院（College of Medicine for Chinese，Hongkong）。五年满业，考拔前茅，时二十六岁矣。此从师游学之大略也。

文早岁志窥远大，性慕新奇，故所学多博杂不纯。于中学则独好三代两汉之文，于西学刚雅癖达文之道（Darinism）；而格致政事，亦常浏览。至于教则崇耶稣，于人则仰中华之汤武暨美国华盛顿焉。（参见一八九六年十月二十六日《伦敦与中国电讯报》）

注：据佚名编《总理遗墨》（广东省社会科学院藏，出版时间不详）影印原函

我的回忆[1]

——与伦敦《滨海杂志》记者的讲话

（1911年11月中旬）

到1885年我18岁时为止，我一直过着像我那个社会阶层一般中国青年所过的那种生活。不同的只是，由于我父亲皈依基督教并任职于伦敦布道会，我有较多的机会和广州的英美传教士接触。有一位英国女士对我发生兴趣，我终于学会了讲英语。英美布道会的嘉约翰（Kerr）博士为我找到一份工作，并且让我学得了不少医学知识。我很喜欢这门学科，相信我将会有一个为我的同胞行医的有益的职业。当我一听到香港要开办一所医学院的消息，就立刻去见教务长康德黎博士，并且注册入学。

我在那里度过一生中欢乐的五年。1892年，我得到了一张准许以内外科医生行医的文凭。我多方设法寻找一个可以开业的地点，最后，决定到珠江口的葡萄牙殖民地澳门去碰碰运气。直到这个时候，还不能说我对政治有过什么特殊的兴趣。但是，正当我在澳门去为开业而奋斗，而我的奋斗又由于葡萄牙医生的歧视而四处碰壁的时候，一天晚上，有一个岁数和我差不多的年轻商人来访，问我是否听到北京传来的消息，说日本人就要打进来了。我说我只听英国人谈过，并不很清楚。我又说："我们都被蒙在鼓里，太遗憾了。皇帝应该对人民有点信任才行。"

"天命无常。"我的朋友说。

"对"，我表示同意，并且引述一句帝舜的话："天听自我民听。"

[1] 原刊于《孙中山全集》第一卷，中华书局1981年8月版，第547—558页。原书有注：此文为英文，原是《滨海杂志》(The Strand Magazine) 记者当时在伦敦访问孙中山的谈话记录。后经该杂志整理，请孙中山核阅并签名，以《我的回忆》(My Reminiscences) 为题发表。底本未说明谈话时间，因孙中山于是月11日抵伦敦，20日离开，故标为中旬。

那一晚我加入了少年中国党（Young China Party）。全世界现在都已知道困扰中国如此之久的弊端所在。但是，使我们受苦的主要祸根是愚昧。不让我们知道发生的任何情况，更不必说参加政府了。对我来说，由于经常和欧洲人交往，尝过他们那种自由的滋味，对这种状况就更加难以忍受。这时，我在澳门为谋求开业生涯而做出种种努力之后，不得不取下招牌，迁到了广州。接着是1894年中国败在日本手下，蒙受了奇耻大辱。我在广州建立一个哥老会的分支组织，并投身于会务工作。很快就有一批申请入会的徒众集合在我的周围。一天，有一名官员来找我，对我说："孙，你是个受注意的人物啦。"

"怎么？"我问。

"你的名声传到北京去了。还是小心点好。"

后来只因发生一个情况，才使我转危为安。传来的消息说，光绪皇帝已从梦中醒悟，不顾慈禧太后态度如何，有心赞助我们的革新。我立即草拟了一份请愿书，征集到数以百计的签名后，把它呈送到北京。

有一段时间，请愿书的命运和我们自身全部祸福未卜。随后发生了一件事，使朝廷把注意力集中到我们身上来。那就是，为进行对日战争而募集的广州兵勇被遣散了，他们并没有重操旧业，却跑来和我们在一起。此外，在广州的一帮巡勇中还出现了骚动不安，他们由于领不到薪饷而开始在市区劫掠财物。居民为此举行了一个群众大会，公推五百多人作为代表，前往巡抚衙门提出申诉。

"这是造反！"巡抚吼叫着，并立即下令逮捕为首分子。我逃脱了。这是我第一次脱逃，后来我又有多次类似的险遇。逃过了当局的毒手以后，我就急着去营救那些运气比我差的伙伴。我们拟订了一项大胆的计划，实行的时机似乎已经成熟。简单说来，就是要攻占广州城，并且坚持到我们的请愿被接纳，我们的冤情得到昭雪，新征的捐税被取消掉。而要做到这一点，就必须得到一大批汕头地方士兵的帮助，他们也是对现状不满的。我们的革新委员会（Reform committee）天天开会，并积聚了大批武器弹药，其中包括有炸药。一切都准备好了，完全取决于汕头士兵能否越野行军150多里前来和我们会合，从香港来的一支特遣队又能否及时赶到。在规定的时间，我和朋友们聚集在一所房子里，外面有成百名武装人员把守。同时派了三四十传令人员潜赴市区各处，通知我们的朋友们务必于次日凌晨准备就绪。一切似乎都在顺利进行，却突然来了一声晴天霹雳。这是汕头方面领导人拍给我的一份电报："官军戒备，无法前进。"

现在该怎么办？我们所依靠的正是汕头军队。我们试着召回我们的侦察人员，又给香港发了电报。但是来不及了，一支400多人的特遣队已经带着十箱左轮手枪乘轮船出发。我们的同谋者惊慌了，接着就开始出现一阵混乱，大家都想在风暴到来之前逃走。我们焚毁了所有的文件，贮藏好军械弹药。我潜逃到珠江三角洲海盗经常出没的河网地区，躲藏了几昼夜，终于登上一艘熟人的小汽艇。刚一抵达澳门，我就荣幸地看到了一份悬赏一万两银子通缉孙汶（即本人）的告示，而且听人说，一股巡勇截获那艘香港轮船，并立即逮捕了船上所有的人。1895年广州之役就这样结束了。

我在澳门只停留几个小时，在那里碰到了我的老相识，他对我说："怎么，孙，你现在真干起来了。"

我答道："不错，我已开始在干。你该记得你曾说过——'天命无常'。"

在香港，我的安全并不更有保障。听从康德黎博士的建议，我去请教一位律师达尼思先生。他告诉我，最有效的安全措施是马上远走高飞。

"北京的臂膀虽然弱，但仍然是长的"，他说。"不论你走到世界哪个角落，都必须留心总理衙门的耳目。"

幸亏我有朋友们的资助。我必须在此提及这些朋友们的坚定和忠诚，他们衷诚祝愿我多年来努力倡导的伟大事业能获得成功。他们从不曾使我失望。幸亏我除了旅行所需外，别无奢求。我常常一连好几个星期只靠少量水泡饭过日子，也作过好几百哩的徒步旅行。但有的时候，却有一大笔盛情难却的捐款交给我随意支配，因为在美国，有些侨胞很富裕、慷慨而且爱国。

我从香港逃到神户以后，采取了一个重大步骤，把我从小蓄留的辫子剪掉了。有好几天不刮脸，在上嘴唇顶边留起了胡髭。随后又到服装店买了一身新式的日本和服。当我穿戴好了，往镜里一照，只见面目全变，不禁吃了一惊，但也为此而感到放心。我得天独厚，比大多数中国人的肤色黑一些，这是我的母亲遗传给我的特征，因为我父亲更接近于常见的类型。

有人说我有马来血统，也有人说我出生在火奴鲁鲁，这两种说法都不确实。就我所知，我是纯粹的中国人。

但在中日甲午战后，日本人开始比以往更加受人尊重，而我只要留起头发和胡髭，就会轻易地被当作是日本人。我得承认，这种情况使我受惠不浅，不然的话，在许多危险关头我是难以逃脱的。即使是日本人，也常常把我看成是他们的同胞。有一次，正当我在一处公共场所被钉上梢时，有两个横滨人走过来和我说话，遗憾的是我连一句日语也不懂，但我在好几分钟中装出一副懂得日语的样子，以便把跟踪的密探摆脱掉。

离开日本以后，我在火奴鲁鲁度过了六个月。在那里，我也有过类似的经历。那里的侨胞很多，他们都张开双臂欢迎我。他们知道我的所有事迹，也知道清政府正悬重赏购求那个臭名昭著的“孙汶”的首级。在火奴鲁鲁时，我每天访客盈门，并且收到我的朋友们、革新党（Reform Party）党员及哥老会的信函和报告。随后我到了旧金山，并在美国各地进行一种凯旋式的旅行，间或听到消息说，驻华盛顿的中国公使正千方百计地要绑架我，将我解回中国。我深知，回国后将会有怎样的命运落到我的身上：首先他们将用老虎钳把我的踝骨夹紧，再用铁锤敲碎；接着是割掉我的眼皮；最后把我剁成碎块，使任何人都无法认出我的尸体。中国的旧刑律，对政治煽动者是从不心慈手软的。

1896 年 9 月，我渡海赴英国。次月 11 日，在中国使臣的指使下，我在伦敦波德兰区的中国公使馆被绑架。那次绑架事件已为举世所知，这里只须简单说几句就够了。我在严密的监视下被关在一个房间里达 12 天之久，就等着把我当作精神病患者用船运回中国。如果我的良师益友康德黎博士当时不在伦敦，我是根本不可能脱险的。经过多次失败的尝试，我设法让他知道了我的情况。他把这一消息通知各家报纸，警方和沙利斯堡勋爵终于在最后时刻出面干预，并且下令将我释放。

我在伦敦和巴黎作了一段时间的游历和研究之后，觉得该是回国的时候了。我认为，我的国家正需要我。当我回到国内，发现一切都处于扰攘不安的状态。现在全世界都已知道义和团所引起的乱子。在那段可怖的日子里，我经常发表谈话、写文章和演讲，比以往任何时候都更加坚信，没有任何东西能够阻挡这一场不可避免的革命。我每天提心吊胆地过日子，因为有一些极端分子开始与我为敌，这些人憎恨欧洲人和欧洲文明，一心要把“洋鬼子”赶出中国。

那时我又碰到另外一件重要的事情。有一次，我正向一群追随我的同伴演说，看到了一个身材瘦小的年青人，他身高不够五呎，年龄和我相仿，脸色苍白，显得体格纤弱。事后他来找我，对我说：“我愿意和你共同奋斗，我愿意帮助你。我相信你的宣传一定能够成功。”

从他的口音，我听出他是个美国人。他伸出手来，我紧紧握着向他道谢。但不知道他到底是什么样的人，我猜想他也许是个传教士或学者。我没有猜错。在他走后，我问一位朋友：“那个驼背的小个子是谁？”

“噢”，他说，“那是咸马里上校，当今世界上出色的军事天才之一——不，也许就是最出色的一个。他精通现代战争的战略战术。”

我吃惊得几乎合不拢嘴。

“正是他刚刚表示愿意和我共同奋斗。”

第二天早晨，我拜访了咸马里，现在他是将军，而且是《无知之勇》一书的著名作者。我告诉他，一旦我的革命获得成功，而我的同胞又授权于我，我将聘请他为首席军事顾问。

“不必等到你当上中国总统”，他说，“在那以前你就会需要我。没有军队，你既不可能建立也无法维持一个政权。我确信，中国人经过适当的训练就可以组成出色的军队。”

大多数经过欧式战术训练的新军，都是爱国而有志于革新，但在他们占领汉阳军火库之前，他们不会有弹药。因为发给他们的，向来都是些没有弹头和未经装药的空弹壳。

有些朋友经常为我的安全担心。而我本人，也许由于中国的宿命论还残留在我心上的原故，却把这类问题置之度外。我的死期临近时，总是要到来的。一天凌晨，当时我正在“南京”轮船上，一个人走进我的舱房。

“孙”，他说，“我是一个穷人，我有妻子儿女。”

“我明白了。你的意思是，有人出 100 块大洋让你出卖我？”

“还要多些”，他说。

“那么，1000？”

“5000，孙。你只是一个人，孙，而慈禧可以要许多人的命。她恨你，她决心要砍掉你的脑袋，那时候你的头对任何人都不会有什么好处。如果你现在把它给我，就可以使我们全家富裕和幸福。”

“的确如此”，我说。“我的头对于我一文不值，但是，他对于你难道就很值钱吗？因为如果你把我出卖了，官员们不仅会从你那里把那笔钱统统夺走，而且你的孩子、还有别家的孩子会继续穷困下去，千百年如此，永远没有尽头。金(Jin)，听着，我现在是你的了。我的头就是你的头。你愿意拿你自己的头去换5000大洋吗？‘天命无常’。只管去报告你的主子，我就在这船上，决不会走开。”

他跪倒在我的脚下，求我宽恕。但是第二天我听说那人投水自尽了，心里非常难过。因为他说过，他为他有过想要把我出卖给敌人的可耻念头，而感到无地自容。

我能够讲出许多有关悬赏我的首级的故事。说来令人感慨，在所有谋算我的人们中间，竟再没有人像上面所说的那一位。有些人千方百计想要得到这笔赏金，但总是我的朋友们救了我。有一次，我被藏在一间屋子里，有六个星期不曾离开房门一步。又有一次，我在广州郊区的一间小屋里和一个渔民住在一起，人家告诉我，有两名士兵奉命埋伏在附近的小树林里，只要一看见我就开枪射击。他们要我小心，让我在小屋里躲了两天。后来，听说那两个士兵自己被打死了。

但是我最不寻常的经历，也许要算在广州有两名年青官吏亲自来捕捉我的那一次。在一个夜晚，我只穿一件衬衣，在屋子里阅读文件。那两人推门进来，让带来的十几名士兵留在外边。当我见到他们时，就镇定地拿起一本经书，高声朗读起来。他们静听片刻，其中一人便开口问我一个问题，我回答后，他们又问了些别的。接着是一场长时间的争论，我将我的观点以及成千上万想法与我相同的人们的观点，不厌其烦地加以阐明。两小时以后，那两人走了。我听得他们在街上说：“这不是我们所要抓的人。他是一个好人，致力于行医。”

据我估计，索购我的首级的赏格曾提高到70万两（即10万英磅）。

在这种情况下，有人问我为什么竟然在伦敦随意走动而不加戒备。我的回答是，我的生命现已无足轻重，因为已经有许多人可以接替我的位置。十年前，如果我被暗杀，或者被解回中国处决，事业就会遭到危害。但现在，我付出多年努力所缔造的组织已经很完善了。

拳乱结束时，我回到美国。当时我急需一种比军队和武器更为重要的东西，没有它，这两者都不会有，那就是钱。不是指我曾从各处得到的只那么多的款项，而是至少要有 50 万英磅。没有这么多的钱，就会失败。于是我开始扮演一个新角色，即政治基金的募集人。我为此到过美国各埠，并访问了欧洲所有的第一流银行家。我又派遣代表前往世界各地。而有些人声称为我活动，其实是以我的名义行骗。我不愿多谈这些，尽管有一个人已被大家指责为革命的叛徒，因为他侵吞了一笔付托给他保管的巨款。他将自食其果。

全世界尤其在美国，盛传中国人自私而唯利是图，这对于一个民族是莫大的侮辱。有许多人，将他们的全部财产交给我。费城的一个洗衣工人，在一次集会后来到我住的旅馆，塞给我一个麻袋，一声没吭就走了，袋里装着他 20 年的全部积蓄。

当时，我密切注视着中国，以及国内发生的各种事件。慈禧太后死去，我意识到，命运之神是在做有利于袁世凯的事情。不久，他将成为我们国家命运的主宰。不过我也知道，要是没有我，他将一事无成。

欧洲人认为，中国人不愿意与外国人往来，只有刺刀尖才能迫使中国港口向外商开放。这是完全错误的。历史已用许多事实证明，在满洲人入主中国之前，中国人曾和邻国保有密切的关系，还表明他们并不厌恶外国商人和传教士。外国商人可以在全国各地自由游历。在明代，排外意识是不存在的。

满洲人到来以后，改变了传统的宽容政策。闭关锁国，不与外人通商。驱逐传教士，杀戮中国教民。禁止中国人移居海外，违者处死。这是什么缘故呢？只不过因为满洲人立意要排斥外国人，希望中国人民憎恨他们，以免因受外国人的启迪而唤醒了自己的民族意识。由满洲人所培植起来的排外精神，在 1900 年的拳乱中达到了高峰。谁又是那次运动的首领呢？

不是别人，正是皇室中的成员。在中国游历的外国人常常说，人民对待他们，比之官吏要更为友善。

一个新的、开明而进步的政府必定要取代旧政府。当这一目标实现以后，中国将不仅能使自己摆脱困境，而且还有可能解救其他国家，维护其独立和领土完整。在中国人中间，有高度文化素养的大不乏人，我们相信，他们必能承担组织一个新政府的重任，为了把旧的中国君主政体改变为共和政体，思虑精到的计划早已制订出来了。

人民群众已经为迎接一个新型政权作好准备。他们希望改变政治和社会处境，以摆脱目前普遍存在的可悲的生活状况。国家正处于紧张状态，恰似一座干燥树木的丛林，只需星星之火，就能使它燃烧起来。人民已为驱除鞑虏做好准备，一旦革命势力在华南取得立足点，他们就会闻风响应。北京附近的七个镇，是袁世凯所一手建立的，由于他的被贬黜，这些军队效忠北京政府的坚定性已经大大削弱。

我要在这里再次列举 260 年来鞑虏统治期间，我们所身受的主要虐政：

一、满洲人的统治是为其本族的私利，而不是为了全体国民。

二、他们反对我们在智力方面和物质方面的进步。

三、他们把我们作为被统治民族对待，否认我们各种平等的权利和特权。

四、他们侵犯我们不可让与的生存权、自由权和财产权。

五、他们纵容和鼓励贪污行贿。

六、他们压制言论自由。

七、他们未经我们的同意，不公平地向我们征收重税。

八、他们实行最野蛮的酷刑。

九、他们不经法律而剥夺我们的各种权利。

十、他们不能履行职责，以保障其辖区内居民的生命和财产。

虽然我们有理由憎恨满洲人，我们仍试图与他们和好相安，但却是徒劳的。因此，我们中国人民已经下定决心，尽可能采取和平措施，必要时诉诸暴力，以争取公平的待遇，并奠定远东和世界和平。我们将把已经开始的事业进行到底，不管会流多少血。

虽然他们与我们之间并没有作出任何安排，但我们确信，他们并不愿为满洲政府作战。而在满洲另有一个镇，是由革命将领统率的，一旦时机成熟，我们可以指望他们与我们合作，共同反对北京。

至于海军，虽然也没有为取得他们的支持而进行任何接触，但只要有足够的金钱可供使用，取得某种谅解是不困难的。中国海军只有四艘可用的巡洋舰，最大的一艘约有四千吨，其余三艘各为两千九百吨。舰上官兵许多都是革命者。

我要再说一句，整个华南全面起义的条件已经具备。除了华南所有人民都准备响应外，广东、广西、湖南等省革命志士已招募到善战的部队。这些省份，从来就是中国优秀军人的出生地。

迄今为止的发展，一切如我所料，只是事机来得稍快一点。我原以为袁世凯会坚持得更久些。我当初过分相信这种推测，以致一年前袁派人来请我时，我不敢轻信来使。我认为他在耍花招，其实他是有诚意的。他希望取消对我的通缉，并公开和我一致行动。而我却对他的使者说："请回禀贵主人，我艰苦奋斗 15 载，历尽险阻，不是为了轻易受骗。请转告他阁下，我可以等待。'天命无常'。"

如果我相信了袁的使者，革命就会爆发得更早些，而我现在当已在北京。因为我能够倚仗我的千百万追随者。由于他们早巳信从我的主义，他们将会追随我而至死不渝。

革命运动取得最大的发展，是在我们领受已故光绪帝的恩典的时期。在他未遭慈禧太后幽禁之前，曾有好几千名中国青年获准出国，周游世界，考察欧洲的制度习俗。在他们当中，有九成人感染了革命思想。无论我去到哪里，都会遇到许多这样的人。他们对我并不陌生，都急于要和我交换意见。当他们回国以后，不久就开始在全国各地发挥了酵母作用。

不论我将成为全中国名义上的元首，还是与别人或那个袁世凯合作，对我都无关紧要。我已做成了我的工作，启蒙和进步的浪潮业已成为不可阻挡的。中国，由于它的人民性格勤劳和驯良，是全世界最适宜建立共和政体的国家。在短期间内，它将跻身于世界上文明和爱好自由国家的行列。

有志竟成[1]

——节选自《建国方略》第八章

夫事有顺乎天理，应乎人情，适乎世界之潮流，合乎人群之需要，而为先知觉者所决志行之，则断无不成者也，此古今之革命维新、兴邦建国等事业是也。予之提倡共和革命于中国也，幸已达破坏之成功，而建设事业虽未就绪，然希望日佳，予敢信终必能达完全之目的也。故追述革命原起，以励来者，且以自勉焉。

夫自民国建元以来，各国文人学士之对于中国革命之著作，不下千数百种，类多道听途说之辞，鲜能知革命之事实。而于革命之原起，更无从追述，故多有本于予之《伦敦被难记》第一章之革命事由。该章所述本甚简略，且于二十余年之前，革命之成否尚为问题，而当时虽在英京，然亦事多忌讳，故尚未敢自承兴中会为予所创设者，又未敢表示兴中会之本旨为倾覆满清者。今于此特修正之，以辅事实也。

兹篇所述，皆就予三十年来所记忆之事实而追述之。由立志之日起至同盟会成立之时，几为予一人之革命也，故事甚简单，而于赞襄之要人皆能一一录之无遗。自同盟会成立以后，则事体日繁，附和日众，而海外热心华侨、内地忠烈志士、各重要人物，不能一一毕录于兹篇，当俟之修革命党史时，乃能全为补录也。

予自乙酉中法战败之年，始决倾覆清廷、创建民国之志。由是以学堂为鼓吹之地，借医术为入世之媒，十年如一日。当予肄业于广州博济医学校也，于同学中物识有郑士良号弼臣者，其为人豪侠尚义，广交游，所结

[1] 节录自《孙中山全集》第六卷。中华书局1981年8月版，第228—246页。

纳皆江湖之士，同学中无有类之者。予一见则奇之，稍与相习，则与之谈革命。士良一闻而悦服，并告以彼曾投入会党，如他日有事，彼可为我罗致会党以听指挥云。予在广州学医甫一年，闻香港有英文医校开设，予以其学课较优，而地较自由，可以鼓吹革命，故投香港学校肄业。数年之间，每于学课余暇，皆致力于革命之鼓吹，常往来于香港、澳门之间，大放厥辞，无所忌讳。时闻而附和者，在香港只陈少白、尢少纨、杨鹤龄三人，而上海归客则陆皓东而已。若其他之交游，闻吾言者，不以为大逆不道而避之，则以为中风病狂相视也。予与陈、尢、杨三人常住香港，昕夕往还，所谈者莫不为革命之言论，所怀者莫不为革命之思想，所研究者莫不为革命之问题。四人相依甚密，非谈革命则无以为欢，数年如一日。故港澳间之戚友交游，皆呼予等为“四大寇”。此为予革命言论之时代也。

及予卒业之后，悬壶于澳门、羊城两地以问世，而实则为革命运动之开始也。时郑士良则结纳会党、联络防营，门径既通，端倪略备。予乃与陆皓东北游京津，以窥清廷之虚实；深入武汉，以观长江之形势。至甲午中东战起，以为时机可乘，乃赴檀岛、美洲，创立兴中会，欲纠合海外华侨以收臂助。不图风气未开，人心锢塞，在檀鼓吹数月，应者寥寥，仅得邓荫南与胞兄德彰二人愿倾家相助，及其他亲友数十人之赞同而已。时适清兵屡败，高丽既失，旅、威继陷，京津亦岌岌可危，清廷之腐败尽露，人心愤激。上海同志宋跃如乃函促归国，美洲之行因而中止。遂与邓荫南及三五同志返国，以策进行，欲袭取广州以为根据。遂开乾亨行于香港为干部，设农学会于羊城为机关。当时赞襄干部事务者，有邓荫南、杨衢云、黄咏商、陈少白等；而助运筹于羊城机关者，则陆皓东、郑士良并欧美技师及将校数人也。予则常往来广州、香港之间。惨淡经营，已过半载，筹备甚周，声势颇众，本可一击而生绝大之影响。乃以运械不慎，致海关搜获手枪六百余杆，事机乃泄，而吾党健将陆皓东殉焉。此为中国有史以来为共和革命而牺牲者之第一人也。同时被株连而死者，则有邱四、朱贵铨二人。被捕者七十余人，而广东水师统带程奎光与焉，后竟病死狱中。其余之人或囚或释。此乙未九月九日，为予第一次革命之失败也。

败后三日，予尚在广州城内。十余日后，乃得由间道脱险出至香港。

随与郑士良、陈少白同渡日本，略住横滨。时予以返国无期，乃断发改装，重游檀岛。而士良则归国收拾余众，布置一切，以谋卷土重来。少白则独留日本，以考察东邦国情。予乃介绍之于日友菅原传，此友为往日在檀所识者。后少白由彼介绍于曾根俊虎，由俊虎而识宫崎弥藏，即宫崎寅藏之兄也。此为革命党与日本人士相交之始也。

予到檀岛后，复集合同志以推广兴中会，然已有旧同志以失败而灰心者，亦有新闻道而赴义者，惟卒以风气未开，进行迟滞。以久留檀岛无大可为，遂决计赴美，以联络彼地华侨，盖其众比檀岛多数倍也。行有日矣，一日散步市外，忽有驰车迎面而来者，乃吾师康德黎与其夫人也。吾遂一跃登车，彼夫妇不胜诧异，几疑为暴客，盖吾已改装易服，彼不认识也。予乃曰："我孙逸仙也。"遂相笑握手。问以何为而至此，曰："回国道经此地，舟停而登岸流览风光也。"予乃趁车同游，为之指导。游毕登舟，予乃告以予将作环绕地球之游，不日将由此赴美，随将到英，相见不远也。遂欢握而别。

美洲华侨之风气蔽塞，较檀岛尤甚。故予由太平洋东岸之三藩市登陆，横过美洲大陆，至大西洋西岸之纽约市，沿途所过多处，或留数日，或十数日。所至皆说以祖国危亡，清政腐败，非从民族根本改革无以救亡，而改革之任人人有责。然而劝者谆谆，听者终归藐藐，其欢迎革命主义者，每埠不过数人或十余人而已。

然美洲各地华侨多立有洪门会馆。洪门者，创设于明朝遗老，起于康熙时代。盖康熙以前，明朝之忠臣烈士多欲力图恢复，誓不臣清，舍生赴义，屡起屡蹶，与虏拼命，然卒不救明朝之亡。迨至康熙之世，清势已盛，而明朝之忠烈亦死亡殆尽。二三遗老见大势已去，无可挽回，乃欲以民族主义之根苗流传后代，故以"反清复明"之宗旨结为团体，以待后有起者，可借为资助也。此殆洪门创设之本意也。然其事必当极为秘密，乃可防政府之察觉也。夫政府之爪牙为官吏，而官吏之耳目为士绅，故凡所谓士大夫之类，皆所当忌而须严为杜绝者，然后其根株乃能保存，而潜滋暗长于异族专制政府之下。以此条件而立会，将以何道而后可？必也以最合群众心理之事迹，而传民族国家之思想。故洪门之拜会，则以演戏为之，盖此最易动群众之视听也。其传布思想，则以不平之心、复仇之事导之，此最易发常人之感情也。其口号暗语，则以鄙俚粗俗之言以表之，此最易使士大夫闻而生厌、远而避之者也。其固结团体，则以博爱施之，使彼此手足相顾，患难相扶，此最合夫江湖旅客、无家游子之需要也。而最终乃传以民族主义，以期达其反清复明之目的焉。国内之会党常有与官吏冲突，故犹不忘其与清政府居于反对之地位，而反清复明之口头语尚多了解其义者；而海外之会党多处于他国自由政府之下，其结会之需要，不过为手足患难之联络而已，政治之意味殆全失矣，故反清复明之口语亦多有不知其义者。当予之在美洲鼓吹革命也，洪门之人初亦不明吾旨，予乃反而叩之反清复明何为者，彼众多不能答也。后由在美之革命同志鼓吹数年，而洪门之众乃始知彼等原为民族老革命党也。然当时予之游美洲也，不过为初期之播种，实无大影响于革命前途也，然已大触清廷之忌矣。故于甫抵伦敦之时，即遭使馆之陷，几致不测。幸得吾师康德黎竭力营救，始能脱险。此则檀岛之邂逅，真有天幸存焉。否则吾尚无由知彼之归国，彼亦无由知吾之来伦敦也。

伦敦脱险后，则暂留欧洲，以实行考察其政治风俗，并结交其朝野贤豪。两年之中，所见所闻，殊多心得。始知徒致国家富强、民权发达如欧洲列强者，犹未能登斯民于极乐之乡也；是以欧洲志士，犹有社会革命之运动也。予欲为一劳永逸之计，乃采取民生主义，以与民族、民权问题同时解决。此三民主义之主张所由完成也。时欧洲尚无留学生，又鲜华侨，虽欲为革命之鼓吹，其道无由。然吾生平所志，以革命为唯一之天职，故不欲久处欧洲，旷废革命之时日，遂往日本。以其地与中国相近，消息易通，便于筹划也。

抵日本后，其民党领袖犬养毅遣宫崎寅藏、平山周二人来横滨欢迎，乃引至东京相会。一见如旧识，抵掌谈天下事，甚痛快也。时日本民党初握政权，大隈为外相，犬养为之运筹，能左右之。后由犬养介绍，曾一见大隈、大石、尾崎等。此为予与日本政界人物交际之始也。随而识副岛种臣及其在野之志士如头山、平冈、秋山、中野、铃木等，后又识安川、犬塚、久原等。各志士之对于中国革命事业，先后多有资助，尤以久原、犬塚为最。其为革命奔走始终不懈者，则有山田兄弟、宫崎兄弟、菊池、萱野等。其为革命尽力者，则有副岛、寺尾两博士。此就其直接于予者而略记之，以志不忘耳。其他间接为中国革命党奔走尽力者尚多，不能于此一一悉记，当俟之革命党史也。

日本有华侨万余人，然其风气之锢塞、闻革命而生畏者，则与他处华侨无异也。吾党同人有往返于横滨、神户之间鼓吹革命主义者，数年之中而慕义来归者，不过百数十人而已。以日本华侨之数较之，不及百分之一也。向海外华侨之传播革命主义也，其难固已如此，而欲向内地以传布，其难更可知矣。内地之人，其闻革命排满之言而不以为怪者，只有会党中人耳。然彼众皆知识薄弱，团体散漫，凭借全无，只能望之为响应，而不能用为原动力也。由乙未初败以至于庚子，此五年之间，实为革命进行最艰难困苦之时代也。盖予既遭失败，则国内之根据、个人之事业、活动之地位与夫十余年来所建立之革命基础，皆完全消灭，而海外之鼓吹，又毫无效果。适于其时有保皇党发生，为虎作伥，其反对革命、反对共和比之清廷为尤甚。当此之时，革命前途，黑暗无似，希望几绝，而同志尚不尽灰心者，盖正朝气初发时代也。

时予乃命陈少白回香港，创办《中国报》以鼓吹革命；命史坚如入长江，以联络会党；命郑士良在香港设立机关，招待会党。于是乃有长江会党及两广、福建会党并合于兴中会之事也。旋遇清廷有排外之举，假拳党以自卫，有杀洋人、围使馆之事发生，因而八国联军之祸起矣。予以为时机不可失，乃命郑士良入惠州，招集同志以谋发动；而命史坚如入羊城，招集同志以谋响应。筹备将竣，予乃与外国军官数人绕道至香港，希图从此潜入内地，亲率健儿，组织一有秩序之革命军以救危亡也。不期中途为奸人告密，船一抵港即被香港政府监视，不得登岸。遂致原定计划不得施行。乃将惠州发动之责委之郑士良，而命杨衢云、李纪堂、陈少白等在香港为之接济。予则折回日本，转渡台湾，拟由台湾设法潜渡内地。时台湾总督儿玉颇赞中国之革命，以北方已陷于无政府之状态也，乃饬民政长官后藤与予接洽，许以起事之后，可以相助。予于是一面扩充原有计划，就地加聘军官，盖当时民党尚无新知识之军人也。而一面令士良即日发动，并改原定计划，不直逼省城，而先占领沿海一带地点，多集党众，以候予来乃进行攻取。士良得令，即日入内地，亲率已集合于三洲田之众，出而攻扑新安、深圳之清兵，尽夺其械。随而转战于龙冈、淡水、永湖、梁化、白芒花、三多祝等处，所向皆捷，清兵无敢当其锋者。遂占领新安、大鹏至惠州、平海一带沿海之地，以待予与干部人员之入，及武器之接济。不图惠州义师发动旬日，而日本政府忽而更换，新内阁总理伊藤氏对中国方针，与前内阁大异，乃禁制台湾总督不许与中国革命党接洽，又禁武器出口，及禁日本军官投效革命军者。而予潜渡之计划，乃为破坏。遂遣山田良政与同志数人，往郑营报告一切情形，并令之相机便宜行事。山田等到郑士良军中时，已在起事之后三十余日矣。士良连战月余，弹药已尽，而合集之众足有万余人，渴望干部、军官及武器之至甚切，而忽得山田所报消息，遂立令解散，而率其原有之数百人间道出香港。山田后以失路为清兵所擒被害。惜哉！此为外国义士为中国共和牺牲者之第一人也。当郑士良之在惠州苦战也，史坚如在广州屡谋响应，皆不得当，遂决意自行用炸药攻毁两广总督德寿之署而歼之。炸发不中，而史坚如被擒遇害。是为共和殉难之第二健将也。坚如聪明好学、真挚恳诚与陆皓东相若，其才貌英姿亦与皓东相若，而二人皆能诗能画亦相若。皓东沉勇，坚如果毅，皆命世之英才，惜皆以事败而牺牲。元良沮丧，国士沦亡，诚革命前途之大不幸也！而二人死节之烈，浩气英风，实足为后死者之模范。每一念及，仰止无穷。二公虽死，其精灵之萦绕吾怀者，无日或间也。庚子之役，为予第二次革命之失败也。

经此失败而后，回顾中国之人心，已觉与前有别矣。当初次之失败也，举国舆论莫不目予辈为乱臣贼子、大逆不道，咒诅谩骂之声，不绝于耳；吾人足迹所到，凡认识者几视为毒蛇猛兽，而莫敢与吾人交游也。惟庚子失败之后，则鲜闻一般人之恶声相加，而有识之士且多为吾人扼腕叹惜，恨其事之不成矣。前后相较，差若天渊。吾人睹此情形，中心快慰，不可言状，知国人之迷梦已有渐醒之兆。加以八国联军之破北京，清后、帝之出走，议和之赔款九万万两而后，则清廷之威信已扫地无余，而人民之生计从此日蹙。国势危急，岌岌不可终日。有志之士，多起救国之思，而革命风潮自此萌芽矣。

时适各省派留学生至日本之初，而赴东求学之士，类多头脑新洁，志气不凡，对于革命理想感受极速，转瞬成为风气。故其时东京留学界之思想言论，皆集中于革命问题。刘成禺在学生新年会大演说革命排满，被清公使逐出学校。而戢元成、沈虬斋、张溥泉等则发起《国民报》，以鼓吹革命。留东学生提倡于先，内地学生附和于后，各省风潮从此渐作。在上海则有章太炎、吴稚晖、邹容等借《苏报》以鼓吹革命，为清廷所控，太炎、邹容被拘囚租界监狱，吴亡命欧洲。此案涉及清帝个人，为朝廷与人民聚讼之始，清朝以来所未有也。清廷虽讼胜，而章、邹不过仅得囚禁两年而已。于是民气为之大壮。邹容著有《革命军》一书，为排满最激烈之言论，华侨极为欢迎；其开导华侨风气，为力甚大。此则革命风潮初盛时代也。

壬寅、癸卯之交，安南总督韬美氏托东京法公使屡次招予往见，以事未能成行。后以河内开博览会，因往一行。到安南时，适韬美已离任回国，嘱其秘书长哈德安招待甚殷。在河内时，识有华商黄龙生、甄吉亭、甄璧、杨寿彭、曾齐等，后结为同志，于钦廉、河口等役尽力甚多。河内博览会告终之后，予再作环球漫游，取道日本、檀岛而赴美欧。过日本时，有廖仲恺夫妇、马君武、胡毅生、黎仲实等多人来会，表示赞成革命。予乃托以在东物识有志学生，结为团体，以任国事，后同盟会之成立多有力焉。自惠州失败以至同盟会成立之间，其受革命风潮所感，兴起而图举义者，在粤则有李纪堂、洪全福之事，在湘则有黄克强、马福益之事，其事虽不成，人多壮之。海外华侨亦渐受东京留学界及内地革命风潮之影响。故予此次漫游所到，凡有华侨之处，莫不表示欢迎，较之往昔大不同矣。

乙巳春间，予重至欧洲，则其地之留学生已多数赞成革命。盖彼辈皆新从内地或日本来欧，近一二年已深受革命思潮之陶冶，已渐由言论而达至实行矣。予于是乃揭橥吾生平所怀抱之三民主义、五权宪法以号召之，而组织革命团体焉。于是开第一会于比京，加盟者三十余人；开第二会于柏林，加盟者二十余人；开第三会于巴黎，加盟者亦十余人。开第四会于东京，加盟者数百人，中国十七省之人皆与焉，惟甘肃尚无留学生到日本，故阙之也。此为革命同盟会成立之始。因当时尚多讳言“革命”二字，故只以同盟会见称，后亦以此名著焉。自革命同盟会成立之后，予之希望则为之开一新纪元。盖前此虽身当百难之冲，为举世所非笑唾骂，一败再败，而犹冒险猛进者，仍未敢望革命排满事业能及吾身而成者也；其所以百折不回者，不过欲有以振起既死之人心，昭苏将尽之国魂，期有继我而起者成之耳。及乙巳之秋，集合全国之英俊而成立革命同盟会于东京之日，吾始信革命大业可及身而成矣。于是乃敢定立“中华民国”之名称而公布于党员，使之各回本省，鼓吹革命主义，而传布中华民国之思想焉。不期年而加盟者逾万人，支部则亦先后成立于各省。从此革命风潮一日千丈，其进步之速，有出人意表者矣！

当时外国政府之对于中国革命党，亦多刮目相看。一日予从南洋往日本，船泊吴淞，有法国武官布加卑者，奉其陆军大臣之命来见，传达彼政府有赞助中国革命事业之好意，叩予革命之势力如何。予略告以实情。又叩以：“各省军队之联络如何？若已成熟，则吾国政府立可相助。”予答以未有把握。遂请彼派员相助，以办调查联络之事。彼乃于驻扎天津之参谋部派定武官七人，归予调遣。予命廖仲恺往天津设立机关，命黎仲实与某武官调查两广，命胡毅生与某武官调查川滇，命乔宜斋与某武官往南京、武汉。时南京、武昌两处新军皆大欢迎。在南京有赵伯先接洽，约同营长以上各官相见，秘密会议，策划进行。而武昌则有刘家运接洽，约同同志之军人在教会之日知会开会，到会者甚众，闻新军镇统张彪亦改装潜入。开会时各人演说，大倡革命，而法国武官亦演说赞成，事遂不能秘密。而湖广总督张之洞乃派洋关员某国人尾法武官之行踪，途上与之订交，亦伪为表同情于中国革命者也。法武官以彼亦西人，不之疑也，故内容多为彼探悉。张之洞遂奏报其事于清廷，其中所言革命党之计划，或确或否。清廷得报，乃大与法使交涉。法使本不知情也，乃请命法政府何以处分布加卑等。政府饬彼勿问，清廷亦无如之何。未几法国政府变更，而新内阁不赞成是举，遂将布加卑等撤退回国。后刘家运等则以关于此事被逮而牺牲也。此革命运动之起国际交涉者也。

同盟会成立未久，发刊《民报》鼓吹三民主义，遂使革命思潮弥漫全国，自有杂志以来可谓成功最著者。其时慕义之士，闻风兴起，当仁不让，独树一帜以建义者，踵相接也。其最著者，如徐锡麟、熊成基、秋瑾等是也。

丙午萍醴之役，则同盟会会员自动之义师也。当萍醴革命军与清兵苦战之时，东京之会员莫不激昂慷慨，怒发冲冠，亟思飞渡内地，身临前敌，与虏拚命，每日到机关部请命投军者甚众。稍有缓却，则多痛哭流泪，以为求死所而不可得，苦莫甚焉。其雄心义愤，良足嘉尚。独惜萍乡一举为会员之自动，本部于事前一无所知，故临时无所备。然而会员之纷纷回国从军者，已相望于道矣。寻而萍醴之师败，而禹之谟、刘道一、宁调元、胡瑛等竟被清吏拿获，或囚或杀者多人。此为革命同盟会会员第一次之流血也。

由此而后，则革命风潮之鼓荡全国者，更为从前所未有，而同盟会本部之在东亦不能久为沉默矣。时清廷亦大起恐慌，屡向日本政府交涉，将予逐出日本境外。予乃离日本，而与胡汉民、汪精卫二人同行而之安南，设机关部于河内，以筹划进行。旋发动潮州黄冈之师，不得利，此为予第三次之失败也。继又命邓子瑜发难于惠州，亦不利，此为予第四次之失败也。

时适钦、廉两府有抗捐之事发生，清吏派郭人漳、赵伯先二人各带新军三四千人往平之。予乃命黄克强随郭人漳营，命胡毅生随赵伯先营，而游说之以赞成革命。二人皆首肯，许以若有堂堂正正之革命军起，彼等必反戈相应。于是一面派人往约钦廉各属绅士乡团为一致行动，一面派萱野长知带款回日本购械，并在安南招集同志，并聘就法国退伍军官多人，拟器械一到，则占据防城至东兴一带沿海之地，为组织军队之用。东兴与法属之芒街，仅隔一河，有桥可达，交通甚为利便也。满拟武器一到，则吾党可成正式军队二千余人，然后集合钦州各乡团勇六七千人，而后要约郭人漳、赵伯先二人所带之新军约六千余人，便可成一声势甚大之军队。再加以训练，当成精锐，则两广可收入掌握之中。而后出长江以合南京、武昌之新军，则破竹之势可成，而革命可收完全之效果矣。乃不期东京本部之党员忽起风潮，而武器购买运输之计划为之破坏。至时防城已破，武器不来，予不特失信于接收军火之同志，并失信于团绅矣。而攻防城之同志至时不见武器之来，乃转而逼钦州，冀郭军之响应。郭见我军之薄弱，加以他军为之制，故不敢来。我军遂进围灵山，冀赵军之响应。赵见郭尚未来，彼亦不敢来。我军以力薄难进，遂退入十万大山。此为予第五次之失败也。

钦廉计划不成之后，予乃亲率黄克强、胡汉民并法国军官与安南同志百数十人，袭取镇南关，占领三要塞，收其降卒。拟由此集合十万大山之众，而会攻龙州。不图十万大山之众以道远不能至，遂以百余众握据三炮台，而与龙济光、陆荣廷等数千之众连战七昼夜，乃退入安南。予过谅山时为清侦探所察悉，报告清吏。后清廷与法国政府交涉，将予放逐出安南。此为予第六次之失败也。

予于离河内之际，一面令黄克强筹备再入钦廉，以图集合该地同志；一面令黄明堂窥取河口，以图进取云南，以为吾党根据之地。后克强乃以二百余人出安南，横行于钦、廉、上思一带。转战数月，所向无前，敌人闻而生畏，克强之威名因以大著。后以弹尽援绝而退出。此为予第七次之失败也。

予抵星洲数月之后，黄明堂乃以百数十人袭得河口，诛边防督办，收其降众千有余人，守之以待干部人员前往指挥。时予远在南洋，又不能再过法境，故难以亲临前敌以指挥之，乃电令黄克强前往指挥。不期克强行至半途，被法官疑为日本人，遂截留之而送之回河内；为清吏所悉，与法政府交涉，乃解之出境。而河口之众，以指挥无人，失机进取，否则，蒙自必为我有，而云南府亦必无抵抗之力。观当时云贵总督锡良求救之电，其仓皇失措可知也。黄明堂守候月余，人自为战，散漫无纪；而虏四集，其数约十倍于我新集之众，河口遂不守。而明堂率众六百余人退入安南。此为予第八次之失败也。

后党人由法政府遣送出境，而往英属星加坡。到埠之日，为英官阻难，不准登岸。驻星法领事乃与星督交涉，称此六百余众乃在河口战败而退入法境之革命军，法属政府以彼等自愿来星，故送之至此云云。星督答以中国人民而与其本国政府作战，而未得他国承认为交战团体者，本政府不能视为国事犯，而只视为乱民；乱民入境，有违本政府之禁例，故不准登岸。而法国邮船停泊岸边两日。后由法属政府表白：当河口革命战争之际，法政府对于两方曾取中立态度，在事实上直等于承认革命党之交战团体也，故送来星加坡之党人，不能作乱民看待等语。星政府乃准登岸。此革命失败之后所发生之国际问题也。

由黄冈至河口等役，乃同盟会干部由予直接发动，先后六次失败。经此六次之失败，汪精卫颇为失望，遂约合同志数人入北京与虏酋拚命，一击不中，与黄复生同时被执系狱，至武昌起义后乃释之。

同盟会成立之前，其出资以助义军者，不过予之亲友中少数人耳，此外则无人敢助，亦无人肯助也。自同盟会成立后，始有向外筹资之举矣。当时出资最勇而多者张静江也，倾其巴黎之店所得六七万元尽以助饷。其出资勇而挚者，安南堤岸之黄景南也，倾其一生之蓄积数千元，尽献之军用，诚难能可贵也。其他则有安南西贡之巨商李卓峰、曾锡周、马培生等三人，曾各出资数万，亦当时之未易多见者。

予自连遭失败之后，安南、日本、香港等地与中国密迩者皆不能自由居处，则予对于中国之活动地盘已完全失却矣。于是将国内一切计划委托于黄克强、胡汉民二人，而予乃再作漫游，专任筹款，以接济革命之进行。后克强、汉民回香港设南方统筹机关，与赵伯先、倪映典、朱执信、陈炯明、姚雨平等谋，以广州新军举事，运动既熟，拟于庚戌年正月某日发难。乃新军中有热度过甚之士，先一日因小事生起风潮，于是倪映典仓卒入营，亲率一部分从沙河进攻省城，至横枝冈，为敌截击。映典中弹被擒死，军中无主，遂以溃散。此吾党第九次之失败也。

时予适从美东行至三藩市，闻败而后，则取道檀岛、日本而回东方。过日本时，曾潜行登陆，随为警察探悉，不准留居。遂由横滨渡槟榔屿，约伯先、克强、汉民等来会，以商卷土重来之计划。时各同志以新败之余，破坏最精锐之机关，失却最利便之地盘；加之新军同志亡命南来者实繁有徒，招待安插，为力已穷；而吾人住食行动之资，将虞不继。举目前途，众有忧色。询及将来计划，莫不唏嘘太息，相视无言。予乃慰以：“一败何足馁？吾曩之失败，几为举世所弃，比之今日，其困难实百倍。今日吾辈虽穷，而革命之风潮已盛，华侨之思想已开，从今而后，只虑吾人之无计划、无勇气耳！如果众志不衰，则财用一层，予当力任设法。”时各人亲见槟城同志之穷，吾等亡命境地之困，日常之费每有不给，顾安得余资以为活动。予再三言必可设法。伯先乃言：“如果欲再举，必当立速遣人携资数千金回国，以接济某处之同志，免彼散去。然后图集合，而再设机关以谋进行。吾等亦当继续回香港与各方接洽。如是日内即需川资五千元；如事有可为，则又非数十万大款不可。”予乃招集当地华侨同志会议，勗以大义，一夕之间，则醵资八千有奇。再令各同志担任到各埠分头劝募，数日之内，已达五六万元，而远地更所不计。既有头批的款，已可分头进行。计划既定，予本拟遍游南洋英荷各属，乃荷属则拒绝不许予往，而英属及暹逻亦先后逐予出境。如是则东亚大陆之广，南洋岛屿之多，竟无一寸为予立足之地，予遂不得不远赴欧美矣。到美之日，遍游各地，劝华侨捐资以助革命，则多有乐从者矣。于是乃有辛亥三月二十九广州之举。是役也，集各省革命党之精英，与彼虏为最后之一搏。事虽不成，而黄花冈七十二烈士轰轰烈烈之概已震动全球，而国内革命之时势实以之造成矣。此为吾党第十次之失败也。

先是陈英士、宋钝初、谭石屏、居觉生等既受香港军事机关之约束，谋为广州应援；广州既一败再败，乃转谋武汉。武汉新军自予派法国武官联络之后，革命思想日日进步，早已成熟。无如清吏防范亦日以加严。而端方调兵入川，湖广总督瑞澂则以最富于革命思想之一部分交端方调遣。所以然者，盖欲弭患于未然也。然自广州一役之后，各省已风声鹤唳，草木皆兵，而清吏皆尽入恐慌之地，而尤以武昌为甚。故瑞澂先与某国领事相约，请彼调兵船入武汉，倘有革命党起事，则开炮轰击。时已一日数惊，而孙武、刘公等积极进行，而军中亦跃跃欲动。忽而机关破坏，拿获三十余人。时胡瑛尚在武昌狱中，闻耗，即设法止陈英士等勿来。而炮兵与工程等营兵士已多投入革命党者，闻彼等名册已被搜获，明日则必拿人等语。于是迫不及待，为自存计，熊秉坤首先开枪发难，而蔡济民等率众进攻，开炮轰击督署。瑞澂闻炮，立逃汉口，请某领事如约开炮攻击。以庚子条约，一国不能自由行动，乃开领事团会议。初意欲得多数表决，即行开炮攻击以平之。各国领事对于此事皆无成见，惟法国领事罗氏乃予旧交，深悉革命内容；时武昌之起事第一日则揭橥吾名，称予命令而发难者。法领事于会议席上乃力言孙逸仙派之革命党，乃以改良政治为目的，决非无意识之暴举，不能以义和拳一例看待而加干涉也。时领袖领事为俄国，俄领事与法领事同取一致之态度，于是各国多赞成之。乃决定不加干涉，而并出宣布中立之布告。瑞澂见某领事失约，无所倚恃，乃逃上海。总督一逃，而张彪亦走，清朝方面已失其统驭之权，秩序大乱矣。然革命党方面，孙武以造炸药误伤未愈，刘公谦让未遑，上海人员又不能到；于是同盟会会员蔡济民、张振武等，乃迫黎元洪出而担任湖北都督，然后秩序渐复。厥后黄克强等乃到。此时湘鄂之见已萌，而号令已不能统一矣。按武昌之成功，乃成于意外，其主因则在瑞澂一逃；倘瑞澂不逃，则张彪断不走，而彼之统驭必不失，秩序必不乱也。以当时武昌之新军，其赞成革命者之大部分已由端方调往四川，其尚留武昌者只炮兵及工程营之小部分耳，其他留武昌之新军尚属毫无成见者也。乃此小部分以机关破坏而自危，决冒险以图功，成败在所不计，初不意一击而中也。此殆天心助汉而亡胡者欤！

武昌既稍能久支，则所欲救武汉而促革命之成功者，不在武汉之一着，而在各省之响应也。吾党之士皆能见及此，故不约而同，各自为战，不数月而十五省皆光复矣。时响应之最有力而影响于全国最大者，厥为上海。陈英士在此积极进行，故汉口一失，英士则能取上海以抵之，由上海乃能窥取南京。后汉阳一失，吾党又得南京以抵之，革命之大局因以益振。则上海英士一木之支者，较他着尤多也。

武昌起义之次夕，予适行抵美国哥罗拉多省之典华城。十余日前，在途中已接到黄克强在香港发来一电，因行李先运送至此地，而密电码则置于其中，故途上无由译之。是夕抵埠，乃由行李检出密码，而译克强之电。其文曰：“居正从武昌到港，报告新军必动，请速汇款应急”等语。时予在典华，思无法可得款，随欲拟电覆之，令勿动。惟时已入夜，予终日在车中体倦神疲，思虑纷乱，乃止。欲于明朝睡醒精神清爽时，再详思审度而后覆之。乃一睡至翌日午前十一时，起后觉饥，先至饭堂用膳，道经回廊报馆，便购一报携入饭堂阅看。坐下一展报纸，则见电报一段曰：“武昌为革命党占领。”如是我心中踌躇未决之覆电，已为之冰释矣。乃拟电致克强，申说覆电延迟之由，及予以后之行踪。遂起程赴美东。

时予本可由太平洋潜回，则二十余日可到上海，亲与革命之战，以快生平。乃以此时吾当尽力于革命事业者，不在疆埸之上，而在樽俎之间，所得效力为更大也。故决意先从外交方面致力，俟此问题解决而后回国。

按当时各国情形：美国政府对于中国则取门户开放、机会均等、领土保全，而对于革命则尚无成见，而美国舆论则大表同情于我。法国则政府、民间之对于革命皆有好意。英国则民间多表同情，而政府之对中国政策，则惟日本之马首是瞻。德、俄两国当时之趋势，则多倾向于清政府；而吾党之与彼政府民间皆向少交际，故其政策无法转移。惟日本则与中国最密切，而其民间志士不独表同情于我，且尚有舍身出力以助革命者。惟其政府之方针实在不可测，按之往事，彼曾一次逐予出境，一次拒我之登陆，则其对于中国之革命事业可知；但以庚子条约之后，彼一国不能在中国单独自由行动。要而言之，列强之与中国最有关系者有六焉：美、法二国，则当表同情革命者也；德、俄二国，则当反对革命者也；日本则民间表同情，而其政府反对者也；英国则民间同情，而其政府未定者也。是故吾之外交关键，可以举足轻重为我成败存亡所系者，厥为英国；倘英国右我，则日本不能为患矣。

予于是乃起程赴纽约，觅船渡英。道过圣路易城时，购报读之，则有“武昌革命军为奉孙逸仙命令而起者，拟建共和国体，其首任总统当属之孙逸仙”云云。予得此报，于途中格外慎密，避却一切报馆访员，盖恶虚声而图实际也。过芝加古时，则带同志朱卓文一同赴英。抵纽约时，闻粤中同志图粤急，城将下。予以欲免流血计，乃致电两广总督张鸣岐，劝之献城归降，而命同志全其性命。后此目的果达。到英国时，由美人同志咸马里代约四国银行团主任会谈，磋商停止清廷借款之事。先清廷与四国银行团结约，订有川汉铁路借款一万万元，又币制借款一万万元。此两宗借款，一则已发行债票，收款存备待付者；一则已签约而未发行债票者。予之意则欲银行团于已备之款停止交付，于未备之款停止发行债票。乃银行主干答以对于中国借款之进止，悉由外务大臣主持，此事本主干当惟外务大臣之命是听，不能自由作主也云云。予于是乃委托维加炮厂总理为予代表，往与外务大臣磋商，向英政府要求三事：一、止绝清廷一切借款；二、制止日本援助清廷；三、取消各处英属政府之放逐令，以便予取道回国。三事皆得英政府允许。予乃再与银行团主任开商革命政府借款之事。该主干曰：“我政府既允君之请而停止吾人借款清廷，则此后银行团借款与中国，只有与新政府交涉耳。然必君回中国成立正式政府之后乃能开议也。本团今拟派某行长与君同行归国，如正式政府成立之日，就近与之磋商可也。”时以予在英国个人所能尽之义务已尽于此矣，乃取道法国而东归。过巴黎，曾往见其朝野之士，皆极表同情于我，而尤以现任首相格利门梳为最恳挚。

予离法国三十余日，始达上海。时南北和议已开，国体犹尚未定也。当予未到上海之前，中外各报皆多传布谓予带有巨款回国，以助革命军。予甫抵上海之日，同志之所望我者以此，中外各报馆访员之所问者亦以此。予答之曰：“予不名一钱也，所带回者，革命之精神耳！革命之目的不达，无和议之可言也。”于是各省代表乃开选举会于南京，选举予为临时总统。予于基督降生一千九百十二年正月一日就职。乃申令颁布定国号为中华民国，改元为中华民国元年，采用阳历。于是予三十年如一日之恢复中华、创立民国之志，于斯竟成。

后记

1936年11月，时任国民政府主席的林森，首次在公开讲话中把孙中山先生尊称为“国父”。到了20世纪30—40年代之交，亦即中华民族处于抗日战争最艰苦的日子里，为了“愈加高涨地激扬海内外中国人的爱国意识和众志成城、共御寇仇的民族精神，坚强全国民众抗战到底的意志”，1940年4月1日（一说为3月29日），南京国民政府通令全国：从即日起，尊称孙中山为“国父”。公告称：

> “奉（国民党）中央执行委员会函　本党总理孙先生领导国民革命，手创中华民国，更新政体，永奠邦基，谋世界之大同，求国际之平等，光被四表，功高万世，凡我国民，赖本进远，宜长尊崇。兹经中央执行委员会常委会第一百零三次会议一致决议，尊称总理为中华民国国父，相应录案，致达国府，查照通令全国一体遵行。等因奉此，自当通饬，令行令仰，转饬所属，全体遵照。此令。”

自此以后，孙中山先生就被国人尊称为中华民国“国父”，直到今天，在海峡对岸的中国领土台湾，人们依旧尊称孙中山先生为“国父”。

中华人民共和国成立后，中国共产党人对孙中山先生怀着同样的崇高敬意，自认为是孙中山开创的民主革命事业的继承者。

1956年11月12日，时值孙中山诞辰90周年纪念，中国共产党领导人毛泽东在《人民日报》上以《纪念孙中山先生》为题发表文章，为孙中山先生做出“伟大的革命先行者”的历史定位：

“现代中国人，除了一小撮反动分子以外，都是孙先生革命事业的继承者。我们完成了孙先生没有完成的民主革命，并且把这个革命发展为社会主义革命。我们正在完成这个革命。”

2005年4月29日，时任中共中央总书记的胡锦涛，在北京人民大会堂会见中国国民党主席连战时说：

“中山先生是伟大的爱国主义者和民族英雄，是中国民主革命的伟大先行者，他为民族独立、民主自由、民生幸福，为国家的统一和富强贡献了毕生精力。他在全国各族人民和一切爱国人士当中有着崇高的威望，中国共产党人始终对他怀着崇高的敬意，从来就是中山先生革命事业的坚定支持者、合作者、继承者。”

胡锦涛强调：

“在当年中国内忧外患的情况下，中山先生第一个喊出了‘振兴中华’口号，这理应继续成为我们两岸的中国人共同的追求和责任。中山先生为中华民族和中国人民留下了许多珍贵的精神遗产，值得我们永远继承和发扬。”

自1925年孙中山先生逝世以来，国人对孙中山和他所领导的辛亥革命所做的评价，就是如此的与时俱进。

中山在历史上原名香山。1866年11月12日，孙中山先生诞生于香山县五桂山麓翠亨村一户农家的小院子里。1925年3月12日孙中山先生逝世后，同年4月15日，国民党中央执行委员会议决：香山县改名中山县，纪念孙中山功德，以志不忘。中华人民共和国成立后，中山继续沿用这一以伟人命名的行政区域名称，并于改革开放之年，升格为中山市（县级）和中山市（地级），成为国内唯一的、以伟人名字命名的地级市。

中山市是孙中山先生的家乡。在这里，孙中山度过他的童年。13 岁离开家乡后，他先后到过檀香山、广州、香港、澳门等地求学和行医，其间，中山仍然是他的主要活动地点之一。在这里，他参加生产劳动，深入了解农民的疾苦，还在翠亨村中进行过仿效西法的改革村政尝试；《上李鸿章书》在这里起草，推翻腐败的清政府的意念最早也在这里产生，在组织发动广州重阳节起义期间，他还曾多次返乡策动帮会和乡团参加革命。

在全国地图上，中山只是一个不显眼的小点，但在辛亥革命的时代洪流中，以孙中山为代表的中山的老一辈革命家、事业家和文艺家们，为中国的民主革命做出了巨大的贡献，从而令中山这片伟人生活过的土地，成为中国民主革命的策源地之一。生活在这里的新老中山人为此感到自豪，并且深深感到，在开展孙中山和他所领导的民主革命的史料发掘和理论研究方面，理应付出更大的努力。

事实正是如此。中山市孙中山研究会活跃已逾 30 年。30 年来，研究会的全体成员，在孙中山文物保护、史迹查访、口述历史，乃至史实正误、理论研究、文艺创作等方面，撰写和出版了一批著述，策划和承办了多次国家级、国际级的学术交流会议。孙中山的英名，已与以他名字命名的城市永远紧密相连。

鉴于迄今为止，孙中山传记出版虽多，受地域等条件限制，对于孙中山青少年时代的叙述，或则语焉不详，或则臆想成分偏多。值孙中山先生诞辰 150 周年纪念来临之际，中山市孙中山研究会决定根据市内收辑和实地考察所得的资料，加上近年国内和海外的研究成果，编写《先行者之歌》，借以教育青少年，并供市内外孙中山研究者参考。

承蒙研究会嘱托，笔者荣幸地成为该书的编撰者，深知责任繁重，不敢稍有懈怠。20 多年前，笔者根据流传于翠亨村的孙中山青少年时代故事，编写过一本名为《求索——孙中山在家乡翠亨的故事》的小册子；在市关心下一代工作委员会的支持下，又在 21 世纪初与中山籍澳门画家黄国宏先生合作，先后出版两本分别名为《少年孙中山》和《青年孙中山》的连环画册，两本画册其后由澳门基金会和珠海出版社再版，共印刷7万多册，并曾将画幅放大，在中山市内区镇、澳门及国内多个城市巡回展出，在加深青少年对孙中山的认识和了解方面取得一定成效。此外，在2011年辛亥革命100周年纪念前夕，还与澳门学者郑国强、陈树荣合作，执笔撰写文学台本，由澳门莲花卫视拍摄成历史纪录片《孙中山与澳门》公开放映、发行。以上作品的时空跨越相对狭窄，而且，系列故事与系统叙述在深度、广度方面，毕竟不可同日而语。因此，接受任务后，笔者首要做的，就是查阅尽可能多的相关文本，包括《孙中山全集》和孙中山同年代的革命者及其后裔的回忆录，以及国内和港澳台专家学者撰写的传记，力求深入了解孙中山，从中撷取可以反映孙中山的思想和生活原貌的细节。可以说，本书的最终写成，是与先辈与学者同人的辛勤劳动成果分不开的。这里，特别感谢已故的翠亨孙中山纪念馆前馆长李伯新先生，孙中山的曾侄孙孙必胜先生和澳门学者陈树荣先生。李伯新先生从20世纪50年代开始，即在以翠亨村为中心的中山各地，通过采访和实地考察，广泛收集孙中山史迹，先后出版《孙中山史迹忆访录》《孙中山的亲属和后裔》等小册子，留下珍贵的第一手资料；孙必胜先生前往檀香山等地寻访孙中山先生足迹，在查阅当地政府档案的基础上，写成《我的曾祖父——孙眉》一书，不仅展示了许多过去在国内无从了解的孙氏家族在海外生活的细节，还纠正了若干历史谬误；陈树荣先生最早向读者介绍刊于《镜海丛报》的孙中山史料，勾画出孙中山在澳门行医和从事革命的较完整的画面。上述学者的贡献，为《先行者之歌》的创作打下了扎实的基础。在此，谨向所有从事孙中山研究的先行者致谢。

研究历史，目的是鉴古烛今。因而，如实再现，便成了叙述历史的第一要旨。面对浩如烟海的孙中山文档和传记，笔者不敢不兢兢业业，务求于核实和比对中，找出尽可能接近史实的记载。本书并不讳言孙中山曾经有过的性格和认识上的弱点。实际上，伟大如孙中山，也有自身的成长过程，正是在不断克服自身弱点的过程中，一步步引导中华民族走出历史的困局和误区，成为伟大的爱国主义者和民族英雄、中国民主革命的伟大先行者。

本书“附录”，除刊出《孙中山1866—1895年大事年表》，给读者提供解读孙中山的简要线索外，还选刊5篇原载《孙中山全集》的文章。其中，《致郑藻如书》和《上李鸿章书》是孙中山的早年政论，反映的是孙中山早年的思想倾向；其余三篇，则是孙中山在不同时期自行撰写或向报界提供的自传，其间，虽有出于策略需要的考虑，但毕竟出自孙中山本人笔下，可信性极高，读者大可据此与本书所述互为印证。

本书插图，主要选自翠亨孙中山纪念馆编印的孙中山画册等历史文献，部分现存实景实物则由笔者本人拍摄。

谨以此献给孙中山先生诞辰150周年纪念，献给所有热爱并继承孙中山先生开创的民主革命事业的爱国者，献给孙中山先生的家乡和当代的青少年朋友们！

孙中山先生在辛亥革命时期为中国的民主共和历史写下辉煌的开篇，时至今日，每个中国人都应该认真思考：作为后人的我们，应该如何赓续这一伟大的事业？在这个意义上，我们都是同行者！

谨录笔者撰于2005年的《中山礼赞》，以为全文作结——

“举世翘首，而伟人出焉。

夫于民族危难之秋、波谲云诡之际挺身而出、解天下之倒悬、拯斯民于水火、殚精竭虑、以天下为公者，香山孙中山也；纪丰功而铭盛德，此香山之所以名中山也！

中山地处南疆，枕桂岭而饮粤海。神仙花卉遍野，故曰香山；川流河溪若织，因号岐水。云帆高张，扬文丞之正气；土重丹赤，赋铁城以传奇。粤讴唐韵，水乳交融；西管中弦，同鸣天籁。采银砂而冶铸，勺碧海以熬盐；扼珠江之咽喉，乃丝路之驿站。文塔冲霄，意在摘斗摩星；民不可侮，曾令英夷丧胆！伟人呱然诞于斯，其亦风土之所使然哉？

及至列强环伺，意欲鲸吞；朽木难支，垣墙尽毁。纵有观应奋笔，著盛世之危言；容闳率童，图师夷以固本；唐、徐孤诣苦心，办洋务以兴实业；马、郭携资返国，营百货而执牛耳。香山，蕞尔小邑也，而香邑贤达，未尝一日不以家国为重。然帝制积患，已入膏肓。倘非中山先生振聋发聩，首创共和，则神州陆沉，只在旦夕。伟人之崛于斯，其亦势所必然也！

而后筚路艰辛，伟人早逝。饱历沧桑，始拨云开。旗耀五星，继前贤之遗志；民同一志，展大治之宏图。改革洪流，势不可当；国门开放，远逾唐汉。伟人故里，遂得风气之先；南国小城，渐臻文明之境。

赞曰：为公以挚，博爱以诚。垂范千秋，浩气干云。巍欤高哉，是谓伟人。先生之德，世代传承。先生故里，与日俱荣。[1]

刘居上

2015 年 11 月

[1] 孙中山先生的家乡广东省中山市于 2005 年 10 月 26 日获颁国家文明城市称号。文中所述六位中山邑贤，略述如下：郑观应所著《盛世危言》，是康梁维新的理论先导，对孙中山和毛泽东都产生过重要影响；容闳从 1872 年起率 4 批幼童赴美，开出洋留学先河；唐廷枢、徐润是著名买办和中国近代实业的开拓者；马应彪、郭乐及稍后的李敏舟、蔡昌创办港粤沪四大百货公司。